朔方文庫

主編 胡玉冰

默齋公牘
〔清〕俞德淵 撰 〔清〕路德 評選
田富軍 李星 校注

寧夏俞氏族譜
〔清〕俞思益 撰 李星 田富軍 校注

趙氏家譜
〔清〕趙氏後人 編 李海東 徐遠超 校注

阮鄰自訂年譜
〔清〕徐保字 撰 徐遠超 校注

寧夏滿營事宜
〔清〕佚名 撰 張航 整理

寧夏滿營駐防事宜
〔清〕佚名 撰 張冠魯 周媛 校注

上海古籍出版社

圖書在版編目(CIP)數據

默齋公牘／(清)俞德淵撰；(清)路德評選；田富軍，李星校注. 寧夏俞氏族譜／(清)俞思益撰；李星，田富軍校注. 趙氏家譜／(清)趙氏後人編；李海東，徐遠超校注. —上海：上海古籍出版社，2022.8
(朔方文庫)

本書與"阮鄰自訂年譜／(清)徐保字撰；徐遠超校注. 寧夏滿營事宜／(清)佚名撰；張航整理. 寧夏滿營駐防事宜／(清)佚名撰；張冠魯，周媛校注"合訂

ISBN 978-7-5732-0343-4

Ⅰ.①默… ②寧… ③趙… Ⅱ.①俞… ②俞… ③趙… ④路… ⑤田… ⑥李… ⑦李… ⑧徐… Ⅲ.①中國歷史—檔案資料—清代 Ⅳ.①K249.063

中國版本圖書館CIP數據核字(2022)第107916號

朔方文庫
默齋公牘
〔清〕俞德淵 撰 〔清〕路 德 評選 田富軍 李 星 校注
寧夏俞氏族譜
〔清〕俞思益 撰 李 星 田富軍 校注
趙氏家譜
〔清〕趙氏後人 編 李海東 徐遠超 校注
阮鄰自訂年譜
〔清〕徐保字 撰 徐遠超 校注
寧夏滿營事宜
〔清〕佚 名 撰 張 航 整理
寧夏滿營駐防事宜
〔清〕佚 名 撰 張冠魯 周 媛 校注

上海古籍出版社出版發行
(上海市閔行區號景路159弄1-5號A座5F 郵政編碼201101)
(1) 網址：www.guji.com.cn
(2) E-mail：guji1@guji.com.cn
(3) 易文網網址：www.ewen.co
上海展強印刷有限公司印刷
開本710×1000 1/16 印張18 插頁6 字數234,000
2022年8月第1版 2022年8月第1次印刷
ISBN 978-7-5732-0343-4
K·3202 定價：108.00元
如有質量問題，請與承印公司聯繫
電話：021-66366565

國家社會科學基金重大項目
"《朔方文庫》編纂"（批准號：17ZDA268）經費資助出版

寧夏回族自治區"十三五"重點學科
"中國語言文學"學科建設經費資助出版

寧夏大學"民族學"一流學科群之"中國語言文學"學科
（NXYLXK2017A02）建設經費資助出版

《朔方文庫》委員會名單

學術委員會

主　任：陳育寧

委　員：（按姓氏筆畫排序）

于　亭　　呂　健　　伏俊璉　　杜澤遜　　周少川　　胡大雷

陳正宏　　陳尚君　　殷夢霞　　郭英德　　徐希平　　程章燦

賈三強　　趙生群　　廖可斌　　漆永祥　　劉天明　　羅　豐

編纂委員會

主　編：胡玉冰

委　員：（按姓氏筆畫排序）

丁峰山　　田富軍　　安正發　　李建設　　李進增　　李學斌

李新貴　　邵　敏　　胡文波　　胡迅雷　　徐遠超　　馬建民

湯曉芳　　劉鴻雁　　趙彥龍　　薛正昌　　韓　超　　謝應忠

總　　序

陳育寧

　　寧夏古稱"朔方"，地處祖國西部地區，依傍黄河，沃野千里，有"塞上江南"之美譽。她歷史悠久，民族衆多，文化積澱豐厚。在這片土地上産生並留存至今的古代文獻檔案數量衆多、種類豐富，有傳統的經史子集文獻、地方史志文獻、西夏文等古代民族文字文獻、岩畫碑刻等圖像文獻，以及明清、民國時期的公文檔案等，這些文獻檔案記述了寧夏歷朝歷代人們在思想、文化、史學、文學、藝術等各方面的成就，藴含着豐富而寶貴的、具有地域和民族特色的歷史文化內涵，是中華各民族人民共同的精神和文化財富，保護好、傳承好這批珍貴的文化遺産，守護好各民族共有的精神家園，扎實推進新時期文化的繁榮發展，是寧夏學者義不容辭的擔當。

　　黨和國家歷來高度重視和關心文化傳承與創新事業，積極鼓勵和支持古籍文獻的收集、保護和整理研究工作，改革開放以來，批准實施了一批文化典籍檔案整理與研究重大項目，取得了一大批重要成果。2017年1月，中共中央辦公廳、國務院辦公廳印發《關於實施中華優秀傳統文化傳承發展工程的意見》，把中華優秀傳統文化的傳承和發展推上了新的歷史高度。《意見》指出，要"實施國家古籍保護工程"，"加强中華文化典籍整理編纂出版工作"。這給地方文獻檔案的整理研究，帶來了新的機遇。

　　寧夏作爲西部地區經濟欠發達省份，一直在積極努力地推進優秀傳統文化傳承發展事業。2018年5月，《寧夏回族自治區實施中華優秀傳統文化傳承發展工程方案》和《寧夏回族自治區"十三五"時期文化發展改革規劃綱要》正式印發，爲寧夏文化事業的發展繪就了藍圖。寧夏提出了"小省區也能辦大文化"的理念，决心在地方文化的傳承發展上有所作爲，有大作爲。在地方文獻檔案整理研究方面，寧夏雖資源豐富，但起步較晚，力量不足，國家級項目少。

這種狀況與寧夏對文化事業的發展要求差距不小,亟須迎頭趕上。在充分論證寧夏地方文獻檔案學術價值及整理研究現狀的基礎上,以寧夏大學胡玉冰教授爲首席專家的科研團隊,依托自治區"古文獻整理與地域文化研究"人文社科重點研究基地以及自治區重點學科"中國語言文學"、重點專業"漢語言文學"的人才優勢,全面設計了寧夏地方歷史文獻檔案整理研究與編纂出版的重大項目——《〈朔方文庫〉編纂》,並於 2017 年 11 月申請獲批立項爲國家社科基金重大項目,這一項目的啓動,得到了國家的支持,也有了更高的學術目標要求。

編纂這樣一部大型叢書,涉及文獻數量大、種類多,時間跨度長,且對學科、對專業的要求高,既是整理,更是研究,必須要有長期的學術積累、學術基礎和人才支持。作爲項目主持人,胡玉冰教授 1991 年北京大學畢業後,一直在寧夏從事漢文西夏文獻、西北地方(陝甘寧)文獻、回族文獻等爲主的古文獻整理研究工作,他是寧夏第一位古典文獻專業博士,已主持完成了 4 項國家社科基金項目,包括兩項重點項目,出版學術專著 10 餘部。從 2004 年主持第一項國家社科基金項目開始,到 2017 年"《朔方文庫》編纂"作爲國家社科基金重大項目立項,十多年來,胡玉冰將研究目標一直鎖定在地方文獻與民族文獻領域。其間,他完成的國家社科基金項目結項成果《寧夏古文獻考述》,是第一部對寧夏古文獻進行分類普查、研究,具有較高學術價值的成果,爲全面整理寧夏古文獻提供了可靠的依據;他完成的《傳統典籍中漢文西夏文獻研究》入選《國家社科基金成果文庫》,爲《朔方文庫·漢文西夏史籍編》奠定了研究基礎;他完成出版的《寧夏舊志研究》,基本摸清了寧夏舊志的家底,梳理清楚了寧夏舊志的版本情況,爲《朔方文庫·寧夏舊志編》奠定了研究基礎。在項目實施過程中,胡玉冰注重與教學結合,重視青年人才培養,重視團隊建設。在寧夏大學人文學院,胡玉冰參與創建的西北民族地區語言文學與文獻博士學位點、中國古典文獻學碩士學位點,成爲寧夏培養古典文獻專業高級專門人才的重要陣地。他個人至今已培養研究生 40 多人,這些青年專業人員也成爲《朔方文庫》項目較爲穩定的團隊成員。關注相關學術動態,加強與兄弟省區和高校地方文獻編纂同行的學術交流,汲取學術營養,也是《朔方文庫》在實施過程中很重要的一則經驗。

《朔方文庫》是目前寧夏規模最大的地方文獻整理編纂出版項目,其學術意義與社會意義重大。第一，有助於發掘和整合寧夏地區的文化資源，理清寧夏文脉，拓展對寧夏區情的認識，有利於增强寧夏文化軟實力，提升寧夏的影響力，促進寧夏經濟社會全面發展；第二，有助於深入研究寧夏歷史文化的思想精髓和時代價值，具有歷史學、文學、文獻學、民族學等多學科學術意義，推動寧夏人文學科的建設與發展；第三，有助於推進寧夏高校"雙一流"建設，帶動自治區人文社科重點研究基地、重點學科、重點專業以及學位點建設，對於培養有較高學術素質的地方傳統文化傳承與創新的人才隊伍有積極意義；第四，在實施"一帶一路"倡議大背景下，深入探討民族地區文獻檔案傳承文明、傳播文化的價值，可以更好地爲西部地區擴大對外文化交流提供決策支持。

編纂《朔方文庫》，既是堅定文化自信、鑒古開新、傳承和弘揚中華優秀傳統文化的需要，也是服務當下經濟社會文化發展的需要，是一項功在當代、澤溉千秋的文化大業。截至 2019 年 7 月，本重大項目已出版大型叢書兩套、研究著作，依托重大項目完成碩士研究生學位論文 9 篇。叢書《朔方文庫》爲影印類古籍整理成果，按專題分爲《寧夏舊志編》《歷代人物著述編》《漢文西夏史籍編》《寧夏典藏珍稀文獻編》《寧夏專題文獻和文書檔案編》共五編。首批成果共 112 册，收書 146 種。其中《寧夏舊志編》32 册 36 種，《歷代人物著述編》54 册 73 種，《漢文西夏史籍編》15 册 26 種，《寧夏典藏珍稀文獻編》10 册 7 種，《寧夏專題文獻和文書檔案編》1 册 4 種。《寧夏珍稀方志叢刊》共 16 册，爲點校類古籍整理成果，由中國社會科學出版社、上海古籍出版社分別於 2015 年、2018 年出版。《朔方文庫》出版時，恰逢寧夏回族自治區成立 60 周年，這也説明，在寧夏這樣的小省區是可以辦成、而且已經辦成了不少文化大事，對於促進寧夏文化事業的發展、提升寧夏知名度起到了重要作用。同時也要看到，由於基礎薄弱，條件和力量有限，我們還有許多在學術研究和文化建設上想辦、要辦而還未辦的大事在等待着我們。

國内出版過多種大型地方文獻的影印類成果，但尚未見相應配套的點校類整理成果。即將由上海古籍出版社推出的《朔方文庫》點校類整理成果，是胡玉冰及其學術團隊在影印類成果的基礎上的再拓展、再創新。從這一點來説，國家社科基金重大項目"《朔方文庫》編纂"開創了一個很好的先例，即在基本完成影印任務的情况下，依托高質量的研究成果，及時推出高質量的點校類整理成果，將極大地便於學界的研究與利用。我相信，《朔方文庫》多類型學術成果的編纂與出版,再一次爲我們提供了經驗,增强了信心,展現了實力。祇要我們放開眼界,集聚力量,發揮優勢,精心設計,培養和選擇好學科帶頭人,一個項目一個項目堅持下去,一個個單項成績的積累,就會給學術文化的整體面貌帶來大的改觀,就會做成"大文化",我們就會做出無愧於寧夏這片熱土、無愧於當今時代的貢獻!

2020 年 7 月於銀川

(陳育寧,教授,博士生導師,寧夏自治區政協原副主席,寧夏大學原黨委書記、校長)

目　　錄

總序 ·· 陳育寧　1

默 齋 公 牘

整理説明 ·· 3
默齋公牘序 ·· 6
默齋公牘卷上 ·· 9
　　致潘太守 ·· 9
　　呈蔣勵堂節相 ·· 10
　　寄裕魯珊同年 ·· 11
　　致同年某公 ·· 12
　　致王竹嶼 ·· 14
　　致前徐州守張丹邨 ·· 15
　　復陸心蘭方伯 ·· 17
　　呈賀耦耕師 ·· 19
　　呈賀耦耕師 ·· 20
　　復趙菊言方伯 ·· 22
　　呈賀耦耕師 ·· 24
　　詳陶制軍宮保 ·· 26
　　呈護制軍林少穆師 ·· 32
默齋公牘卷下 ·· 35
　　酌擬海運未盡事宜 ·· 35

默齋公牘等

  酌擬交兌新運事宜 ………………………………… 40
  諭荊溪縣紳耆 …………………………………………… 41
  諭江寧府諸生 …………………………………………… 42
  禁添設茶館示 …………………………………………… 43
  禁賭博示 ………………………………………………… 44
  禁行用私小錢文示 ……………………………………… 46
  禁機匠匪徒人等聚集滋事示 …………………………… 47
  論淮商 …………………………………………………… 48
  禁各役及雜色人等需索示 ……………………………… 50
  札淮南監掣廳 …………………………………………… 50
  酌改施藥事宜示 ………………………………………… 51
  禁江船夾帶示 …………………………………………… 52
  禁鹽厫質押官件示 ……………………………………… 53
  禁捏控示 ………………………………………………… 53
  札各屬 …………………………………………………… 55
  甄別孝廉示 ……………………………………………… 57
  論竈戶 …………………………………………………… 58

附錄一 ……………………………………………………………… 62
  中議大夫兩淮都轉鹽運使司鹽運使平羅俞公墓志銘　林則徐 ………… 62
  兩淮都轉平羅俞君言行補遺　賀長齡 ………………… 64
  俞陶泉都轉事略　李元度 ……………………………… 66

附錄二 ……………………………………………………………… 69
 一、他書所載俞德淵傳、評 ……………………………………… 69
  俞德淵傳 ………………………………………………… 69
  俞德淵 …………………………………………………… 70
  俞德淵傳 ………………………………………………… 71
  祭俞陶泉都轉文 ………………………………………… 72
  俞德淵傳 ………………………………………………… 73
  俞都轉 …………………………………………………… 73

俞德泉都轉 …………………………………… 77
　　俞德淵 ………………………………………… 78
　　俞德淵傳 ……………………………………… 78
　　俞德淵傳 ……………………………………… 78
　　俞德淵傳 ……………………………………… 79
　二、俞德淵散見作品輯録 ………………………… 79
　　宜荆兩邑在城義倉碑記 ……………………… 79
　　王忠烈公祠碑記 ……………………………… 80
　　俞序 …………………………………………… 81
　　序 ……………………………………………… 82
　　俞德淵次韵刻石 ……………………………… 83
　　俞德淵詞 ……………………………………… 83
參考文獻 ……………………………………………… 84

寧夏俞氏族譜

整理説明 ……………………………………………… 89
譜序 …………………………………………………… 91
　寧夏俞氏族譜序 …………………………………… 91
　寧夏俞氏族譜跋 …………………………………… 92
　寧夏俞氏族譜自序 ………………………………… 92
凡例 …………………………………………………… 94
祠規 …………………………………………………… 96
世譜 …………………………………………………… 99
世系 …………………………………………………… 111
墓志 …………………………………………………… 117
　盛初公暨赫太宜人墓志銘 ………………………… 117
　鑑塘公墓志銘 ……………………………………… 119
詳册 …………………………………………………… 121

陶泉公入名宦祠詳文并事實册 …………………………… 121
行述 ……………………………………………………………… 125
　　　皇清誥授中議大夫兩淮鹽運使司鹽運使顯祖考陶泉府君行述 …… 125
補遺 ……………………………………………………………… 133
　　　兩淮都轉平羅俞君言行補遺 ………………………………… 133
家傳 ……………………………………………………………… 136
　　　鑑塘公傳 …………………………………………………… 136
　　　安宜人傳 …………………………………………………… 137
　　　楊孺人傳 …………………………………………………… 139
年譜 ……………………………………………………………… 141
　　　集生年譜 …………………………………………………… 141
參考文獻 ………………………………………………………… 151

趙氏家譜

整理説明 ………………………………………………………… 155
序 ………………………………………………………………… 157
　　　序一 ………………………………………………………… 157
　　　序二 ………………………………………………………… 157
趙氏家譜 ………………………………………………………… 159
附録：《趙氏家譜》世系表 ……………………………………… 181
參考文獻 ………………………………………………………… 182

阮鄰自訂年譜

整理説明 ………………………………………………………… 187
阮鄰自訂年譜 …………………………………………………… 189
參考文獻 ………………………………………………………… 210

寧夏滿營事宜

整理説明 …………………………………………………………… 215
寧夏滿營事宜 ……………………………………………………… 217

寧夏滿營駐防事宜

整理説明 …………………………………………………………… 225
寧夏滿營駐防事宜 ………………………………………………… 227
  駐防寧夏 ……………………………………………………… 229
  將軍大人及八旗官兵應關俸餉、馬乾折銀并俸米家口、米石數目 …… 233
  四門鎮城 ……………………………………………………… 240
  印房承辦事宜 ………………………………………………… 250
  左司承辦事宜 ………………………………………………… 251
  右司承辦事宜 ………………………………………………… 255
  將軍大人及八旗官兵應關俸餉、馬乾折銀并俸米家口米石數目 …… 258
  通益庫承辦事宜 ……………………………………………… 269

默齋公牘

〔清〕俞德淵 撰　〔清〕路 德 評選
田富軍、李 星 校注

整理説明

《默齋公牘》二卷,清朝俞德淵撰,路德評選。傳世兩種版本均爲俞氏留餘堂家刻本,其一爲中山圖書館藏道光二十年(1840)刻本,版高十六點五厘米,寬十一點四厘米。白口,四周雙邊,無魚尾,無界行。每半頁九行,行二十二字。書衣有"平羅留餘堂藏版"字樣,版心鎸書名、類目、頁碼。另一爲中科院國家科學圖書館、四川大學圖書館等藏同治九年(1870)重鎸本,單、黑魚尾,其他版式同道光刻本。卷上、卷下首頁鈐"江陰金武祥印"白文方印。相比較而言,清同治重鎸本更佳。

俞德淵(1778—1835),字原培,號陶泉,又號默齋。嘉慶十二年(1807)丁卯科舉人,二十二年(1817)丁丑科進士,選爲翰林院庶吉士。歷官江蘇荆溪知縣、長洲令、蘇州督糧同知、常州知府、兩淮鹽運使,有政聲,爲林則徐、賀長齡、陶澍等所器重。《清史稿》卷三八四、《清史列傳》卷七六、《重修兩淮鹽法志》卷一三八、《〔道光〕平羅記略》卷七、《〔民國〕朔方道志》卷一六等多種文獻均有傳。有《默齋文稿》(一作《默齋存稿》)、《館課存稿》《詩古文家言公牘》等著述,今均不見傳。另有《重修文昌閣碑》《王忠烈公祠碑記》《宜荆兩邑在城義倉碑記》及《俞德淵次韵》組詩四首、詞作《菩薩蠻》等散見詩文傳世。路德(1785—1851),字閏生,號鷺洲,陝西盩厔終南鎮北堡(今周至縣終南鎮毓興村)人。嘉慶十四年(1809)進士,授翰林院庶吉士,歷户部湖廣司主事,官至軍機章京。後潛心治學,曾主關中乾陽、宏道、象峰、對峰各書院。著述有《仁在堂示集》等多種,還有評改厘定他人著作多部。

同治刻本的《默齋公牘》有路德序,附錄林則徐撰《中議大夫兩淮都轉鹽運使司鹽運使平羅俞公墓志銘》、賀長齡撰《兩淮都轉平羅俞君言行補遺》及李元度撰《俞陶泉都轉事略》。卷上收書信十三篇,爲上行文或平行文;卷下收曉諭公示類文獻十八篇,是下行文。各篇文章大體按作文時間先後排序。卷上書信主要分爲"致大吏及僚友書"和"致屬吏及友人書"二類。卷下曉諭公示有關於海運的，有關於社會安定的，有關於鹽務的。文章情感真率、邏輯性强，客觀記錄了俞德淵的政務之見，特別是他殫精竭慮、終日苦思且用自己的實踐來證明了是行之有效的關於海運、鹽政的見解，部分成爲清朝的國家政策。

從路德序可知，俞德淵生前已將自己的公牘文稿收集成册，托人抄寫留存，《默齋公牘》至遲在道光十五年（1835）就已成書。俞德淵去世後，路德在整理其遺物時，搜其"遺書，得公牘稿數册……是册成於鈔胥之手，頗多舛譌。余逐加讎校，擇其有關政術者，録爲二卷，附録林、賀二公作，以存君之梗概"，再加以評點，於道光二十年（1840）刊刻成書。同治九年（1870）重鐫，增加了李元度《俞陶泉都轉事略》。《默齋公牘》刊刻時，除收録俞德淵公牘外，還將路德評點也刻録其中。評點有四種形式：一爲句讀，二爲文中夾注，三爲對評點者認爲的關鍵的、美妙的、特別的詞句進行圈點，四爲篇末文字點評。

《默齋公牘》內容雖只有兩卷，却對於研究當時的海運、鹽政意義重大。此書也是研究俞德淵最直接最重要的材料，從中可以看到一位爲國家和百姓盡心操持的中國古代循吏良吏形象，雖爲公牘，却有著刻骨的感人力量。因此，此書不僅是重要的史料，更有很大的教育功能，也有很高的文學價值。是書中有八篇亦見於清葛士濬《皇朝經世文續編》，林則徐所作墓志銘亦見於《雲左山房文鈔》卷四，賀長齡所作言行補遺亦見於《耐菴文存》卷四，李元度《俞陶泉都轉事略》一文亦見於《國朝先正事略》卷五四，故《默齋公牘》對這些書均有校勘價值。

俞德淵及其《默齋公牘》最早研究主要體現在清俞思益撰《寧夏俞氏族譜》中，此譜收録了俞德淵生平及《陶泉公入名宦祠詳文并事實册》、賀長齡爲俞德淵所作言行補遺、清陶澍爲俞德淵作行述等。當代學界研究成果較多，主要有：胡迅雷撰《清代平羅俞氏家族》一文論述了其生平和主要功績，并簡要梳理了俞氏家族的情況；徐莊撰《明清時期寧夏版本經眼録》一文對廣東中山圖書館藏俞氏《默齋公牘》的版本情況作了介紹；吕超、景永時撰《清代寧夏籍兩淮鹽運使俞德淵生平事迹考述》對於俞德淵生平事迹而作簡要概述。另，刁俊碩士論文《明清以來寧夏歷史人物著述考——以朱栴等人爲例》簡要介紹了俞德淵的著述情況；吕超碩士論文《寧夏籍名宦俞德淵考》對俞德淵的生平、思想、政績以及著作進行了考述；田富軍博士論文《寧夏明清人士著述研究》對俞德淵及其《默齋公牘》專節進行過研究，上海古籍出版社 2020 年出版同題專著。

　　本次整理，主要以校勘、標點、注釋、補遺等方式進行。以中國科學院國家科學圖書館藏同治九年（1870）重鐫本（簡稱"中科院同治本"）爲底本，以廣東省中山圖書館藏道光二十年（1840）刻本（簡稱"道光本"）爲參校本，參考四川大學藏同治九年（1870）重鐫本（簡稱"川大同治本"）、河南大學藏光緒二十七年（1901）上海久敬齋石印本《皇朝經世文續編》、林則徐《雲左山房文鈔》、賀長齡《耐菴文存》、李元度《國朝先正事略》、王安定《重修兩淮鹽法志》、《〔道光〕平羅記略》（簡稱《平羅記略》）、《〔民國〕朔方道志》（簡稱《朔方道志》）等文獻完成。凡原書補足之内容，以川大同治本爲主，出校記。整理者據他書輯録俞德淵傳或評價，以及俞德淵散見作品均收入附録二。路德夾注評校、文尾評論均以楷體字排版，其在文中圈點標記之文句，均加着重號標示。

默齋公牘序

兩淮鹽運司同年陶泉俞君卒于官,①靈轝歸道,出青門,君弟少泉、[1]長姪思益丐余作傳,余唯唯。時江蘇巡撫侯官林公已爲君作墓誌銘,貴州巡撫善化賀公謂猶未盡,作言行補遺。余讀之再四,凡余所欲言者,二公既言之矣,余復何言？欲別採軼事,廣二公所略。詢之少泉,則云："吾助兄理家務,凡公事皆不與聞。"詢之思益亦然。後詢之令子葆素、姪思晉,俱云："吾兄弟隨侍讀書,足不出塾門,凡官僚議政及研鞫庶獄均嚴禁不得竊聽。雖在官廨,猶家居也。"又詢君門下士、曾襄事署中、今知府谷縣沈霞軒進士,則云："吾從吾師久,但司筆墨耳,不知其他。"又詢司閽劉某、馬某,司籤陸某,俱云："吾儕日侍門庭,但奉令而已,實不知其所以然。"於虖！君用心於內,宣力於外,雖家人不使聞知,一時幕中賓友及給使令之人,皆端謹持重,無好事者。君又不自矜伐,凡百設施,過不留迹,非對大僚接群吏輒緘口不談政事。諸人雖朝夕相對,亦莫知君之所爲。

矧余索居已久,安能飾子虛之說爲君作傳哉？既而搜君遺書,得公牘稿數册,讀未竟,且欣且嘆曰："君固自作傳矣！"余奚勞作傳。傳,傳也,以傳示後人也。傳其心者爲上,傳事迹者次之。此數册者,雖無多事迹,而君之心固,于是乎傳矣。讀致大吏及僚友書,知君先事籌畫,動中機宜,盡其所欲言,不言其所不知,婉而不媚,直而不忤,屬屬乎其忠也；讀致屬吏及友人書,知君設身處地,知彼知此,不彊以所難爲,亦不徇其所欲得,懇懇乎,其周且至也。讀勸諭士民及一切條教號令,知君周攬民俗,怵惕於懷,中夜徬徨,每食忘味。將興一利,必思其終將除一弊,必究其始,使人懷德畏罪,莫敢薑立,雖欲自外于君而不可也。

君初宰荊谿,調首邑,擢首郡。時林公爲廉訪,賀公爲方伯,陶公爲巡撫,

---

① 陶泉：俞德淵號。關於俞德淵的字、號,史料記載不一。

有疑事必咨于君。諸公議論未决者，待君一言而定，或君不在坐，他人有所陳稟，則曰："俟與俞君商之。"後官運司，陶公以制軍兼鹽政，每與君面議，語多齟齬不合，陶公抗聲爭之，侍者變色，牕紙皆震，君從容辯説："卒如君言。"君讞獄發奸摘伏，雖極狡獪者不能與君辯。示諭一出，觀者如堵，手録口誦，轉相傳播。及卒，陶公哭之，失聲曰："喪余右臂矣。"士民聞之，多悲傷嘆息，投牒大府，請入祀名宦祠，江南數十郡縣不相謀而合也。君何以得此于人哉？計君自束髮受書，至通籍翰苑，無一日不在貧寠中磨鍊志氣，久而逾堅，其于物力之艱難、世情之曖昧，知之悉矣。及改外任，廣求有用之書，政暇則讀之，曰："吾三日不展卷，此心便覺昏憒。"真箇中人語。其慮事也，師古而不流于迂，準乎今之時勢而不雜以權謀、術數，又能用之以冲虚，行之以仁恕，一話一言，犁然有當于人之心，此豈才智之士所能爲哉！以君之學，使得典封圻司啓沃，揆幾度務，其于國計民生當大有裨益。惜乎設施未竟治，僅見于一隅也。方君病篤時，陶公入覲，每召對，必稱君賢，曰："俞某所至有聲，倘俾盡所長，必能報效朝廷，若論鹽務，特餘事耳。"上爲之改容，異日，上謂陶公曰："運司好官，因其善理鹽務，轉羈留之未可也。俟有可代者，當更酌之。"天意眷眷如此，旦晚間當有不次之擢，而君竟不及待矣，不亦悲哉。

朱子謂："韓退之文雖高古，然作公家文字，或施于君上，或布之吏民，不失莊近平易之體。但反覆曲折，説盡事理，是謂真文章，使人自不可及。"今觀《朱子集》中亦載公移文字，《王文成公集》列公移爲別録，爲續編。國朝于清端公政書刊行已久，語尤詳盡。厥後鄧次盧有《牧甌紀略》，兩江總督趙公録其疏、檄、批示諸稿爲《玉華堂集》，皆朱子所謂曲盡事理者。今以君之公牘質之數公，殆如樝、犁、橘、柚，其味相反，而皆可于口者乎。是册成于鈔胥之手，頗多舛譌，余逐加讎校，擇其有關政術者，録爲二卷，附録林、賀二公作，以存君之梗概。俾有志匡濟者，讀其書想見其爲人。君所學雖未盡展，而有物之言，自有不可磨滅者矣，不猶愈于作傳也哉。

道光二十年秋九月年愚弟盩厔路德拜叙于宏道書院之清谷草堂。①

---

① 路德(1785—1851)，字閏生，號鷺洲，陝西盩厔終南鎮北堡(今周至縣終南鎮毓興村)人。嘉慶十四年(1809)進士，授翰林院庶吉士，歷户部湖廣司主事，官至軍機章京。後潛心治學，曾主關中乾陽、宏道、象峰、對峰各書院。著述有《仁在堂示集》等多種，還有評改厘定他人著作多部。

【校勘記】

［1］少泉：道光本作"小泉"。查《寧夏俞氏族譜》中載均爲"少泉"，故疑"小"與"少"因字形相近誤，且中科院同治本爲道光本的重鐫本，當以中科院同治本爲是。下同。

默齋公牘卷上

致潘太守

月之二十二日,接奉來函,并承示及龍山河稟稿,及改挑瓦子口銀數,東西高下丈尺二摺,圖説一幅,均經收到。具徵深思碩畫,剖析精詳。所謂事必求其一是,執己隨人之見,兩無所介於懷,捧讀之餘,實深欣佩。此事淵本不知始末,前經方伯將尊處前後詳稟,及兩道憲稟稿發交查閱,因得窺及全卷。老前輩於此時深費苦心,幾致阻於衆議,猶幸卓見不撓,縷細剖稟,節相已爲心動。復得方伯極力主持,謂地方官任事之心不可灰,地方百姓同然之情不可拂,當蒙節相酌中加批,俟秋間另委大員覆勘,此即妙於轉灣之法,前由方伯轉行,想尊處早經奉到矣。惟聞安藩來文,議填已改未成之河,此自是餘波未平,未知何以應之。至今秋覆勘,方伯之意欲仍由原估處施工,沿順隄河導入西流河,以遂就下之勢。但未知宿民有無後言,倘至動工之時,趨民上控,故作聳聽之詞,終煩憲慮。昨聞節相有臨時奏辦之言,果爾,尤爲至妥。但事介兩省,人各一心,已經齟齬於前,當思和解於後。苟可於事有濟,固不妨委曲求全,此中機宜,難以懸度。方伯嘗曰:"凡做一件事,須受許多挫折而後成。"此真甘苦之言。老前輩盡心民瘼,如有隔礙之處,必思設法以通之,與其以我防人,不如使人爲我用,轉移之術,尤不可不預爲之圖也。迂謬之言,尚祈涵鑒。

天下事非齷齪者所能任,其克自樹立者恒不免以意氣債事,臧穀亡羊,其失均也。君每與僚長議政,圖慮極精,而所言和平敬慎,不激不隨,洵可爲任事者之法。嘗於君書册中見手書一紙云:"一曰誠,一曰默,一曰柔,以誠而入,以默而守,以柔而用,用誠以愚,用默以訥,用柔以拙。"凡三十三字,昔人之格言與抑君自書所見爲座右箴,與此可以知君學矣。閏生。

呈蔣勵堂節相①

卑府於新正朔日接奉鈞札,承示漕務情形,總當量出爲入,以漕辦漕,儘可呈賑列數等因。仰見中堂體恤官民,酌中持平之至意,惟是三首邑漕務與外縣不同。外縣有白規,有包戶,三邑俱無此名目。惟折米價值長短不齊,長價至四兩而止,皆係貧民小戶;短價至二兩以外,至三兩上下不等,俱係富紳巨族。②衿監捐職,亦在其中。門戶愈大,完米愈多,而價益短。合通邑計之,吳縣紳戶、民戶各居其半;長洲紳戶居十之七,民戶餘十之三;元和紳戶居十之八,民戶僅餘十之二。若持公允之論,須於民戶議減,紳戶議增,雖每石折收三兩一二,縣官亦樂爲之。無如積習已久,撥欲更之一旦,勢有所難,於是於貧戶小民徒冒多取之名,而富紳巨族止聽其家自爲價,莫可如何?地方有司所以內愧於貧戶小民,而隱忍積憾於富紳大戶者,有由然矣。隱情畢揭。且紳戶糧石,歲有增減,問之,則係新置田畝,其實皆寄莊隱戶託名代完者。若再過數十年後,將現存二三分之民戶,盡變而爲紳戶,辦漕之員更無別法可以敷衍,必大有一番更張決裂。勢所必至。所謂窮極則變,其勢然也。

今富家大族,隱其在己之短價,而借口民戶之長價,以爲言意在長價得減,則短價因之遞縮,非第持論不公,亦見存心不恕。試與之同貧戶小民相提并論,未有不廢然色阻者。第事雖如此,而人言可

---

① 蔣勵堂:蔣攸銛,字勵堂,曾任兩江總督,推薦俞德淵作江寧府知府。《清史稿》卷三六六有傳。

② 此時俞德淵爲蘇州府督糧同知。《清實錄·宣宗實錄》載:"道光五年……丁卯……至總催工程……專司總局之知州銜,長洲縣知縣,現任蘇州府督糧同知俞德淵經理均屬得宜。"

畏,又重以各憲之諄切諭飭,該縣等豈敢固執前說,不思改圖?業經早爲商定,於將來折價時,量爲減讓,非徒博巨族之歡心,實寬窮簽之民力。然積少成多,即每石所減無幾,合通邑計之,爲數已鉅,於辦公不無竭蹶。

蓋近年普律情形,除上海、嘉、寶外,其餘州縣但得以漕辦漕,便爲完善,即稍有盈餘,仍貼補廉俸之不足,亦屬以公濟公,如欲利己營私,雖有其心,實無其力。平允。至於辦漕賬目,除津貼幫費外,款類尚多,皆屬積久相沿,因仍成例,難盡形諸筆墨。欲使完糧之人家諭戶曉,固有未能。即止開呈紳戶,亦於體制未協。竊以爲官民相交,第觀大局何如?長、元二縣十數年來,從無告漕之案、鬧漕之人。去冬開倉以後,爭先輸納十數萬石漕糧,甫終月而竣事,闔邑民情大概可知,其不盡悅服者,獨二三巨紳之口,未知果否出自公論。伏稔中堂燭照無遺,必邀洞鑒。卑府一偏之見,本不敢濫瀆清聽,緣承來諭,知此事上廑憲懷,故直抒所知,以寬鈞意,并希垂察。

天下事有不可持正論者,勢有所難行也。漕務鹺務今昔情形尤爲不同,此書可謂洞見幽隱。閏生。

寄裕魯珊同年[①]

再承另示胡公一事,[1]節相言之最早,亦不解其何由得知。節相耳目甚寬,有常情所不能及者,淵輩雖日聆其言,而亦莫名其妙,想天分高人數倍,不僅好問周諮已也。再聞楚北傳言,稱閣下有膽有識,風骨稜稜,此語節相早知之,極爲稱賞。淵再三誦說,欽佩實深。顧有一言,竊思奉質,秉正嫉邪,固吾之人本性;藏鋒斂鍔,亦處世之微權。昔韓魏公務容小人,[②]善惡黑白不大分明,故忌之者少;范、富、歐、尹嘗欲分君子小人,故忌怨日至,朋黨亦起。宦場本屬險途,近世

---

① 文亦見於《皇朝經世文續編》卷九。裕魯珊:裕謙,原名裕泰,字魯山,疑"珊"爲"山"音同之誤。與俞德淵爲同年。《清史稿》卷三七二有傳。

② 韓魏公:韓琦(1008—1075),字稚圭,自號贛叟,北宋政治家、名將,封魏國公。

人情尤多叵測，我輩自守宜嚴，不妨如喬松孤立，待人則當居和與介之間，不宜大著迹象。竊願閣下爲韓公，不欲其爲范公也。

淵戇直性成，有言必盡。前在長洲四年，徑情直行，幸所遇皆君子，未至蹉跌。閱歷有得，粹然儒者之言。自道光五年，首邑卸事後，回思前事，動觸危機，因改號"默齋"以自儆。不意此番復出，又居首郡，欲默不能。惟能默者，乃可以議天下事。去歲，摘取呂子《呻吟語》，①刻圖記二方，一曰"渾涵不露圭角最妙"，摸稜者無得藉口。一曰"只氣盛而色浮便淺"，蓋對病之言也。然雖知自省，究亦不能自克，常隱痛於厥心。閣下英才卓越，固非促促轅下者可比。然淵以夙夜之鍼砭爲良友之藥石，殆不啻以自愛者愛閣下耳。若論形迹之疏，本不當謬附知己，第叨居譜末，又自揣氣味略同，故不覺率臆陳之，以自託於古人神交之列。閣下聞之應笑，作吏十年尚未脱書生之氣，則淵之爲幸多矣。敢祈采擇，無盡馳思。

現身説法使人之意也，消君所云用默以訥，用柔以拙，觀此益信，雖自謂不能自克，其所克固已多矣。閏生。

致同年某公

前接來函，藉稔起居納祜爲慰，并承録示各件，知以祭産訟事，致擾清神，囑淵致書毘陵郡守，爲之先容。竊念同譜之誼，理宜如命作札，顧躊躕再三，未敢動筆，遲疑不決者數日。昨令甥來署，催促覆音，淵益有所畏忌而不敢。蓋淵平日自守硜硜，最不樂請託之事。前在長洲任内，每值詞訟有求大力致書者，從不敢輕易聽從，且於臨審時往往反其所託，以示無私。明知矯枉過正，亦非持平，無如避嫌之念，不能自克，遂不惜貽譏大雅。今以己之所不樂者施之於人，問心已覺不恕，且人之避嫌，誰不如我。若亦將反其所託以矯之，則於閣

---

① 呂坤(1536—1618)，字叔簡，一字心吾、新吾，號抱獨居士，明代文學家、思想家，著有《呻吟語》。

下之事非徒無益,將若之何?且貴處士民惓惓於淵,情意深長,固闔縣如一心也。淵之所以報之者,亦應均愛同敬而後可。君子之言。今若以同年之故,暗中致書,爲之關説,父老聞之,其謂我何?且與閣下對墨者非他人,乃同宗骨肉也。仁人之言。處人骨肉間而偏袒以求勝,此心何以自安?毋論其未必勝也,即幸而獲勝,勝者喜,負者必怒。設異日天假之緣,重游陽羨,閣下以同年之故,喜而迎之,貴族以偏護同年之故,隨而詈之,當何辭以自解邪?或以事須秘密,外人何由知之?夫自寧至常,書函必用驛遞,公文往來,經歷二郡,而欺人之不知,抑亦難矣。且既已宣之於口、筆之於書,而復欲欺人之不知,是與自欺其心何異?設貴族聞之,竟執此以反詰,閣下何以自白?更何以爲淵代白邪?況閣下來書有云,某與某,有師生之誼,貪緣關説,安知彼不曰,某與某,有同年之誼,貪緣關説乎?尤而效之,抑有甚焉,願閣下反覆思之。貴族控産一事,孰是孰非,淵本不敢妄參一議,第思祖宗之制祭産,所以收宗睦族也。因祭産之故,而至於結訟不休,已失睦族之本意矣。吳門著姓,似此者頗多,皆放文正公之遺法而失其意者也。

　　均田之説,其名則美,其實只喫虧便宜之念,横於胸中,負氣而不能相下耳。趙公之讖,意主調停,具見苦心,非盡强詞奪理。而吾兄訾之曰:"枉讞翻譜,良由身在局中,以必勝爲期,而不得遂其志則怒,怒則不平之氣橫溢滂流,遂不暇仔細著想耳。"洞徹表裏。吕新吾先生嘗云:"涵養工夫,只在箇定火,火定則百物兼照,萬事得理,火動則躁擾狂越,惟君子善處火"云云。忠告善道。素佩閣下德業純粹,心氣和平,於此等處,正足驗平生學力之所到,慎勿稍隨流俗之見,是所切禱。語云"旁觀者明",淵爲他人謀,此中空洞無物,雖語近疏狂,當不至十分謬戾,幸惟垂察。

　　古之公也篤,今之公也薄。嚴拒私託,使其人無地自容,非篤也。此書爲某公計,并爲其族人計且爲毗陵郡守計,慮事何其周,用心何其厚。與若但以能拒請託,自詡正,公如樊準之不發私書,任棠之投書水中，好名者類能效之矣。閏生。

致王竹嶼①

三月二十六日，接展惠函及留別大作，正在捧誦間，二十七日又奉專差賜書，知吾兄於倭遲周道之餘，猶殷殷垂念故人，關心鹾務，前後數十紙，尋繹數過，無非憂時感事之思。此種古道熱腸，求之交游中，罕有其匹。惟來教中言賦性耿直，每易招尤，當更相勉而兩相恕。此語以之處世，則爲藥石良箴，若我輩交情，似無庸鰓鰓過慮疇。昔之所以契合無間者，正爲此直心快口，針芥默投，故能相視莫逆。今乃忽爲此言，似吾兄之知淵，猶未若淵之知兄也。一往情深。豈閱世太深，遂至用心太過。古所謂"忘形之交"，當不如此。自兹以往，幸望坦懷相示，道義之契，能有幾人？金石可渝，此心不可易也。

江華猺人日内大兵四合，諒就殲滅，烏合之衆，本無能爲。惟值此度支告匱之時，勢難曠日持久，總期及早翦除，斯爲幸耳。漢岸銷數，因菜市稍減，固亦有之，然大半受害於川私，厚山、宮保當軍書旁午之時，恐不暇議及於此，未知堵緝之方如何籌計。此處因去臘今正，揚河水淺，屯船不能前進，直至二月下旬始得赴儀開捆，約南陽風信前，可赶運二十餘萬引，節奉雲汀、宮保嚴加督飭。諄諄以缺鹽爲慮，若似春季銷數，則可以不患缺鹽，倘交夏季，仍復不能暢銷，則大勢不可爲矣。奈何，奈何！奏銷限期，前請展至八月，部議改至六月，轉瞬限滿，綱鹽已不能完，食鹽未運二十餘萬引。半多疲乏散商，更屬無所措手。若果以誤運獲譴，正所甘心，第恐求去不能，留亦無策，長此日月將安所窮。猶憶十年六月，曾與吾兄有不得其職則去之言，今身當其際，此語曷嘗遺忘？第揣時度勢，逆知宮保必不放手，是以隱而未發。盡傾肺腑。每撫心自問，所以爲吾兄謀者則明，所自爲謀者

---

① 王竹嶼：王鳳生，字竹嶼，安徽婺源人。道光九年（1829），在蔣枚括的力薦下，署理兩淮鹽運使。與俞德淵爲好友。《清史稿》卷三八四有傳。

則暗,旁觀當局果殊途邪,亦甚有愧於中矣。

岸費一事,前奉制軍函催,飭令由司具詳專摺奏請查辦。淵因默園四兄尚未見覆,節次懇緩,并求札商厚山、宮保,會同具奏。蓋深知此事關礙實多,是以遲遲未即具詳。然屢奉嚴催,亦終不能置之不議。如吾兄所云,空中一擊之法亦不過虛張聲勢,恐於事未能有濟,是否可行。聞宮保不日來揚,當面陳之。總之,岸費之能省與否,其權在彼不在此,雖宮保亦難遥制也。盛暑將臨,吾兄往來勘工,必多勞頓,飢溺之心固切,珍攝之道亦不可輕。伏望隨時自愛,保衛冲和,不勝禱切。餘情縷縷,不盡所言,統希朗照,無任馳思。

前論交情,後論時事,纏綿悱惻之情令讀者抱之不盡。閏生。

致前徐州守張丹邨①

睽違愈久,音問彌疏,去臘接奉手書,又以俗務匆冗,無暇致覆。且遥溯山中起居,超然塵外,時作天際真人之想。每一執筆,覺林泉猿鶴之思悵觸於懷,自問塵容俗狀,有不堪爲世外人告者,遂至日月遷延,久稽修候,大率由此。想叨愛素深,久附神交之契,自能相諒於筆墨外也。承詢鹺務情形,此事頭緒繁多,悉數之不能終其物,但所云小人伺隙一層,誠所不免,并蒙示以謹小慎微,思患預防之道,尤徵關愛情殷。

淵承乏於此,忽忽五年,於淮鹽疲敝,毫無補救,惟兢兢自守,約己不敢不嚴,待人不敢不恕。邇來揚郡紳士、商民幸得相安無事,惟此地現任候補各班其計百餘員,向狃於鹽務積習,大率不拘繩檢。淵於蒞任之初,未免稍加整頓,幾有束溼之慮。近亦咸就安貼,耦俱無猜,其中激厲爲善者頗亦不少,即最下者亦不至蕩檢逾閑。然防微杜漸,未嘗不以一身先之,仍不出來諭所云,謹小慎微之意而已。至於

---

① 文亦見於《皇朝經世文續編》卷四三、《重修兩淮鹽法志》卷一五八,後書題作《俞德淵致前徐州守張丹邨書》。張丹邨:張作楠,族名兆敏,字公穎,後改字讓之,號丹邨。嘉慶十三年(1808)進士。歷任處州府教授、陽湖縣知縣、太倉州知州、徐州府知府。任陽湖縣知縣時與俞德淵結識。

不禁商私，不裁官費，不籌國用，此等浮議乃遠方臆度之辭，本省尚無此言，蓋亦實無此事。兩淮商人身家保重，向不敢夾帶私鹽，惟商船夾帶在所不免，船戶獲帶私之利，商人受帶私之名，此向來冤案，非身履此地未必知之。自宮保兼管數年，所孜孜講求者，惟商船夾帶爲第一要義，近雖未必全清，然已十去七八。詎意船戶之夾帶漸少，而商鹽之耗折愈多，蓋船戶失帶私之利，其沿途浪費盡取之商鹽，盜賣、偷爬無所不至，此則去一弊又生一弊，外人所不知者也。此等弊竇，非用心者安能知？

至於鹽規一事，有在口岸之鹽規，如湖廣、江西、安徽、河南各省上下衙門之岸費是也；有在揚地之鹽規，如鹽政運司、各衙門之月費供應是也。今楚西各省岸費雖奉星使裁減，究屬陽奉陰違，依然如故。緣地隸隔省，不惟運司之權不能禁，即總督之威亦無所施，且商人行鹽豈能不仰借州縣？若地方官毫無所得，則商人之魚肉更多，此其所不能盡去者勢使然耳。至於此地兩衙門，月費供應其銀數十萬兩，向係商人支送，一概裁除淨盡，月費是星使奏裁，其供應一項，名目甚多，係淵到任後自爲裁革，止留巡費一款，是向來緝私賞號之用。不惟鹽政運司，即漕、河二帥府縣營弁皆有之，但數目微分多寡耳，此款由庫提用，用印文具報。數年以來，公私支用皆取諸此，此外與商人毫無交手。計淵每年所得之數，官吏、商民無不周知，所以能與此邦人士相安無事，共諒無他者，蓋有由然非倖而致也，不然衆人之沾潤盡去，一己之脂膏獨存，縱使陽爲矯飾，欲蓋彌彰，能免於衆喙之交集乎？且非獨淵一人已也，即此地首領書差以今視昔，均有滄桑之感。每談及十年以前，無異天寶盛時，其炎涼之態，亦可想而知矣。

天下談經濟者，閉門造車，出門皆可合轍。鹽務一事，其中曲折非局外所易知。淵自親身其事，覺從前見聞皆屬隔膜，固無怪言之者之紛紛也。去歲，當道有與鹽務爲難者，密偵數月，而後以全力攻之，亦止言課引短絀，辦無成效等事，究未切中窾要。淵每撫膺自思，處此釁怨叢積之地，公罪或不能免，惟矢此愚誠，止期得免私罪，定見。

不至貽譏吾黨，即投之竄之，亦將歡喜承受，無纖毫芥蒂於中也，但未知前途茫茫，果能如願否也。

署中眷屬共二十餘口，一子一姪在署讀書，一入學，一補廩，皆已二十七歲，學則荒疏，然向皆醇樸，無衙門子弟習氣。昨於正月望前，回陝應試，秋闈絶無可望，因來歲學使按臨敝郡，歲科并考，故不能免此一行。知承關注，因附及之。

淮鹽之敝，敝於極盛之時，若在十餘年前，極力挽之猶可爲也。至全局敗壞不可收拾，雖智者不能爲謀矣。僨事者享其樂，救弊者任其患，天下事類如此矣，獨鹽務也哉！君嘗語人云："教子弟當教他老實忠厚、忍耐謙恭，切勿教他學乖巧，子弟一學乖巧，將來便難保守。"君家子姪，余曾見其四，皆循循規矩中不染宦門習氣，前言信不虛也。閏生。

復陸心蘭方伯①

日前接奉復函，備蒙垂注，祇以事多棘手，心緒忙煩，裁復久稽，竊深慚悚。邇維褆履凝綏，[2]曷勝扑頌。淵抵揚以來，已逾匝月，日行稿件紛至沓來，皆素所未經，每看一稿即調一卷，反覆推詳，尚多茫然未解。且幕中均係生手，無一諳習之人，致公事益覺拮據，且衙門積弊，權在吏書，稍不經心，弊混即由此起。若欲條分縷晰，又苦於索解無從，似此竭蹶之形，如驅駑馬上千里之坂，其顛躓困敗，可計日而待耳。

至鹽務大局有無轉機，目下尚難預料，蓋因商人無本轉運，專望岸課回頭。新綱接命之源，全在於此。頃聞漢岸銷價減跌，各商資本虧折已多，雖欲急公自効，其道無由。舊商如此，新商聞風生畏，誰肯冒險而來？此辛卯新綱所以難望其踴躍也。②且己丑納課之鹽，③尚

---

① 文亦見於《皇朝經世文續編》卷四三。陸言，字有章，號心蘭，浙江錢塘人。嘉慶四年（1799）進士。道光十年至十一年（1830至1831）任江寧布政使。

② 辛卯：清道光十一年（1831）。

③ 己丑：清道光九年（1829）。

有十餘萬未經到岸，亦不能不讓令先銷。傳言漢岸將來有缺鹽之患，恐未必然，且即使八九月間新鹽抵岸，若私鹽未盡，則官引仍復滯銷。十餘年來，鹽務敝壞之由總坐此病，若不用力於緝私，而別求利運之法，此事勢之所必無。淵到此逐加講求，知此實爲第一義。溯查從前衰旺相循，其機括均不出此。前言緝私爲塞流，而以敵私爲正本清源者，亦止得半之論。管子擅魚鹽之利，此擅字中即寓無窮杜私之意。若令人人爲之，[3]則利非國家之有矣，此不待辨而明者也。淵於此事知之而不能行之，蓋一出於才之短，一由於權之輕，且事關各省，非通力合作，迄難見功。爲今之計，不過盡一分之心，冀收一分之效，倘至今冬明春仍無一毫起色，惟有據實自陳，知難而退，以無貽曠職之羞足矣。素叨知遇，故敢絮陳，尚祈俯賜惠言，俾知遵守，尤深翹企。

省垣公事，想都順手，惟貢院工程所短經費尚多，上下江各屬民捐官捐之項，本係分作兩次行文，未便混成一事，其已未解繳，①俱有底册可查，如札催不應，或委員守提庶不至悮。至官捐之項，或求咨商蘇、安兩處，於養廉中扣解，以濟要工，亦無不可，從前府中上詳時，本有此議。五畝園書院，府庫存銀二千八百餘兩，足敷工用。此中有王竹嶼措銀一千八百兩，將來未可泯没。王鴻軒先生未知曾否到署，聞書啓一席，叠經更換，尚未得人，未知此時已定否？

麥秋甚薄，下河一帶低窪之處受傷尤重，聞各處有報灾者，未悉如何辦理。竈下煎丁困苦尤甚。折價鹽課，催納不前，各場官俱罹革職處分，似不能不從權詳辦也。承委之事，容當開送，然身已在局外，而輕爲臧否之論，於心終有未安耳。

襄聞敵私之説，意竊韙之，今乃知其似而非也。事非深入局中，可否惡得臆斷。閏生。

---

① 己未：清嘉慶四年(1799)。

呈賀耦耕師[①]

前函尚未封發，頃復接奉賜書，伏承教誨殷拳，曷勝銘感。兩淮鹽務之難，并無深文奧義，只私鹽充斥、官引滯銷二語盡之，辦鹽務者止辦得能銷足矣。運司之權職不出於運，不銷，則何由運？閭閻生齒日繁，無業窮民衣食於鹽，譬不畏法。如江船脚私、糧船夾帶，以及川蘆閩粵各私，其佔礙官鹽銷路者豈止數倍，以致官引到岸，累年不售，成本佔擱，愈佔擱則愈難流通。商本日蹙，轉運愈艱，[4]新商聞風，益形裹足，此鹽務之所以敝也。減價敵私之說，言之似覺可聽，其實終歸無濟。蓋官鹽成本重於私鹽者，不啻倍蓰，病根在此。其何能敵？如欲以官敵私，則必國家不徵課而後可，即如今春散輪以後，楚岸鹽價雖賤，而商人成本大虧，情形漸成尪羸。毋論威不能震，即恩亦無可加。從前所聞均多隔膜，自到此三月，細意講求，知此事無本源之可言。

昔管子擅魚鹽之利，一擅字中原有利權獨攬之意，今法令不行，民心積玩，合數省之強悍桀驁、無業游民起而爭國家之利，官引安得不滯？商力安得不疲？爲今之計，竟以緝私爲第一義，然非合數省大吏之權大加震動，又合地方營縣聯成一家，不分畛域，斷不足以收緝私之效。若舍此而別求探本之論，雖殫精竭慮，實難期捷獲之功也。此事自有正本清源之法，但非運司所能爲耳。

現奉宮保奏委王竹嶼前赴楚岸，查辦一切。此行所關不小，鹽務轉機在此一舉，然揚、楚兩地，意見各殊，未知果能有濟否？讀來書云："不翻清查，無以懲奸商；不復窩價，無以招新商。"此乃傳聞之言，非真知。此中關目者，清查本無可翻，即從而翻之，亦與現辦事體毫無裨益。至所謂奸商者，此時俱不在場，且窮乏已甚，辦與不辦均與大局無關。至於裁減窩價，正爲招徠新商，新商之所以不來，在官鹽

[①] 文亦見於《皇朝經世文續編》卷四二，題作《上呈賀耦庚制府書》。

無利。若官鹽有利，豈待招徠？官鹽無利，由私鹽日多，全與窩價無干。窩價減，則成本輕於新商，何不利焉？爲此論者，乃局外人耳。因承垂問，用敢縷陳，伏祈訓示。

論事如扁鵲胗脉，盡見五臟癥結。閏生。

呈賀耦耕師[①]

承詢江南有無姦商可以懲辦，此事非悉數所能終，謹略爲言之。岸商代人賣鹽，以他人之財供其揮霍，久爲揚商之害，去之不足惜也。若揚商，則挾本求利，其從前之作姦犯科者久皆歇業，衣食不能自給，雖置之重典，於事亦復無濟。現在稍可支撐者，不過一二十家，多係借資行運。[5]自數年以來，風波屢作，虧折漸多，人人有保家遠害之思。前因星使臨江，謠言四起，草木皆兵，大勢幾於渙散。自淵上春到此，待之以至誠，示之以無畏，人心始稍稍安貼。茲驚魂甫定，而遽欲齊之以刑，不但將現在之商驅之使去，彼聞風者誰復敢挾巨貲而蹈不測之險乎？且歷來鹽務之壞，鹽政運司實難辭咎，今皆置之不問，而惟商是求，是猶舍債軍之帥而歸過於士卒，非公論也。即今日之不能整頓，非盡商不用命，乃官不恤商所致耳。片言居要。

各省岸費以數十萬計，各衙門陋規大者數萬，小者數千計，以至關隘之刁難，書役之需索，地匪之訛詐，無一不取諸商，而官視以爲常，置之不問。商力幾何，既輸庫藏六百餘萬之課，復供各省各岸數百萬之費，安在其不日就彫敝也？而且以庫款之挪墊爲商罪，其罪實在運司，商不能主也；以江船之帶私爲商罪，其罪實在船户，商不能禁也；以鹽價之昂貴、鹽色之攙和爲商罪，其罪實在水販鋪户，商不能與聞也。冤情昭雪。

去歲爲極敝之時，猶收二百萬之課，若以國初之鹽課而計，已屬

[①] 文亦見於《皇朝經世文續編》卷四二，題作《呈賀耦庚師》；亦見於《重修兩淮鹽法志》卷一五八，題作《俞德淵上賀中丞熙齡書》。

逾額。今因科則太重，僅足三分之一，然已倍於中省之賦矣。矧此二百餘萬之課，即出自一二十家疲乏之商。若不培植之而復芟夷之，將併此而無之矣。即如裁費一事，揚州辦貢辦公之費減存三十三萬，漢岸公費減存三十八萬，江西減存十七萬。今計上年用項，揚州用二十四萬有零，視原減之數又減矣；旨極力撙節者。漢岸則用八十餘萬，較原減之數多至四十餘萬矣；有任意麋費者。江西則用三十餘萬，較原減之數多至十餘萬矣。商人獲利幾何，減鹽價則身受其實，減浮費則徒存其名，此中委曲情形安能人人而告之？言之痛切。大抵天下有可行之權者，未必知之，果真而知之真者，又未必有可行之權。運司之權，督催商運，謹守筦籥，是其職也，其他則呼之而不應。維揚咫尺之地，權雖不能及，尚可以情理通之，若外府外縣，則無可措手矣。制軍之權善用之，第可及於本省；不善用之，即本省且陽奉而陰違，而況能及於外省乎？淮鹽行銷六省，上下各衙門不知凡幾，凡與鹽務有交涉者，無不於鹽有沾染，安得合數省之官常齊心協力而為之。痛快！今欲有利於商，必將不利於眾，奪眾人之所利而強其所難，此不可得之數也。然眾之利不去，則商之利日微，國家之課亦日絀，此亦相因之理也。此病難醫。

在昔極盛之時，未嘗無弊，行之百餘年，踵事遞增，其弊日甚一日，沿至於今已成積重難返之勢。於此而欲改絃更張，非大有權力者不能。淵何人，斯敢希冀其萬一乎？治鹽務者，不能為商保本、袪弊而徒咎夫商之無良，猶之治地方者不能為民興利除害而歸咎於民之不善。[6] 試思國家設官之謂，何而以牛羊之放軼倒斃？謂牛羊實自為之，非求牧與芻者之罪，抑亦巧於自諉矣。淵自知力薄任重，縱不為之圖，亦終必得罪而去，不過姑存此說以自抒所見已耳。然斯言也，聞者必謂袒護商人，為運司之通病，幸望吾師秘之勿宣。統俟吾師來年出山時，淵如尚留未去，當將一載以來所揣摩而知之者，為吾師傾囊倒篋而陳之，即從此永入山林，於人世不相聞問，亦無所憾矣。

淮商奢靡成習，起居飲食之奉逾於王侯，言者每以為口實，不知此乃昔之淮商,非今之淮商也。今之淮商特寘人之有局面者耳。天下沃饒之區,善理之則爲貨源,不善理之則爲弊藪。凡於鹽務有交涉者,皆於鹽有沾染,君言猶含蓄未盡。當淮商凋敝後,聞者猶皆垂涎,非獨司鹺政之官,鹺運所經之處得而魚肉之也。凡四方之張空拳者,皆思以兩淮爲外府牢盆,歲入有數,使無數不識姓名之人群起而鏟其利,商豈有點金術哉!有日就困窘而已矣。自君力裁浮費,杜絕應酬,儉以飭躬,廉以率物,商力因之頓紓,非專爲恤商也,必商力有餘,然後鹽課無絀。君行之數年,淮商漸有起色,惟是農田得雨不利,行人浮費既裁,向之衣食於鹽者至是率皆失業,且四方張羅之客自是計無所出,遂各造作浮言,流播京師,言者或據以入奏,鹺政不無掣肘矣,雖使劉晏復生其奈之何?閏生。

復趙菊言方伯①

昨奉惠緘,以豫省南汝光一帶例食淮鹽,淮商久不運鹽到岸,以致私梟充斥,百弊叢生。去年楊海梁中丞移咨大府,議令改食蘆鹽,嗣後復查蘆、潞兩商,因該處運鹽成本過重,均不願添設口岸。現據該處士民具呈,請改課歸地丁,聽民自便。至安徽潁州一府,亦應照辦,是否可行,中丞特屬閣下詢明致覆,并承示近蘆食蘆,近潞食潞,尊意亦復相同。具見藎懷垂照,指示周詳,殊深感佩。䎴弟身當斯局,敢不悉心體察,據實縷陳,以仰副海梁中丞暨閣下垂問諄諄之至意。

查康熙四十二年,河南汝陽縣曾有改食蘆鹽之議,欽奉諭旨,永行禁止。雍正年間,上蔡、西平等縣屢請改行蘆引,亦未准行。乾隆二年,豫撫議將上蔡等十四州縣改歸長蘆,當經兩江總督會同鹽政議奏,以去淮改蘆,鄰私更易,侵越南北,兩淮并受其患。復經戶部議令

---

① 文亦見於《皇朝經世文續編》卷四三;亦見於《重修兩淮鹽法志》卷一五八,題作《俞德淵復趙菊言方伯書》。

仍照舊章辦理。是汝、光一帶改食鄰鹽，前人業經籌及，彼時雖格於群議，迄今又已百年。如果今昔情形不同，原不妨酌量變通，以救時弊。_{通達政體之言，若僅援前案駁之，不過刀筆吏伎倆耳。}惟該處民間所食，全係蘆私、潞私，從前節次奏，請改行長蘆官鹽，尚恐於防私有礙，此時如聽民自便，在立法之初，固係僅行於疲累口岸，[7]而地勢犬牙相錯，鄰近之區必將任意充斥，雖欲保守旺銷處，所以全力專辦，亦恐勢有不能。_{想得到。}以淮北現在情形，課食全虛，本可置之度外，第汝、光、潁、亳，實為淮南門戶。刻下鹺務雖當極弊之時，淮南去歲課銀尚徵收二百餘萬兩，若一旦撤去藩籬，讓出南、汝、光三屬，并將潁郡之阜、太等縣劃出另辦，則蘆、潞之鹽從此層層侵入。不特淮北引地日蹙，即淮南亦保障益難。淮鹽行銷六省，悉皆徵課於商，若僅將此十數州縣改入地丁，於全局既多格礙，必將全淮引地概行改歸丁納，或可收曠然一變之效。第慮課額過重，統計兩淮每年內外正雜課銀，雖經裁減之後，尚有五百六十餘萬兩，均係經費攸關，無從再減，勢難攤入六省賦額之中。且天下皆食鹽之人，天下不皆力田之人，農民僅列四民之一，未便責令獨完鹽課，[8]而官吏、商賈、百藝人等，其力半皆十倍農民，乃咸食無課之鹽，亦恐不免有偏重之患。_{言言透徹，却不是怒目張拳。}惟汝、光一帶官鹽久缺，民食堪虞，既係力窮勢竭，自應極加整頓。

弟於接奉賜函之後，再四熟籌，實無良策。因思淮北致病之由，總緣運道諸多不便，閱時既久，需費更繁，以致岸鹽短絀。刻下籌議行運票鹽，所歷程途，聽民販各從其便，不致如前五駁十杠之煩，且無論何色人等，各隨資力之大小，皆可販運行銷，與從前專商認運已有區別，即汝、光等處民人亦無難，稍覓資本來場販運。前經鄒公眉觀察，帶同各委員前往海州，逐場履勘。據云給票抽稅之法尚屬可行，業經議立章程，與弟處會詳請奏，宮保過揚時，已將奏稿酌定，帶至清江繕發，此時諒已具奏。一俟奉旨允行，即當遵照辦理，現在淮北三場設立五局，僉派官商，既已粗立規模，勢難中止。海梁中丞以南、汝、光改歸地丁之議，移文咨商宮保，亦必不能以甫經奏定之案，遽改前説，復議更張。以弟愚見，票鹽之法甫經奏行，其果否行之有濟，原無把握，不自是。如果稍有轉機，自應力圖成效。倘半年之後，仍屬口岸無鹽，則課食所關，自難坐悮，即請海梁中丞以前議發端入奏，俟交專管鹽政衙門議覆，彼時即可乘機轉灣，另籌變通之法。不堅執。鄙見如斯，未知尊意以爲何如？均希裁定，海梁中丞處并祈代爲致覆，是所至禱。

鹽歸地丁本非持平之論，況票鹽之疏甫上，安能遽作兩歧語？此書於隔省情形朗如眉列，知彼知此，而立論和平坦易，無町無崖，議事具此虛懷，何必苟同？何妨立異？閏生。

呈賀耦耕師①

再啓者，吾師出山之舉，躊躇不決，自因時勢多艱，[9]故不能不迴慮却顧。以淵思之，出處之機，亦自有數，焉存於共其間，有非可以意爲趨避者，要惟行其心之所安而已。猶憶吾師於道光四年初到吳門時，奉教伊始，竊聞吾師之言曰"熱腸"二字即是"仁"字。説"仁"字不腐，然却是"仁"字真解。彼時深味此言，[10]謂"仁"字道理，際天極地，"熱腸"二字足以盡之，其語簡切而包括無窮。及觀吾師由蘇至東至寧，凡所到處，孜孜以振起地方、救拔民生爲急務，其惻怛無已之心、奮發有爲之志氣，無非從一片"熱腸"而出，蓋"仁"之發於天性也。今值民生日蹙之時，忽萌端居不出之想，將使熱腸變爲冷念，以性所固有之仁，強而制之，使不得遂其心，必有所愀然難安者，心所不安即形神亦爲之不暢。來書所云"體中時有不適者"，欵曲。未必不由乎此。若然，則吾師雖欲優游田園，自樂其志，恐抑鬱無聊之情轉不若旁皇四境者之有所寄託也。[11]簡中人語。昔陳圖南謂張忠定公曰："譬如失火家望君救火，安可不赴？"此爲熱腸人言之也。使此心一冷，則將謂："人家失火，何與己事？"而仁道或幾乎息矣。此輩甚多。仁，生理也，斷無可息之

---

① 文亦見於《皇朝經世文續編》卷四九，題作《再呈賀耦庚師》。

時,此古今世道之所以不敝也。方今生民彫瘵,國計日窘,凡有封疆之責者,措施誠非易易。猶幸有大君子數人,眾力齊擎,或可補救於萬一。而凡現在場面稍有世道人心之慮者,亦賴有人焉,爲之壯其膽而作其氣,庶幾有所恃而不恐。古今治忽之由,不出此數語。若惟是獨善其身而已,則潔身遠遯,從古不乏高人。要皆天性孤冷無意於人世者之所爲,與吾師所謂熱腸爲仁者殆如水火之不相入,未可同年而語也。以淵思之,吾師亦行其心之所可安,而勿強其性之所弗欲,則出處之機不著蔡而自決。

承問票鹽何以無補大局,緣兩淮每綱科則應徵正雜銀六百萬兩,淮北票鹽歲止徵銀二十餘萬兩,不及通綱二十分之一,是以謂之無補大局。顧此二十餘萬兩之課,從前商疲運絀,已歸烏有,今辛、①壬兩綱,②實已全數入庫,且帶徵殘引課銀十餘萬兩。就淮北一隅而論,已屬大有轉機,外間傳言、謬論紛紛,不足爲據。至有販無鹽,乃地之所產,止有此數,非關辦理不善之咎。而綱額已足於國計民生,有益無損,其造作浮語者,皆因不能便其私圖耳。大抵天下事有利不能無弊,苟利大而弊小,斷不能懲弊而坐失其利。名論。淮北票鹽係千百年創始之舉,甫行一二載,縱巧於立法者,豈能盡善無遺?惟權其利害之輕重而已,且鹽法與他政不同,非身入其中不能悉知窾要。從前名人立論著書,尚多影響,近時道路之言,更何足道?即如淮南商人能去儀徵改捆,固於成本所省實多。然此事言之若易,行之實難,移步換形,與淮北局面大有區別,蓋未易一二更僕數也。糧船帶私,固亦調劑旗丁之一端,然於國家政體不可爲訓,且因恤丁而害課,必至鹽法盡壞而後已。

兩年以來,辦理粗有眉目,人心幸得相安。今歲貴漕帥獨出心裁,幾成決裂,非宮保師大力挽回,則所損者不獨在淮綱矣。茲事體

---

① 辛:即辛卯,清道光十一年(1831)。
② 壬:即壬辰,清道光十二年(1832)。

大，不及縷陳，附呈宮保奏稿三件，亦可知其梗概。吳門之事，大有可憂，少穆師幾於寢食俱廢。兹有夾片稿録呈，足知其難。第係密陳之件，且勿宣示爲幸。現交臘月以後，仍復雨雪連旬，蘇、松皆無交倉之米，轉瞬立春，竟不知如何爲計。自吴至浙省，有盗賊滿途死屍遍地之謡，時勢如此，吾師聞之當亦代爲蹙額也。不蹙額者，其人必非熱腸。

　　對熱腸人講熱腸話，故言之親切而有味。然非自具熱腸亦安能如此云云也，士人束髮受書，無一日不見仁字，一入宦場便覺得此字迂腐，其無熱腸也可知。閏生。

詳陶制軍宮保①

　　爲淮南積引過多，新舊不能并運，援例詳請酌提綱引，分年帶運，以疏積引而紓商力，藉可挽正綱分復還原限，仰祈具奏事。竊照淮南每綱鹽引額行一百三十九萬餘道，行銷江西、湖廣及安徽、江寧等省，每綱徵收正雜課銀及外支雜費五百餘萬兩，必須口岸暢銷，源源轉運，方得綱清課足。

　　自嘉慶丙子以後至今二十年，②通計江廣等省引數不過八折行銷，從未能年清年額。自戊寅綱奏請分年帶運，③己卯、④庚辰，⑤[12]始得照額行銷。迨辛巳、⑥壬午、⑦癸未三綱皆係折半行鹽。⑧ 甲申、⑨乙

---

① 據《清實録·宣宗實録》載："道光十二年……壬申。諭内閣、陶澍奏、降調道員……及販運價值，給票事宜……仍與該署運司俞德淵會議妥辦。"
② 丙子：清嘉慶二十一年（1816）。
③ 戊寅：清嘉慶二十三年（1816）。
④ 己卯：清嘉慶二十四年（1819）。
⑤ 庚辰：清嘉慶二十五年（1820）。
⑥ 辛巳：清道光元年（1821）。
⑦ 壬午：清道光二年（1822）。
⑧ 癸未：清道光三年（1823）。
⑨ 甲申：清道光四年（1824）。

酉又得全綱奏報。① 丙戌、②丁亥兩綱,③止銷半綱之引,餘皆全銃。戊子又行一綱。④ 己丑奏報七分,⑤課清引積尚係辛卯以後陸續帶完。⑥ 庚寅一綱,⑦復停未運。統計自戊至庚,⑧十三年中奏報五次全綱,其餘或全行銃帶,或折半行銷,皆未能照額完足。迨至十一年起,欣逢憲臺兼管鹽政,更定新章,事事認真稽核,既嚴搜糧船夾帶,復禁絕江船腳私,并裁省浮費,力杜奢華,積弊一清,商情鼓舞。爰自辛卯至今五年之中,⑨辛、⑩壬、⑪癸、⑫甲四綱、⑬全行報奏,比較十年以前,固已大有進步。倘從此逐綱全清,永杜從前帶徵銃賠積習,則是數十年來弊壞難振之鹺務一旦全復舊規,足以仰副聖主整飭淮綱之至意。用慰憲臺力圖挽救之初心,即本司隨同區畫私衷亦所甚願,無如淮鹽命脉所關,全視銷數之暢滯,而行銷口岸地屬隔省,一切督銷緝私等事不但本司呼應不靈,即憲臺總理淮鹺亦有鞭長莫及之勢,良由淮南引地以江廣爲最重,各該省地居腹裏,與川粵閩浙壤地相連,環繞充斥,其地甚近,其價自輕。淮鹽遠隔數千里,逆流而上,煩費百倍,勢難敵鄰私之侵銷。透徹。

　　兼之辛卯以後,接連三載江廣水患頻仍,居民流離失所,銷路更爲遲滯,致引鹽日積日多。查辛卯至甲午四綱共應銷鹽五百五十八

---

① 乙酉:清道光五年(1825)。
② 丙戌:清道光六年(1826)。
③ 丁亥:清道光七年(1827)。
④ 戊子:清道光八年(1828)。
⑤ 己丑:清道光九年(1829)。
⑥ 辛卯:清道光十一年(1831)。
⑦ 庚寅:清道光十年(1830)。
⑧ 戊:即戊寅,清嘉慶二十三年(1818)。庚:即庚寅,清道光十年(1830)。
⑨ 辛卯:清道光十一年(1831)。
⑩ 辛:即辛卯,清道光十一年(1831)。
⑪ 壬:即壬辰,清道光十二年(1832)。
⑫ 癸:即癸巳,清道光十三年(1833)。
⑬ 甲:即甲午,清道光十四年(1834)。

萬餘引,加以辛、壬兩綱代銷己、庚殘鹽七十餘萬引,①并有辛卯年接銷己丑以前各綱,已請未運五十餘萬引,及辛卯開綱時,各口岸存積未銷殘鹽約計七十餘萬引。曾蒙憲臺於接受鹽政印信摺內,聲明漢口積引,不下數千萬砠,非兩三月所能罄盡,江西情形亦然。預行陳明有案,凡此舊存積引,均係辛卯以後始行銷運,共計實應銷鹽七百六十餘萬引,方能新舊全清。乃統計湖廣、江西及安、池、太等岸,并寧國上江食鹽各岸,自十一年春季起截至本年夏季止,實只銷鹽四百八十餘萬引,計存在岸在途及在場未運之鹽共有二百數十萬引,內有己、庚殘鹽七十餘萬引,業於辛、壬兩綱隨正報銷於國課,固屬有益無損。然實亦佔擱正綱之數,揭破。上年癸巳綱造報奏銷,當因積引甚多,蒙憲臺附片奏請,將甲午綱引緩至本年正月開辦,勒限各商於年內專力捆運,原冀口岸暢銷,掃清殘積,以後設法催銷,亦易為力,無如自上年奏報,至今已及一載,各岸銷數仍未暢旺。

計本年春夏兩季,湖廣銷鹽三十餘萬引,江西約銷鹽八萬餘引,安、池、太、寧及上江等岸約銷鹽八萬餘引,視前益加疲滯,兼值本省通、泰兩屬因前半年天時亢旱,河道乾涸,不能通舟,其煎鹽各場地亦因晴燥日久,滷氣不升,難資攤曬,以致停煎停運三月有餘。前奉憲臺於籌款挑河摺內奏明在案,是本年眾商竭蹶情形甚於往昔,所有甲午綱奏銷為期既促,而又值引積銷滯河乾停捆之時,成本均被佔擱,本屬萬難副限,因叠奉憲檄嚴催,飭令遵照欽奉諭旨,不準展緩。

經本司查照上屆投請引數,按名派納,立限比催,各商皆知限期緊迫,不容遲誤,相率勉力輸將,百計張羅,趕副奏限,大約輸庫之銀半係會票貲借,半將捆運資本及應行找納前綱雜款,皆墊報本綱正項。商力至此,實已疲憊難支,然使納課之後,即得將鹽捆運,尚可望源源轉輸。無如壬、癸兩綱積引,尚有八十餘萬,加以甲午一綱,甫經納課之鹽一百三十餘萬,共計積存二百餘萬引,勢難新舊并運。若再

---

① 己:即己丑,清道光九年(1829)。庚:即庚寅,清道光十年(1830)。

接開乙未新綱,①層層遞壓,爲數更鉅,斷不能於一年之中運銷數綱之引。蓋口岸衹有如此銷數,既已積滯於前,難望倍銷於後,商人亦衹此一副資本,前鹽既未銷退,後課勢難轉輸。前蒙憲臺洞察商艱,將乙未綱一時不能開辦情形附片奏明,并一面飭司通盤籌畫,從長計議,務俾課運兩利,以免壅滯。本司切查課之來源出於引,引之去路在乎銷,必須有年銷年額之引,始得有年清年額之課。今課項雖運綱報銷,而引鹽實未能按綱銷售,若不急籌疏通之法,從此年復一年,愈積愈重,成本佔擱,轉運無資,以久經積疲之二十餘商,必致日就顛躓,愈難挽正綱,分於淮鹺大局殊多可慮。主意在此。當即督飭通河各商,從長計畫,將如何設法疏通,以免壅積之處,據實議稟,以憑察辦。

茲據淮南商人黃正泰、王履泰、尉躋美、包振興、許宏遠、和福盛、汪福茂、莊玉興、支允祥、包元泰暨通河衆商等公同具稟。竊淮鹺自辛卯綱開辦以來,因在前尚有各殘綱已請未運及已運在途存岸之鹽爲數甚鉅,且又夾帶己、庚殘引,并值是年各省異常大水,自場竈以迄口岸,無不被災,產運兩絀,銷數更滯。辛卯即蒙奏準展限。壬、癸兩年,又復災歉頻仍,雖勉力趕課,按限造報,而鹽引實係層遞積壓,故癸巳奏銷時,聲請緩至本年正月,再開甲午綱,騰出數月地步,趕辦各綱殘積,無如時迫數重,江廣各口岸銷滯運艱。迨開甲午綱後,尚冀新殘并運,逐漸疏通。又值春夏間天時亢旱,場河斷流,停運三月有餘,殘引既莫能清釐,新引復倍多叢積。而六月即應奏銷,以半年而辦全綱引課,爲從來未有之迫限。奉催嚴切,衹得多方質借,罄輸所有於運庫,以副奏銷造報,實已筋疲力竭。統計壬辰綱食,尚有未運十數萬引,癸巳綱食六十數萬引,甲午綱食未運一百三十數萬引,猶有存岸在途約計六十數萬引,積壓兩綱,之數前鹽未運,則所納錢糧及所定場鹽之成本,即行佔擱,現又應行接辦乙未綱引,若不亟籌疏通之法,通河既擱本於前鹽,又趕課於庫中,商力固有不繼,而此二百

---

① 乙未:清道光十五年(1835)。

餘萬引之殘積終無去路。透徹。且二百餘萬引之呈加雜款亦恐宕懸，自須通盤籌計，以濟轉輸。俾冀前功不棄，後效漸臻，商等再四公同切計，溯查從前極盛之時，每遇積滯，歷有提綱分帶之案，皆奉旨準行，是使國課有著，商力不虧，最爲疏通良法。

今惟援案仰懇詳請，奏乞天恩提出乙未一綱，自丙申起至乙巳止，①分十年帶課帶運，即於道光十六年丙申六月開辦丙申綱引，按年提前一月至二十年庚子二月，奏銷己亥全綱，②照案復歸原限，其分帶乙未一分，俱隨正綱奏銷。如此商力既得稍舒，國課仍歸有著，殘積得以一清，不致於整頓之後又成套搭。從此年銷年額自可年運年清，以復全盛規模，而廣招徠後運等情前來。本司查核所稟商力竭蹶之狀，委係實情。其援例懇將乙未綱引分年帶運，亦係從前歷辦成案。伏查雍正七年，前鹽憲噶因淮引積壓，請將戊申一綱南北引鹽一百六十餘萬引，③從己酉綱起，④分作十年帶銷，當奉戶部覆準在案。又於乾隆四年，前鹽憲三因綱引壅積請自庚申綱起，⑤將雍正十三年提出之乙卯綱鹽分作十年帶銷，⑥欽奉諭旨準行在案。又於乾隆三十三年，前鹽憲高以引目壅滯，請將戊寅綱鹽課分作十年帶徵，⑦欽奉上諭："兩淮綱食引鹽現多壅積，而今年戊寅綱又須請領引目按課輸銷。商本不能轉運，情形未免拮据，是宜酌籌變通以疏壅滯，著加恩將戊寅一綱提出，停其捆運以便疏銷積引，所有應徵領課分作十年帶徵，從此年清年額，則引鹽既無遞壓之虞，而各商轉輸亦得寬裕。倘將來積引疏銷，或有不敷行運之處，該鹽政酌量情形，照前請領餘引，以資接濟，該部即遵諭行。欽此。"

---

① 丙申：清道光十六年(1836)。乙巳：清道光二十五年(1845)。
② 己亥：清道光十九年(1839)。
③ 戊申：清雍正六年(1728)。
④ 己酉：清道光二十九年(1849)。
⑤ 庚申：清嘉慶五年(1800)。
⑥ 乙卯：清雍正十三年(1735)。
⑦ 戊寅：清乾隆二十三年(1758)。

又於乾隆五十三年，前鹽憲全奏，淮南積引過多，請將丁未綱未行綱引內提出六十萬道，①自戊申綱起，分作五年帶運，課項亦分作五年帶徵。經部覆奏，奉旨戶部議駁："兩淮鹽政全奏請將丁未綱未行綱引提出六十萬道，分年帶運帶徵一摺，固屬照例辦理，但念該處綱引積壓過多，有佔新綱運行地步。若照例徵納，商力不無拮据。著加恩照該鹽政所奏准，將淮南丁未綱未行綱引內提出六十萬道，分作五年帶運，所有正雜錢糧亦準其分作五年帶徵，以疏積壓而紓商力。[13] 欽此。"

又於嘉慶二十三年，前督憲孫會同前鹽憲阿奏淮南綱食引鹽壅積，請將戊寅綱鹽引援例自己卯綱起分作十年帶運，②并懇將丁丑綱鹽課錢糧分別展限奏銷。③ 欽奉上諭："孫玉庭④等奏酌提綱引分年帶運并展限奏銷一摺，兩淮綱食鹽引連年滯銷，多有積壓，一時不能倍運倍銷，加恩著照所請，將戊寅綱淮南綱食鹽引提出一綱，自己卯綱起，分作十年帶課帶運，即隨同各綱奏銷，其丁丑綱湖廣、江西錢糧展限於來年七月奏銷，按年提上一月至癸未綱復還原限。⑤ 安慶、池州、太平綱鹽并各食鹽錢糧展限於本年八月奏銷，至己卯綱復還二月原限，以疏積滯。該部知道。欽此。"是當年鹽務極盛之時，歷有提綱分帶成案，亦無非隨時變通，以濟銷路之窮，以紓商力之困。以今較昔，情形正復相同，而現在積引，比前尤重。合無仰乞憲恩，將淮引壅積情形據實具奏。

籲懇天恩俯準，援照歷辦成案，將本年乙未一綱淮南綱食引鹽提出，自丙申綱起，⑥分作十年帶運帶課，并請自本年八月起至明年五月

---

① 丁未：清乾隆五十二年(1787)。
② 己卯：清嘉慶二十四年(1819)。
③ 丁丑：清嘉慶二十二年(1817)。
④ 孫玉庭：字寄圃，嘉慶二十一年(1816)任兩江總督，道光四年離任。道光元年(1821)五月，他上奏保舉俞德淵等六員才守兼優，均請留於本省升補。《清史稿》卷三六六有傳。
⑤ 癸未：清道光三年(1823)。
⑥ 丙申：清道光十六年(1836)。

止，讓出十箇月地步，將壬、癸、甲三綱積引趕緊催商捆運。俾得積滯稍清，至來年六月再行開辦丙申新綱。俟丁酉年五月，①奏報以後遞年提上一月至庚子年奏銷己亥綱鹽，②仍復二月原限，如此量加寬展，俾商力得以紓徐，岸引可免壅滯，且於丙申年分開辦丙申綱引，倘得年歲豐稔，銷路疏通，從此可期按年行運挽正綱分，不致陳陳積壓於叠，奉年清年額之諭旨，亦足仰圖報稱於萬一。本司爲綱鹽積壓籌畫疏通起見，相應據實具詳，仰懇憲臺鑒核入奏，爲此備由具申，伏乞照詳施行。

難得如此曉鬯。閏生。

呈護制軍林少穆師③

竊昨叠肅寸稟，諒均仰邀垂鑒。賤恙日來如昨，不見進退，每日仍薄粥兩甌。醫云總由思慮煩勞，襲傷元氣，必須安心靜養。無如公牘紛紜，此心終難漠視。<small>無病而漠視者多矣。</small>日前宮保自衆興來諭，深以賤疾爲念，謂心不歇則氣必耗，而血不能生。昨奉鈞翰，亦令以靜攝爲主，置一切於度外，不使意中稍有煩苦，此真體恤至周，爲養病者藥石之言。淵雖自揣神明不衰，尚可力疾從事，然所以日久纏綿之故，未始不因用心不已之所致。<small>鞠躬盡瘁，死而後已。</small>前所以未敢遽請者，因適值宮保啓行，吾師榮任之初，未便遽以病狀上陳，致擾清聽。今復遷延多時，而病體亦然如故，若再因循坐困，設有貽誤，轉非所以仰副成全。茲謹另具稟牘，陳請暫假。惟病延已久，氣體虛弱，恐一時難以復元，必須仰乞恩施，準假兩月。庶爲日較長，俾得安心調理，以冀早日向痊。倘奉給假一月，則轉瞬即滿，又須請展，中心惕惕，反覺不安。惟求俯賜照稟準行，曷勝翹企至代理之人。

---

① 丁酉：清道光十七年(1837)。
② 庚子：清道光二十年(1840)。己卯：清嘉慶二十四年(1819)。
③ 林少穆：林則徐，字少穆。對俞德淵極爲器重，評價俞德淵"體用兼賅，表裏如一"。《清史稿》卷三六九有傳。

日前宫保過揚，深以南掣姚丞爲妥。① 蓋姚丞才品既可信任，且鹽務兼掣同知，代理運司，歷有成案，既於事體較順，至署中住屋，及辦事幕友亦難輕易挪動，只可駢湊同居。姚丞爲人謹重，或不至大有更張，於淵私計亦便用，敢冒昧瀆陳，伏祈裁酌。惟童分司尚未接印，或令姚丞先行接護運司，隨後再交監製印務。如須暫行委人代理南掣一缺，查有長蘆裁缺改發兩淮之運判張汝猷，現在儀徵，幫同捆掣，情形習熟，此人老成謹飭，且曾任實缺分司，就近暫委代理，旬日之間，童分司即可到任。如蒙俯允，務懇吾師即日分別下委，飭令姚丞迅速來揚接辦。

　　俾淵早歇手一日，則早得省心一日，從茲日就安全，此後再生之日，皆出自覆育之恩矣。再姚丞例應引見，屢奉部催，明年正月即遲延一年以上，處分綦重。今委代理運司，并乞吾師於摺内聲明請展，一俟交卸司篆即令請咨赴部，俾免將來部中挑别，感沐仁施，更無既極，伏祈鈞鑒。

　　昔人以鹽官爲樂，若君之作運司，非惟處膏不潤，直如重負在背，行泥淖之中，步步防其傾跌，遑敢休息？自有運司以來，未有况瘁如君者矣，欲不病也得乎？作此書時病勢已篤，猶區畫周詳，公私兼盡如此，蓋用心熟者，雖極困頓危苦時，亦斷斷不能粗疏也。閏生。

【校勘記】

［1］再：《皇朝經世文續編》作"分"。

［2］綏：《皇朝經世文續編》作"禧"。

［3］人人：《皇朝經世文續編》作"今人"。

［4］艱：《皇朝經世文續編》作"難"。

［5］資：道光本、中科院同治本、川大同治本皆作"賀"，據《皇朝經世文續編》改。

---

　　① 姚丞：姚瑩，字石甫，號明叔，安徽桐城人，嘉慶十三年(1808)進士。俞德淵下屬，在他病危時，向林則徐極力推薦時任淮南監掣同知的姚瑩暫時署理兩淮鹽運使。《清史稿》卷三八四有傳。

[6] 爲：《皇朝經世文續編》作"與"。
[7] 係：《皇朝經世文續編》作"僅"。因"係""僅"二字形似，疑"係"爲"僅"字誤。
[8] 便：《皇朝經世文續編》作"嘗"。
[9] 艱：《皇朝經世文續編》作"難"。
[10] 此：《皇清經世文續編》作"師"。
[11] 有：《皇清經世文續編》作"得"。
[12] 辰：道光本、中科院同治本、川大同治本均作"寅"，當誤。根據上下文所列干支紀年，此處當指庚辰年(1820)，據改。
[13] 紓：原作"舒"，據道光本和上下文之同一用字改。

默齋公牘卷下

酌擬海運未盡事宜①

一，委員查驗沙船，每查一船即於船旁易見之處粘黏船單一紙，_{立法簡易}。填明某字號沙船，船商耆柁某某姓名，在船水手若干名，實裝糧米若干石，即隨手登記簿册，照船單內開載，以便按縣核派。

一，沙船量定艙口之後，共計在次若干號，即查照各縣米數，挨次分派，如由鎮江府屬派起，即將鎮屬四縣，各按停泊段落派在一處，以次由常至蘇，逐段接連。每派定一船，即於船旁大書某縣第幾號運糧沙船字樣，并給大旗一面，亦書某縣第幾號運糧沙船，使剥船一望即知，庶免臨時錯亂。

一，原議先由鎮常剥運，以次遞至蘇、松。但查蘇、松各屬倉廠，常年係現收現兑，若俟全漕收完始行起剥，恐廠間不敷屯貯，轉多窒礙。今擬沙船到次後，統計船數若干隻，先儘鎮江道遠之處，全行剥派，剩船若干隻，次將蘇、松、常、泰四屬，每縣酌派米若干石，於年內外先行剥運。以便陸續騰挪廠間，不致有停收待剥之患。

一，沙船派定後，應按各縣抄行一册，俾知本縣派船若干隻，剥米若干石，即可遵照派定數目源源起運，其剥船字號即照沙船字號配搭起運。俾運到水，次某號剥船即撐赴某號沙船受兑，_{簡便}。庶不至東碰西撞，致有無所適從之慮。

---

① 《清史稿》卷三八四載："道光六年，初行海運，以德淵董其役，章程皆出手定，以憂去。"此篇即爲俞德淵丁母憂前所作。

一，沙船派定米數後，每府應造送一册，以憑督催起運，再造五府州總册十餘分，分造各憲衙門查核，并於十二月封篆以前，由驛咨送直隸總督倉場衙門各一分，以便海船到津時查照收斛。其封篆以後，續派船隻年内咨送，勢有不及，應歸第二起造册，另作一起咨送，至赴津交米委員，亦應各帶一分，以便沙船到津時核查交兑。

一，剥船運到時，該縣押船家丁稟請驗米大員，帶同委員到船查驗，驗畢，即知照委員，傳知沙船趕緊兑收。兑見米數隨給兑單，每兑竣一船，即給全收米，結該縣家丁，仍持至公所照驗掛號，以憑隨時申報。

一，三聯執照應請憲臺、藩憲、道憲會印，再加上海縣印，交公所存貯，以憑隨時給發。其米結兑單式樣應由上海縣刊刻刷印，散給各船收存，兑竣後隨時填給，上用船商圖記，耆柁花押為憑，其監交委員，亦宜加用戳記，以憑查考。

一，各州縣運米若干石，派船若干隻，及用何色號旗，應造總册一分，移知吳淞水師營，俾沙船出口時有所稽考。至每船兑米完竣，出具全領米結後，仍隨時知照該營於到口時查驗放行，該營亦將某號船於某日出洋，飛移公所，申報各衙門查核。

一，鎮、常二屬開倉最早，常年十二月初間米已收完，應令於十二月初一前後先行起剥，即剥船或有不敷，不妨輪轉運送，以便從容兑收。其常府白糧或年内春辦不及，應俟糙米運完之後，於正月初旬上緊剥運白糧，毋致貽悞。

一，兑米斛手應由上海縣豆行内。公僱斛手一百名，取具斛匠頭承認結狀，并造送花名册一本，隨時承應，按照所斛米石給與工價。但恐米多，湧兑之時不敷應用，請飭每縣各隨帶斗級三名，并笆夫二三名，以備相幫照料。

一，丈勘吳淞江水勢。自黄渡以下，淺處居多，剥船礙難行走，將來各縣剥船應由昆山至青浦，出大瀾路港，歷泖湖斜塘，歸入黄浦，直達上海。或出寶帶橋，至白蜆江，由澱山湖入泖湖，亦歸黄浦，以達上海。惟澱山湖時有風阻之患，崑山一路較爲平穩。應將各縣剝船脚費準照官塘支銷，其行走程途無妨各隨其便。

一，自橫潦涇至上海縣東門，計程一百三十里，一潮不能徑達，各屬剝船經行必須預籌停泊之所。查上海縣迤西七十里，有閔行鎭地方堪以停泊。該鎮地處落鄉，四面遼廓，且恐剝船岔集，人衆滋事，雖有黃浦巡檢一員，把總、外委各一員，恐不足以資彈壓，應請添委文武二員，駐札該處，以便剝船經臨駐泊，防範照料。

一，黃浦風潮不時，所有支河汊港堪以暫泊之處外，來剝船無由深悉，心細如髮。且潮信之早遲，水性之緩急，苟非素所經歷，必至茫無把握，畏憚不前。應請每十里預備本地方熟慣小船一隻，以便剝船到浦時指引接應。偶值天陰夜黑或猝遇風潮，即可指引支港，使之知所趨避。計每日僱船十三隻，約需錢七八千文，應由該管地方經僱，準歸公費內報銷。

一，原議吳淞閘分設三十塢停泊剝船，現因吳淞江淺阻難行，各縣剝船均由黃浦抵次，應即在浦江傍岸停泊，以俟驗收。惟黃浦風潮難測，恐夜間陡起暴風，致有顛簸之患。今擬在上海迤南十餘里黃浦各支港中擇地停泊，亦不限定三十塢，只令委員隨時安插，暫避風濤，俟風日晴穩，撐赴沙船受兌。其委員應多派十餘名，以便分頭照料。

一，原議沙船初到時，委員押令兩船一聯或三船一聯，於江心停泊。今查沙船乘風駛進海口，無分早暮，時止則止，委員押停實有不及之勢，應飭令查驗委員隨時調度。黃浦江面寬至數百丈，不難挨次排列，總以不礙剝船靠攏受兌，即爲妥貼。其押停委員，似可毋庸另派。

一，原議每艙鋪墊苫蓋，應用關東蘆席二十四張，本地蘆席則用六十張，今復傳至耆柁，細加體問，據稱各船艙口大小不一，且一船而前後中艙，廣狹不同，若按艙置備，轉致多寡不均，不如隨米計算，方得勻稱。簡便且平允。現議每米一百石，備帶本地蘆席二十張，圍圓一尺以上毛竹四根，毋庸劈破，竹篾氣筒二箇，棋子鐵釘二觔，足敷應用,每船樣米桶一隻,俱由州縣自備。至上蓋稻草一層,亦係必用之物,就上海置買為便。以上各物照時價估值,每米一石,約計紋銀二分,應請於幫費內隨剝船腳費準其坐支銷用。

一,公所內請撥憲書一名,藩憲書一名,糧道憲書一名,蘇松太道憲書一名,糧道憲書一名,上海縣書一名,各帶清書二名,分司稽核米數,編派船隻,銷算水腳等事。晝夜在公,一應薪水、飯食、火燭等項所費不貲,應請仿照三江水利案內,每名每日給銀三錢,俾得稍資貼補。至憲書,及藩憲書、糧道憲書,由本衙門前赴上海,計程數站,應每名每日酌給船錢二千文,以示體卹。

一,委員查驗艙口,及監交兌米,應由上海縣署隨時酌派清書數名,跟隨委員粘貼船單,登記薄冊等事,雖與公所書吏常川在寓者稍有區別,然亦不能枵腹從事,應請每名日給飯食大錢二百文,油燭一併在內,仍由公所支發。

一,公所內各憲撥派書吏一應事宜,俱係公同承辦,毋得觀望推諉,中有各用所長之處。如憲書熟於船務,糧道憲書熟於米數,上海道憲書熟於船務,糧道憲書熟於米數,應隨時因事指名派辦。至於各項文卷薄冊奉到飭行事件及出入支用數目,應飭該書等各存底稿一分,登記總號簿。事竣之後,分送各衙門備案,其起運米數更當稽核清楚,以為奏銷咨部之據。

一,造冊立簿刷單印照,及上下公文等件,需用紙張浩繁,應由公所經手、委員躉買存貯,以備各書吏隨時領用,事竣,彙總開報。

一,公所應由上海縣撥派門役二名,稽察出入;聽差八名,伺應一切差使及傳喚牙行船戶人等至公所諭話,并投送發遞公文稟件。又更夫二名,輪轉夜巡,每名每日給發飯食大錢一百文,外加油燭錢二十文。

一,丞倅佐雜各委員,驗倉兌米,地道生疏,每員應帶差役二名,以備奔走導引。至巡查彈壓委員,應各帶巡役二名,按派定泊船段落,晝夜巡查,其巡役之勤惰,即由委員稽察督率,免致虛應故事。以上各役,亦每名每日給發飯食錢一百文,外加油燭錢二十文。

一,上海縣應提經費,現已解存道署、憲署銀五千兩,所有公所薪水紙張之用,應向道署、憲署具領,請先發數千金,陸續支用,用完再領,領出後,總以公估價值爲憑,兌換錢洋。俱按照時價逐款登明,務期出入相符,以憑事竣報銷,如有錯亂,惟經手官吏是問。

一,委員支收銀錢各款應派公所書吏二名,幫同經手,凡有支領數目,委員存一底簿。書辦除分款立册外,另立一出入總簿,逐款登記,將除用實存數目按日一小結,五日連前一大結,按旬按月俱有四柱總結,由承辦委員隨時稽查,不得絲毫含混。

一,公所支放各款銀用漕平足兌洋錢,照時作價,銅錢無論多寡,俱用足串,不得有輕平抬價短底之弊,使各色人等藉詞尅扣,致於公事有礙。

一,公所內領放銀兩,應按月造具支用細數及現存實數清册二分,申報藩憲憲臺及道憲衙門存案,以憑查考。

一,佐雜委員船兌米及巡查彈壓,無分早暮,均需船隻往來。若令該員自爲僱備,計所得薪水未免短絀,應令由縣僱定差船數十隻,停泊馬頭,按日發價,以備公用。其船價一款,準於公項內支銷應用。至道府、丞倅、大員,自應各有坐船,不准開銷公項。

一,道府、丞倅及佐雜委員齊集上海,其租賃房屋及添置應用器皿,自應由上海置備,惟委員人數衆多,備辦匪易,應請由上海縣另立一册,俟事竣之後,交送公所,列款開報。仍須自立限制,諸從節省,_{得體。}不敢稍事糜費。

一,委員申報查驗船數,兌裝米數,以及一切海運公事,并支用銀錢結狀,除現任者各用本任印信鈐記外,其餘候補人員應刻給海運委員某官某人戳記一塊,以憑查考。非海運事件不得於他處行使。_{要緊。}

海運勢有難行,非獨風濤爲患,且恐變生意外,齎糧於盜陳磻石之奇計可暫而不可久也。元明屢屢行之,大約利不償害。君慮事縝密詳審，坐而言，起而可行。匪惟明於防弊，其得力處尤在曲體人情。當籌辦海運時，司事者不知凡幾，務使私用不窘，然後公事有濟，此劉晏轉運江淮之妙用也。若一味裁汰陋規，力省浮費，言之非不動聽，實則紙上空談，不待行之永久，早有窮框不行者矣。閏生。

酌擬交兌新運事宜

一，海運事屬創行來往文報，應嚴驛遞也。第一要務，非辦事熟者想不到此。查委員陸路赴通赴津，一切交禀均由郵傳，水陸路程地隔三千，省歷山東、直隸、江南，隨時文報，均關緊要。向來驛遞凡遇漕務公文，各省驛站視非本省要件，往往稽壓遲延，請移咨各省通行轉飭陸路驛站，如遇海運公文，按限轉遞，時刻毋悞，始於公務有益，更有請者，委員於臬憲署中請發排單百張遞發文件檔，經由處所，注明收送時刻，尤爲有益。

一，白糧交兌米色之外，仍有斛秤之說，宜預爲籌辦也。查向來白糧運通，幫船停泊小河口崔家樓一帶地方，各丁本船縫補一路鼠傷麻袋破處。每袋裝盛一百六十餘觔，運上剝船，抵壩候坐糧應驗秤收納，如抽秤一袋，觔秤不足，通船照此數賠補，請於兌交沙船時，每袋亦秤一百六十餘觔，到津進口時，飭令沙船耆民柁水人等預爲縫補秤制，將來驗秤收納，庶免罰添升合而期迅速。

一，漕糧洪斛量收宜防刁難也。查通壩經紀收米，向有笆夫跌斛淋尖擠硼，每斛輕重手法，高下約有五六升之弊，此等弊端積久成例，漕務安得不壞？計米一百五十萬石，約有十五萬石之多，每石核銀三兩，共計銀四十五萬餘兩，似應防範。

一，天津備公銀兩宜暗中會往，以防通壩經紀聞風，多方挑斥需索也。此事豈可明言，辦事者却不得不然。查向年旗丁交卸，經紀等每年設法加添，有增無減。今歲海運新漕一切弊竇，均經各憲奏明，伊等自必畏法，如聲言料理交卸，使費恐不肖經紀舍人翻生利心，諸事難辦，請飭委員先儘鎭屬沙船到時，如何驗收，相機再行安置。一日之收費米無多,似與宣言料理,交卸情形易辦,而帑項不致虛糜公務,可免掣肘,奸人無從勾串。

一,驗米大臣官員宜備船隻,以備迎船查驗也。查天津東門外東浮橋起至海口百餘裏,沙船排泊河之兩近岸,每排分泊八隻,計船一千隻,停住三十餘里,於沙船進口時,專員按船排住,毋許擁擠。一經驗明兑交剝船後,空船隨潮退下,庶免風火而易受剝。

一,受兑交卸處所宜多備席片,以防雨濕也。查上海水次兑交沙船,各縣剝船到次驗兑,斛收日期難定,米在剝船各縣防護已兑沙船。耆民苦蓋,恐天時難料,陰晴無常,似宜多備席片,相機苦蓋,米質可保乾潔。至黃河口受剝處所,亦宜致信總局,多備席片,庶不致被雨霉變。

一,各幫交糧後,向由坐糧廳衙門支放旗丁錢糧,宜查明抵款,以省帑項也。查向年旗丁有領羨餘簹纜銀兩,四府一州各幫計算銀數不少,似可於糧道衙門查明抵款,以省解費。

一,沙船裝載土宜二成,宜愷切曉諭,只準置辦貨物,不準私帶米石也。查四府一州民田糧米,除輸納漕糧,餘賸米石,百姓一年食用,尚多不敷,仍賴川湖商米。今若聽沙船私帶米石,恐米價騰貴,百姓受累。_{辦漕時却慮及民食,君之用心可想。}

一,備公銀兩宜立出納經費銀錢簿二本,以慎錢糧也。設有應用之項,令書吏開繕事由,臚書委員官銜,書吏每日持册於各官銜下書押,月終登總,以備差竣時呈各憲核銷。

苦心區畫。閏生。

諭荊溪縣紳耆

本縣起家寒素,叨得一官,常懷潔己之思,恐蹈殃民之咎。自蒞任以來,夙夜洗心,奉公盡職,不敢一事貽累於民,亦不敢一毫妄取於民,區區之衷,所當共諒。惟是錢糧處分,功令綦嚴,州縣之考成,視乎催科之勤惰。荊邑本年下忙錢糧,及二十三四年帶徵緩徵之項,核查完數甚屬寥寥。現奉各上憲差委催提，急如星火，本縣點金乏術，勢不能以一身之祿代一縣之糧，老實得好。將來之吏議參罰，姑置勿論，而現在無米之炊，眉燃莫解。竊念官與民一體，民有事而官不辭其勞，豈官有急而民可坐視乎？本縣欲下鄉親催，恐一身不能遍歷；欲摘提花戶，又恐吾民受累無窮。因思民之去官稍遠，勸諭未必周知，民之與民甚親，聲氣可以互應。寓妙用於仁柔。其煩我紳士耆老人等，共存急公之義，勿憚口舌之勞。凡茲一圖中，非爾宗族，即係姻親，務各周歷村莊互相激勸。凡有未完各戶，毋論新舊錢糧，均令趕緊設措，期於十日內一律輸將，以符例限。在爾民賣絲糶穀，雖云剜肉堪傷，而完一分，即急一分之公，輸一錢，即免一錢之累，從此差胥不擾，家室得安，何樂如之。倘有恃頑不遵，有心抗欠者，許即指名揭稟，以憑提案比追，際此勸戒兩窮。惟以三尺從事，斷不能始終姑息也。本縣誠心愛人，謂民之與官如家人父子，無事不可告語，故不憚愷切言之。爾紳士耆老及閤圖花戶人等，其幸體此心，毋再觀望，不勝廷竚之至。

懇切動人。閏生。

諭江寧府諸生

為剴切曉諭，以端士習事。照得士為四民之首，朝廷設庠序以育其才，官長別體統以優其禮，誠以士誦法《詩》《書》，秉守禮義，醇儒出其中，名臣亦出其中，達則利濟蒼生，窮亦風勵鄉黨。是以期待之甚至，而禮貌之優加。雖為士者，賦秉有厚薄，功力有淺深，成就有小大，差等不同，即專事揣摩，怡志吟咏，內心自斂，外事不干，雖未及於醇儒，亦不失為佳士。持論不腐。

本府調任江寧，到任之初，正值學憲按臨歲試，辦理提調事宜，聞與考生童，點名時，越次爭先，喧譁擁擠，竟有不能點名之勢。考試為掄才大典，理宜靜謐，如果所聞不爽，豈非士習未醇，本府未免耿耿於懷。旋經定立章程，出示曉諭，迨至院試之日，諸生童挨牌序進，不但外五縣毫無擁擠，即上、江兩縣向稱擁擠者，亦頗循序可觀，是前言乃告者過也，士習尚可觀摩也，本府又竊爲欣幸焉。①

惟自到任以來，每逢放告之期，無不有文生匍匐投詞，而察其詞叙情由，無非錢債田土等細故。日來檢查舊案，歷奉各大憲訪拏訟棍，多係文生，有擬罪遣戍者，有監斃在獄者，夫士之所以異於齊民，爲官長所重，在斯文，不在譸張。若自以爲秀才挺身健訟，則是以秀才爲爭名攘利之資，其不能見重於官長，殆有甚於齊民者。今以無足重輕之事，不難處之以理，讓之以情，乃竟不惜衣冠，公堂匍匐，甚至教唆詞訟，甘受官刑，實爲名教所不容，本府亦曾爲秀才又何遽稍存輕薄。惟遇此等不知自愛之人，轉生深惡痛絕之念。剴切。

本府蒞官蘇省，業有十年，蘇屬中豈無劣監刁生，而每逢告期，若有文生跪堂，則爲罕覯，本府固無歧視，諸生宜勵初心。茲於舊案中各前府所訪訟師既往不咎，即現在訪有一二包詞好訟之人，可畏。亦不直揭其名，予以自新之路。可感。特先剴切曉諭，爲此示仰府屬文生員知悉。自示之後，各顧名思義，恪守臥碑，勿以細故微嫌，舞文弄智，跪立公堂。其教唆詞訟尤爲顯干法紀，有則改之，無則加勉，實於人心風教有嘉賴焉。本府不憚煩言，諄諄告誡，倘仍怙過不悛，一經訪拏到案，身敗名裂，斷不稍存姑息。蓋道德齊禮之弗效，轉而爲道政齊刑，本府亦未如之何也已矣。

勤勤懇懇，如父兄之訓子弟，語皆從至性中出，使聽者且感且愧，自覺其非此之謂寬而有制。聞生。

禁添設茶館示

爲勸諭事。照得安居樂業，宜儆惰游，交易營生，亦須擇術。本府昨至五畝園地方，見該處開設茶館甚多，吃茶閒談者百十爲群，且

---

① 《白下瑣言》卷五載："學使案臨唱名時，生童擁擠，陋習已久，時爲提調，嚴申約束，兩栅欄各懸燈樹幟，序立名牌，魚貫而入，士氣爲之一肅。"

懸掛雀籠，賣奉水烟。當本府親臨之時，公然肆行無忌，似此頹俗，尤宜諭禁。

在爾等開館者，不過將本求利，原非干犯科條，但既有資本，凡百買賣俱可謀生，何必設群衆托足之場，爲游民息肩之地。况水烟有干例禁，雀籠顯係嬉游，其爲不安本分，不務正業可知。且地雜人多，尤易滋事，遇有逞凶之人鬥毆起釁，館主必致牽連。設逢不法之徒匿迹潜蹤，拏獲亦遭拖累，得少失多，利不償害，爾等謀生不當操斯術也。

至於游斯館者，如係衣冠子弟、詩書人家，自當愼重威儀，愛惜體面，乃與無賴雜處，豈不有玷身名？抑或手藝營生，販賣活口，服勤食力，何暇舍業而嬉？本小利微，豈容不經之費？凡兹偶坐談心之侣，定屬好閑游手之人，甚或狎比頑童，行成邪媒，搆詞架訟，聚貲串謀。種種不法，勢所必有。既於身家有累，尤於風俗有傷。除飭查四城内外茶館數目，另行曉諭外，先行示諭五畝園地方一切軍民人等知悉，毋許賣奉水烟，懸掛雀籠。未開之館不得復增，已開之館漸次收閉，需以歲月，徐俟改圖。辦法。倘或抗違，定行懲究，毋謂諭之不早也。

水烟今已弛禁，至茶肆之游，雀籠之翫，尤不在例禁之列，君必諄諄勸戒者，懼民之習於惰游也，惰游衆則本俗不敦矣。閏生。

禁賭博示

爲訪聞諭禁以正風俗事。照得賭博一項，最爲風俗人心之害。入其中者，廢時失業，蕩産傾家，甚至下愚不移之人，流爲偷兒乞丐。并有大家子弟紈綺無知，被匪人勾引入局，其始猶畏人知，迨日久習慣，遂甘爲浪子，終身不悔，辱身賤行，致爲門户之羞。種種弊端，不可勝數。本府訪聞省城内東牌樓、鈔庫街、東水關、小西湖、鐵作坊、釣魚巷、牙巷、倉巷、油坊巷等處地方有無賴匪徒慣行窩賭，并有名門舊族身列膠庠，亦往往聚賭爲生，擲骰摇攤，甘做衣冠敗類，以致市井少年呼朋引類，沉湎其中。輸則忿而不甘，贏則貪而忘返。博者之情態，此二語括盡。且匪徒群居，夜聚曉散，其中往來雜遝實爲淫盗之媒，言之可羞,聞者生愧。窮其弊。而窩賭之人或青衿自護,或密室深藏,方且自謂得計,罔恤人言,遂致顧忌毫無,廉恥盡喪。日復一日,年復一年,受害者不知凡幾,言之深堪痛恨。本府訪聞既確,何難立飭查拏。惟念一經到官,身敗名裂,不忍不教而誅,且不欲遽將名姓揭諸通衢,以冀及早回頭,翻然自省。寓精明於渾厚。合亟出示曉諭,為此示仰府屬生監、商賈、軍民人等知悉。自示之後,務宜痛改前非,祖父誡其子孫,兄叔勉其弟姪,鄰里鄉黨不時提撕,親戚朋友互相勸諭。倘能及時猛省,仍不失為善良。如敢仍蹈前轍,以賭為生,其中或有賭博屢輸無以取償,或父兄不能勸導,許赴本府及有司衙門,據實自首。除將窩賭者盡法懲治外,準將自首之人輸錢免追,并寬其賭博之罪,辦法。其鄰佑、保甲從前失察,既往不咎。此後如能首告,定當從優獎勵。倘有受賄徇情,扶同隱匿,一經訪拏或被他人告發,定一併從嚴究辦。亦不得因有此示,誣告良民,藉圖擾害均干重咎,各宜凜遵。①

蘇有巨猾某,充按察司役,每應役,輒使人代之,某不自應,專誘人戲賭。其宅深而曲,重門複室,入者輒迷。時侯官林公梟蘇、君宰長洲,既廉,知其實,密白林公,公與君密定計,傳言梟署有劇務,須某役自來面授機宜。某果自往,林公手一函付之曰:"親持去見長洲俞使君,手授之,有復書當即攜歸。"又遣一役與某偕至君所,君啟視書曰:"此事須吾自辦,汝二人且稍待。"乃留二人於便廳,使人潛守之。君出點役百餘人,不言所往。至某家,塞門而入,令分路搜捕,得倡優及聚賭諸人歸署。君自作書畢,升堂喚二役出,以書授一役,使還報林公。留某訊之,某剖辯甚力,乃喚諸博徒至,互證之,某叩頭伏罪。

及守江寧時,有某豪家開博場曰"大賭窟",聚集者多高門鼎族,雜以歌伶聲伎,門數重,每門有閽者守之,整肅若官府。其廳事宏敞,常有數人列坐,衣冠甚偉,見者疑為貴官,僕從數十輩,更番侍犀廡

---

① 《白下瑣言》卷五載:"城中賭風大熾,開場者不下十處,公廉得其實,按名逮究,其風頓戢。"可見俞德淵禁賭博成效。

間，以備不虞。前守令屢欲治之，不果發，君偵知其詳，聞府役傅槐在局中，先一夕令上元、江寧二令選幹役八人，曰明日詣府聽事，又自選府役八人，密寫朱籤列在局中者姓名凡二十餘人。是日，喚傅槐至，[1]曰："汝事勿瞞我，汝同黨二十餘人，吾盡知其名，今即使汝往捕，捕全貰汝罪，脫一人當杖殺汝。"又呼十六役，授以朱籤，令按名捕獲，并搜出違禁諸物。內職官十六人皆愧悚無地，匍匐謝罪，各薄懲而釋之。此二事荊溪人嘗爲余言："今朋賭之風日熾，長吏非不深惡之，慎重不敢輕發者，憚胥吏之擾也。"君訪察既確，擇其太甚者出其不意，指名捕之，或自往捕之，雖有奸胥猾吏，安所施其伎俩哉？且訪聞後，不即捕捉，先諭禁之，諭禁之不可乃懲儆之。有懲儆，則諭禁非恐嚇矣；先諭禁，則懲儆非嚴苛矣。民非木石，安得不翻然愧悟邪！閏生。

禁行用私小錢文示

爲剴切示禁行用私錢以清錢法，并除民累事。照得私鑄錢文，例禁綦嚴，歷經各前府出示嚴禁在案。茲本府蒞任以來，訪得城市交易，攙使私錢，并以錢之大小定貨價之低昂，甚有行錢、中錢、市錢等名目。殊不知私錢一行，百物昂貴，奸商藉以獲利，小民因而受害。且江寧省城爲各省水陸通衢，不特本地私鑄難保必無，且必有奸民在外販買，載運來江，以致私錢流布，用之不竭。但長此攙和行使，既於圜法有害，且貧民苦累無窮，不能不急除其弊。其除弊之法，本擬多派委員在市廛周歷巡視，見有私錢，不論多寡，即行拏送究懲。第恐辦理不善，反茲擾累。本府再三籌計，惟有仿照蘇城上年辦法，先令爾等各行鋪戶，各自議立規條，互相禁用，彼此稽察。妙用。如有規利營私者，即照規查辦，抑或送官究治。如此齊心合力，認真查辦，則私錢不須官禁，自然盡絕，且無人行使，凡私鑄奸販之徒，俱無可售之處，定各灰心，不敢復作此違禁之事。特叚剴切示諭，爲此示仰闔屬軍民行鋪人等知悉，自示之後，凡各店鋪戶人等，務宜公議規條，熟籌禁絕私錢之法，庶商民均受其益。至行使小錢之弊，惟錢鋪經紀尤甚，爾等須各自愛身家，遇有買賣交易，務一律行用制錢，不許攙搭私小，再有行錢、中市錢等名目。如敢愍不畏法，視本府誥誡爲具文，仍蹈前轍，公然行使，或被人告發，或由本府訪聞，定即查拏，照例究辦，并將錢牙人等從嚴治罪，斷不姑寬，勿謂言之不預也。

使賈人稽察賈人，立法最爲不擾，一假手吏胥，則滋弊多矣。但賈人貪利忘害，其已收之私錢豈肯棄置不用，重以牙儈播弄，積弊仍難廓清，度君當日必另有稽察之法，非但委之賈人不復措意也。閏生。

禁機匠匪徒人等聚集滋事示

爲嚴禁游手好閑、恃衆鬥狠匪徒，以靖地方事。本府訪聞省城內外有游手無賴之徒，呼朋引類，結黨成群，往往於空曠之地，如東花園、城腳根門、東王府塘等處。及凡廟宇公所，每至下午之時，即有一班無知惡少平空聚集，以鬥力爲能，手挽四五十斤石鎖，互擲互接，或以肩臂承受，并有使兩人肩昇竹扛，一人兩手伏住，聳身而起，盤旋於上下左右之間，名曰"盤扛"，又號稱爲"草辣子"，日日演習，自誇勇力過人。上屋逾牆，身輕便捷，簿鞋大瓣，短服袒胸，練成一種棍徒惡習。_{望表知裏。}設有睚眦小忿，或遇良懦可欺，遂即平地生波，恃強詐擾。又有機匠一業，每坊輒有數十人，均係無籍之徒，烏合之衆。雖係織機爲生，而性情粗暴，好勇鬥狠，動輒聚衆兇毆。

道光二年，有機匠張幗效等在新橋一帶地方糾衆兇鬥，奉前督憲照兇惡棍徒例，問擬軍徒，奏明辦理。數年以來，不但不知斂迹，近更訪聞各立會名，拜盟結黨，私設公所，竟有數十起之多。新橋、沙灣等處，在在俱有，專以聚衆逞兇爲事，致使鄉民側目，善士寒心，此等匪徒實屬大干法紀。查定例，游手好閑、不務本業之流，演弄拳棒、輪叉舞棍者，杖一百，流三千里；隨同學習者，杖一百，徒三年；又結會樹黨、魚肉鄉民、淩弱暴寡者，不論人數多寡，爲首，照凶惡棍徒例發遣，爲從，滿徒。律例何等森嚴，況鄉城重地，豈容不逞之徒肆行玩法，應即嚴拏，照例究辦。

不忍不教而誅，除行上、江二縣一體查禁外，合亟出示剴切嚴禁，爲此示仰軍民匠役人等，及各鋪地甲知悉。自示之後，務須各勤正業，痛改前非。當知強梁者不得其死，好勝者必遇其敵，況恃強淩弱，律法難容，縲絏桁楊，追悔莫及，何苦因風吹火，使酒打降，甘居地棍之名，不齒正人之口？該機匠人等本係手藝小民，宜知安分自守，倘再仍前玩法，有少年聚集抛鎖盤扛及恃強詐擾、結會凶毆等事，一經本府訪知，或被旁人首告，定即查拏到案，照例嚴懲，必不稍存姑息，勿謂言之不預，執法太苛。該地甲等亦各認真嚴密查察，傳諭改悔。如有前項匪徒不遵告誡，立即稟請拏究，倘敢徇隱，定與正犯一律治罪，均各凜遵，毋違特示。

角力鬥捷，樹黨成群，即不爲冠賊奸宄，閭井已不勝其擾，況涓涓不塞，將爲江河乎。《水滸傳》一書竟爲暴亂者嚆矢矣。此輩約信不渝，臨難不悔，若用之於正，雖古之義烈士奚以過之？惜乎！其終爲凶人也，豈真戾氣獨鍾哉？蓋先人之言誤之耳。閏生。

諭淮商①

爲明白曉諭事。照得前因船户不得水脚、夾帶私鹽，影射銷售，當蒙欽差大臣會同督憲奏明，此後應將水脚例價照實核發。回空船隻按照到日先後，挨次編號，不準仍蹈買裝舊習。所以必須編號者，原杜以大船而裝少引，藉以稽查引數起見。查原奏內并無輪號挨裝之説，商人以成千累萬資本，設身處地。捆鹽上載，行走江面，千有餘里，自應聽其擇選船隻之堅固，僱覓老成可信之船户，攬載而行，以昭慎重。況船之大小不同，引之多少迥異，若必照號挨裝，既拂人

---

① 文亦見於《皇朝經世文續編》卷四三。

情，更多滯礙。總之，專用埠頭，則買裝之弊難除，添設幫首，則把持之弊又生。督憲洞悉情形，深以挨裝之事為不妥，是以檄飭，另派公正辦事商人二名，專司編號及督發水腳事宜。俾除積弊，以示公允。

兹本署司到任後，檢查卷案，不特該商人并未前往查辦，而自上年七月間奉文編號起，迄今并未辦定，轉於埠頭之外，另添幫首董事名目，殊堪詫異。試思埠頭之把持勒索，弊已顯然，方期力加整頓，何堪又添幫首董事，反起把持壓裝之漸。多一事則多一事之周張，多一人即多一人之費用，更與奏定刪減浮費繁文之意迥不相符。且本署司訪聞，添設幫首人等竟敢私出揭帖，意圖挾制，亟應嚴行禁革，以儆刁頑。除詳明督憲，并札令監掣同知，暨儀徵縣訪拏，仍另行委員前往專司編號等事外，合行出示通行曉諭，為此示仰商人及埠頭并各船戶人等知悉。自示之後，所有委員添派幫頭董事人等概行禁革，商人捆鹽上載，聽其在於編定四百六十五隻船內，自行僱覓，報知監掣并委員人等配合引數上載，總須將船裝滿，不準留有空艙致多夾帶。如所僱之船不在前編數內，即由委員接連已編之船，挨次添入，仍將自一號起，至幾百幾十號止，某號裝引鹽若干，注明船戶姓名。先造總册二本申覆，以憑另委大員抽查。俟裝載後，量明水迹，加烙火印開行。按五日造册報名督憲，暨本署司查考。至應發水腳，即查照前委員稟定舊額，眼同商人埠頭原契給發，[2]如有剋扣平色及埠頭商夥商夥仍有需索情弊，許該船戶赴轅喊稟，定行從嚴究辦。該幫頭人等亦須各知自愛，遯迹藏蹤，倘敢仍前捏造謠言，妄生事端，一經監掣同知及儀徵縣拏解到案，本署司惟有執法從事，爾時噬臍無及。各宜凜遵毋違。[3]特示！

淮商埠頭幫首之設，不過因事緒淩雜，隨時添置耳。不知辦事人多，則爭利者衆，弊穴愈難窒矣。昔人省事省官之說，蓋亦有見於此也，豈惟鹾務然哉！閏生。

禁各役及雜色人等需索示

照得本月初二日,辛卯開綱,①各商等正宜争先完納,以紓急公之忱。乃聞本衙門各役及地方無賴之徒,以開綱第一日謂之"頭橋",竟向納課商厮需索使費,名爲討喜,實則訛詐,致各商畏累不前,甘避"頭橋"之名,不敢首先上納。此種惡習,亟應重懲。除飭委首領官嚴密訪查,并派差頭隨時挐究外,合先出示嚴禁。諭到,毋論何色人等,不許仍沿舊習。如有以討喜爲名需索商費者,該商厮即扭交差頭,送至首領衙門,枷號示衆。如該商厮借名浮開,一經察出,并予嚴懲。用心周到。本署司言出法隨,各宜凛遵,毋得輕爲嘗試。

簡明。閔生。

札淮南監掣廳

儀徵之有書院,自乾隆三十二年,該邑令故韓城進士衛晞駿創始營建,督學新建,曹文恪公取雅詩之義,榜曰"樂儀"。迄今六十餘年,"樂儀書院"之名久與安定、梅花相將,而先今山長又皆儒林文苑,宿德名流,坐擁皋比,宏敷聲教,作養人才之道,洵乎其無遺議矣。惟查各處書院皆係每月官課與師課兼行,獨樂儀於每科鄉試後,由司甄別一次,其每月兩次考課,向例皆由山長校定,官不過問。推原其故,蓋因儀邑距郡城稍遠,是以歷來鹽政運司勢不能按期親課,而監掣批驗等官又皆以權鹽爲事,遂無暇評量人才。

本司蒞任四載,於安、梅兩書院每月課期必躬詣點名,出題講解,課卷數百本亦皆逐加校閱,手定甲乙。②惟樂儀遠隔一隅,獨無按月官課,揆諸日省月試,無分畛域之素懷,終有未愜。今該丞以甲科先達,蒞官兹土,自爲士望所歸,其所以采風問俗、嘉惠藝林者,與本司

---

① 辛卯:清道光十一年(1831)。
② 《續纂揚州府志》卷八載:"整頓安定、梅花書院,課日清晨詣講堂,論題論文叠叠不倦,前列多掇巍科。"可見俞德淵任揚州時,重視教育。

當有同志。嗣後,該書院每月兩課應改爲官課一次、師課一次,自本年三月開課爲始,該丞親赴講院,點名出題,收齊課卷,即由該衙門閱定等次,按期榜示。一切院中規條及諸生領題作文,如有冒名代倩,挾卷嬉游,未能精勤向上之處,亦即由該丞隨時酌加整頓,務期日異月新,以收觀摩實效。<small>此丞諒亦解人。</small>札到,該丞即行遵照辦理。本司念殷樂育法在變通,惟期長吏之庭皆藹然有詩書之澤,算緡之暇兼灼然有衡。<small>絕妙好辭。</small>鑒之公於以鼓舞群材作興文教,以爲風化之本,於斯邑實有厚望焉。

　　權鹽之與校藝,入此出彼,二事難兼,此舉可謂風流儒雅。<small>閏生。</small>

酌改施藥事宜示

　　照得今夏大雨後,繼以盛暑,濕熱之氣易於致病。特蒙藩憲捐銀二百兩,織造巡道憲各捐銀四十兩,本府籌提公費銀一百兩,製造"六合定中丸",於府前郡廟施送。統計捐銀數目,合藥不過數料,成丸不過數萬顆。此方本係尋常,所有市中藥店無不製賣。特恐貧民染病,無力服藥,各憲捐廉製造,所以施病者,非施無病之人,所以施貧者,非施有力之人。<small>了了。</small>乃自初一日施散以來,每日討者頃刻之間即有千餘人,若終日施散,雖數萬藥丸亦一日可盡。試思省城內外,地廣人稠,若不論有病無病,人人與之,不但經費無多,抑且製造不及。甚至昨初三日,內署將藥丸甫送到廟,既一搶而盡,以致拋散於地,被衆足毀躪,此復成何事體?且察看來者,既非有病,更非貧民,此必係府署鄰近之人,隨聲附和,謂藥可解暑,討而藏之,非真有病來求,其中保無有往而復來,至再至三者,亦屬難以稽察。<small>事所恒有。</small>其住居稍遠之貧病者,轉不得沾其實惠,殊非各大憲施濟本心,且當此盛暑之時,人宜散不宜聚。<small>用意在此。</small>若每日聚集千餘人,熱氣薰蒸,欲療病而適以致病。<small>道理更足。</small>亟宜及早變通,免致以善政而反爲弊政。茲於初四日仍在郡廟施散千丸,自初五日以後,本府分遣家丁,携帶藥丸,於各坊鋪及各城門內外確訪貧病之家,酌量散給,以期病者得以均沾,貧者免致購買，所有郡廟即於是日停止散放，合行出示諭知。

尋常瑣屑事，見解如此明澈，可見良吏用心無微不入。閏生。

禁江船夾帶示

照得前因江船夾帶脚私，買砠跑風，其弊不可枚舉。仰蒙欽差大臣會同宮保督憲奏明，將回空船隻查明編號，不準流有空艙，以爲帶私地步。經委員以船之新舊不一，若概行編入，恐破損舊船無商僱覓，轉致藉口。議明由商人自行僱定船隻，挨次編入號內，至受載若干引，必須於僱定後，即報知監掣同知，會同委員，親往丈量艙口實能受載若干引數，然後捆鹽上載。俟裝滿艙口，復加查驗，於船旁印烙水志，給掛粉牌，催令開行，以杜弊混。

今本署司訪聞，商人僱定之船并不隨時稟報，即行上載，并以上屆裝數爲準，謂之頂單，或任聽船户於船底預襯私鹽，種種弊端，殊可痛恨。查歷屆開江鹽船，多係大船小載，官引之外，夾帶脚私，更有沿途跑風諸弊。玆若仍以上屆裝載引數即爲此次成規，是明知有弊，姑事包容。殊非核實辦公之道，況不先行量驗，俟裝滿再行詣查，則艙底之有無私鹽，無從得悉，即火烙印志亦難作準。理明詞達。似此串通作奸，必應嚴加查究，除行南掣廳暨各委員并諭商一體查照外，合行出示嚴諭，爲此示仰商夥商厮及埠頭船户人等知悉。自示之後，凡有商人僱定船隻，即由該商厮埠頭呈報南掣廳，會同委員，親詣丈量各艙口寬深丈尺，計受載若干引，先行登簿編號，以憑稽查。仍俟照號裝足，報候該廳復驗。於船之兩旁前後針對，加烙火印，并給掛粉牌，注明船户姓名、籍貫、裝鹽實數，請給桅水訂發引目開行，務各遵照辦理，不得稍有違玩。倘該商厮及埠頭仍不先行稟報，遽行上載，該廳查出，即行嚴懲示儆，所有隨同查驗人役亦不得稍有需索，致干拏究，各宜凛遵。

每籌一事，必表裏洞澈，略無翳障，此心何異水晶燈籠！閏生。

禁鹽厮質押官件示

照得商人請運引鹽，向由本司衙門給發皮票、桅封水程等票。皮票為赴場捆鹽之據，桅水為開江運岸之憑，皆屬官件，不容稍滋弊混。今訪得商厮中有代商經手納課領票之人，名為走司，往往將領出皮票、桅封等官件在外質押銀錢，藉口尚未領到，致商人守候稽遲，不能即時捆重開行。惡習相沿，殊堪痛恨。查商人運鹽銷售，國課民食攸關，一切請運開行，自應迅速為貴。商厮乃商人僱倩奔走之人，凡代商請領之件，自當即時交商，俾得速為轉運，何得私行質押，以致行運稽遲？而出銀受押之人既有貲本，何事不可營運，乃典質官物，自罹於法，亦屬愚昧不堪。本司訪察既周，除諭知商人留心查察外，合亟出示嚴禁，為此示仰商厮及受押人等知悉。自示之後，爾等各宜急公畏法，痛改前非，倘敢玩違，仍復私相質押，一經本商查明呈首，即另給皮票、桅水等件，俾速重運開行。一面嚴提出押商厮及受押人等，從嚴訊究，追出原領官件銷燬，并將所押之銀追出充公，仍各照例嚴懲，以昭炯戒。本司言出法隨，各宜凜遵，毋貽後悔，速速！

商厮質押官物，此中必別有隱情，非官力所能窮詰。商厮受役於商，安敢公然如此？且商人非聾非瞽，何以甘受其累而無如何也？今為公事起見，不得更恤其他，另給皮票諸物，然後追出所質，投之一炬，辦法何等爽快！今長安駔儈挾此術以漁利者不少矣，安得如此懲治，以快人心也！閏生。

禁捏控示

為恭錄剴切示諭，以儆刁頑，以杜擾害事。照得本司接閱邸抄，欽奉上諭："刑部議奏御史宋劭穀奏請嚴定官民藉端訛索一摺。嗣後官民人等告訐之案，察其事不干己，顯係詐騙不遂，或因懷挾私讎以圖報復者，內外問刑，衙門不問虛實，立案不行。及呈內臚列多款，或涉訟後復告牽他事，但擇其切己者，準為審理。其不係干己情由，亦俱立案不行，仍各將該原告照違制律杖一百，再加枷號一箇月，係官革職，已革職者與民人一例辦理。如敢妄捏干己情事，聳準。及至提集人證審辦，仍係不干己事者，除誣告反坐罪重者，仍從重定擬外，其餘無論所告虛實，詐贓多寡，已未入手，俱不分首從問擬，發近邊充軍，仍先在犯事地方枷號三箇月示眾，滿日再行發配。係旗人，[4] 照例銷除旗檔，一例問發。該部即纂入例冊，永遠遵行。①餘依議。欽此。"仰見我皇上嚴立科條，從新懲創，以期無訟之至意。凡屬官民，自當安分守法，勉作善良，以爲保身全家之計。且訟則終凶，古人垂誡，誣告反坐，律有明條，苟非情切剝膚，不得輕言赴愬。何況事非干己，豈可妄肆譸張？邇來健訟之習，各省皆然。

　　本司久任江南，知此地民情，尤善架空弄巧，或倚恃生監，假借公事出頭，或藉口錢漕，動輒挾制官府。并有不赴州縣具呈，率行越訴，不候本官審斷，旋即上陳，將無作有，以僞亂真，專意訐人陰私，尋人款迹，牽多年之舊案，造無稽之謗言，叠起循生，憑空結撰。告一人而被累多人，控一事而株連多事。種種捏砌，何可勝言？窺其意向，非意主詐財，即心存洩忿，含沙射影，鬼蜮百般。發其覆。及至官爲準理，則設計遷延，規避不到，致被告之人難堪拖累，不得不出財求息，買靜圖安。而猾吏奸胥亦遂乘機騙詐，魚肉善良，飽衙蠹之貪囊，遂刁徒之詭計言之，實堪痛恨。淋漓盡致。即有時公庭對簿，審係原告虛誣，地方有司反以到案供明，不敢始終誣執等詞，從寬完結，水懦民玩，忌憚毫無。而訟師奸民挾其唆誘之伎倆，搭棚陷害，益復何所底止！此等習氣，尤宜禁革。

　　兹恭奉明立科條，如有事不干己，懷讎報復，立案不行，仍將原告滿杖枷號，是前此尚可一詞圖詐，今則告狀不行，反先干杖枷之罪。即有妄捏干己情事，聳準提審，訊明後，仍係事不干己，無論所告虛

---

① 《清實錄・宣宗實錄》載："刑部議奏御史宋劭穀奏請嚴定官民藉端訛索章程……永遠遵行。"

實,曾否得贓,不分首從,概行擬軍,更不能以到案供明,從寬完結。害人適以害己,圖財先自耗財,在逞刁健訟之徒,固屬無可憐恤,而愚民罔知新例,誠恐誤犯刑章,除嚴札各府州縣實力查辦外,合亟劄切出示曉諭,爲此示仰闔屬生監軍民人等知悉。自示之後,務宜安分守法,滌慮洗心。凡可以忍耐者,須知無事爲福,至言。微嫌細故,情恕理遣,斷勿弄智舞文,投詞訐訟。至若事不干己,尤宜屏置勿論,不得以平素私讐,意存報復。倘復執迷不悟,妄捏圖擾,即或僥倖脫批,一經審明之後,眾供確鑿,虛實立分,縲絏桁楊,實由自取,言之可爲寒心。此本司諄諄勸導,俾爾等畏法自全,慎勿視爲告誡虛文,自貽後悔也。

婆心苦口。閏生。

札各屬①

爲恭錄諄飭,以除積蠹事。照得本司接閱邸抄,欽奉上諭:"御史王鑄奏請嚴禁州縣書差擾害一摺。國家設官在於安民,安民莫切於州縣,州縣中擾害百姓者,莫甚於書差,書差之弊不除,州縣雖潔己奉公,百姓終不免於擾害。如該御史所奏,州縣書差奉票傳人,必向兩造需索差錢,差役需錢至百餘千及數百千之多,書吏所需必加一倍,其欲不飽,必多方勒索,遂其所欲而止,又於地方殷實之家搭臺擾害。每每結連訟師土棍,平空捏造事端,商令一人出控,隨令數人說和,詐錢分用,魚肉鄉愚。至州縣辦理命案,傳訊鄰佑,期得實情,書差輒借查傳鄰佑之名,將同村居民挨門傳喚,用言恐嚇,并擾及數里之內,名曰'飛鄰',致無辜濫行拖累。至匪徒結夥營私,必不能瞞書差耳目,書差受其成規,代爲包庇,或潛通消息,是以州縣緝捕雖勤,每不能即時弋獲。種種擾害情弊,不可不嚴行查禁。著通諭各督撫,嚴飭州縣

---

① 《清實錄·宣宗實錄》載:"乙未。諭內閣御史王鑄奏請嚴禁州縣書差擾害一摺……以除積蠹。"

於書差人等，務須嚴加約束，遇有前項情弊，立即澈底根究，按律懲辦，毋得稍事姑容，并令該管道府不時留心查訪，以除積蠹。欽此。"查書差供役衙門，憑權藉勢，擾害善良，事所恒有，誠如聖諭。"州縣中擾害百姓者，莫甚於書差"，是在本官駕馭得宜，稽查嚴密。如果公事勤明，隨時查察，使之無隙可乘，無威可假，祇代奔走役使之勞，自無作奸犯科之事。若平日漫不經心，更復假以威勢，迨至舞文犯法，即使毫無徇庇，據實究辦，百姓已身受其害矣。

近來州縣中因循成習，於應辦之事未能實力認真，以致書差有所窺伺，一遇準理訟案，先向兩造需索，稍不遂欲，非任意延擱，即節外生枝，朦混具稟。其中有訟棍刁唆，更復表裏爲奸，如虎附翼，致使原被互控不休，益增訟費，甚至兩造已齊，因使費未能講定，捺不稟到。間有首控詐贓之事，經官提訊，則先多方恐嚇，致受害之人慮其日後報復，亦即隱忍講和。州縣恐干礙考成，亦弗深加根究，於是蠹役奸胥窺知本官心性，益肆橫行，毫無忌憚，言之深堪痛恨。胥吏稔惡不悛，有所恃而不恐也。至州縣辦理命案，鄰佑人等本屬無干，即間因案多疑竇，必須傳問鄰佑，始得實情。亦止切近數家，到堂一質，即當開釋，乃該差役接票到手，即爲索錢之符，不問其人是否緊鄰，止擇殷實之家挨門傳喚，嚇詐多端，而鄉曲謹厚之人往往畏見官長，不得不出錢買免。一家遇事，被累者不下數十家，嫁禍貽殃，莫此爲甚。他如奸究之徒，窩匪聚賭等事，必先向書差講定年規節費，代爲包庇，把持一方。迨至官爲訪聞，或經告發，則又得賄縱逃，甘受責比。種種欺罔，不可勝言。

夫州縣爲親民之官，闔邑民命所關，若不先除切近之弊，雖潔己奉公，究於地方何補？欽奉前因，合亟恭錄札飭，札到該縣，即一律遵照。於本衙門書差，務須平日嚴加管束。所有應辦事件，總須以速爲妙，速則無講詐之暇，再於當堂判斷之時，出其不意，留心盤駁，則書差心憚本官嚴明，必不敢公然索詐，而訟棍教唆亦無可乘之隙，原被人等受惠不少。要言。如有控告詐贓私押等情，即須據實究辦，執法嚴懲，切勿以書差爲本署之人，稍存迴護。蓋書差詐贓，經本官自行究出，例免失察之咎。若別經發覺，或因上控提省，不惟重干吏議，抑且關礙聲名，即暫時保全三年計典，往往被刼，是全在該牧令等。激發天良，從新振作，既自居於不敗，又造福於無窮，本司實有厚望焉！

馭胥吏難於馭民，凡爲好官者，無不究心於此，不然則堂上遠於百里，堂下遠於千里，門庭遠於萬里。閏生。

甄別孝廉示

爲示期錄取真正孝廉，以雪浮言事。查揚州孝廉堂之設，係在鹽務豐美之時，當事諸公愛才心切，雅意栽培，聚各省之賢書，爲名流之勝會，校藝論文，誠盛舉也。無如地廣人衆，真贗難分，每逢甄別之時，祇憑一紙批文即準收考，其中頂冒代倩、名是人非者，往往而有，遂致道路傳聞，致與書樓、善堂掛名食俸者相提并論。婉蓄。

上冬，星使來江，乃有奏裁之議，雖因物極則返，實屬有激而成。推原其意，非有惡於孝廉也。蓋惡夫非孝廉，而假託孝廉者也。孝爲百行之首，廉爲六計之宗，非有其實者，奚克當此美號。國家崇重乙科與甲科等，蓋謂今日之孝廉，即異日之儒林翰苑，文章經濟胥出於此，此可使不分涇渭者濫廁其間乎？無滋他族，實逼處此。在真爲孝廉者，亦必不願其以魚目混珠矣。茲因舉人于選等，具呈求復，經前署司詳請改入安、梅兩院，正附課各二十名，月給膏火。查照諸生之例，每年經費，即於書樓存項提取給發。一轉移間，使校藝論文之盛舉名雖去，而實仍存，該孝廉等亦可以釋然無憾。現奉督憲批準允行，本署司定於三月日，在安定書院扃門考試，就去年本在孝廉堂有名者，從新甄別，錄取佳文八十卷，送入安、梅兩書院肄業，此時止有膏火而無盤川，隨課之名可以不立。惟念從前既有代倩之弊，致起浮言，此後不可再留頂冒之名，復招物議。合先出示曉諭，爲此示仰從前肄業舉人等，務須親赴府學教授衙門，開報籍貫科名，由該教官預先造冊呈送，聽候至期點名給卷。其孝廉堂原冊無名者，一概不準收錄。查册開有名孝廉，散居各省，惟籍隸附近州郡及向來假館在揚者，自應周知課期。若遠在本土及客游他鄉，斷不能趕來應課，本署司惟就現到人數，精心擇取。如不足額，亦止懸缺，以待俟後有來者隨時增補。倘有本屬生監人等，以并不在揚之舉人頂名代考，領卷作文，一經查出，或被旁人指詰，定即從實根追，并行文關查。本人有無知情託代情弊，總期積習一除，勿爲真正孝廉之玷。

本署司服官江省十有餘年，處冠蓋絡繹之區，來往公車時相接見。今查册開姓名熟識者正復不少，若有代倩之人，無難當場識破，且值來年會試之期，今冬明春計偕北上者，經過此邦必來晉謁，亦可按册而稽。倘或真假相逢，豈不貽人一笑。有真趣。本署司半生佔畢，結習未忘，誠樂與諸文人講求帖括，藉廣見聞，然文藝以器識爲先，即此循名責實之思，要罔非去僞存真之意，邗上素多君子，知必有以相諒也。

書院膏火之設，本以養士，而士習因之愈靡，何也？利之所在，非獨商販之屬趨之若鶩，讀書人不如此者，蓋亦鮮矣。余嘗有裁膏火之議，或詫其出言過激，且難之曰："裁膏火應課者，必寥寥無幾，子將奈何？"應之曰："貪者不來，來者不貪，不貪，然後可教也。"閱生。

諭竈户

爲示諭梗頑竈户及早回心，首罪完課，以安竈業，免至同罹重罪事。照得餘西場陡北淤蕩，奉前鹽憲委員勘丈應陞地畝八百四頃九十八畝有零，詳奉奏準每年應徵新陞課銀一千二百四十七兩二錢四分七厘，於道光七年啓徵。此乃報部正項錢糧，定案已久，不容絲毫蒂欠。揭破疑團。如場官催徵不力，按照分數參處，欠至六分以上者，即干革職，定例綦嚴，詎甫經啓徵。旋於道光八年，即有蔡行芳、李正方、曹舜斯等糾衆抗糧，打毁場書房屋，提省發審，經本司前在蘇州府任内訊明詳辦，將蔡行芳、李正方均照凶惡棍徒，問發極邊足四千里充軍。其時負罪情狀，爾等各竈，自當共知共見，此後自應各懷戒心，凛然奉法，按畝輸將，乃前轍已覆，後車仍復效尤。至道光十三年，復有竈户曹永春、徐大紳、曹長林、李發祥、曹國華、曹扣松、曹裕喜、曹觀保、張兆方、李彩如、曹廣業、曹遠清、曹雲書等糾衆抗納，并持械至場書江琢成家，打毀房屋，搶取簿串，此案尚未辦結。現在又有曹文、曹國昌、曹順林、曹明亮等抗欠多季，經該場大使督役親催，膽敢糾衆拒捕，致傷場役多人。更有曹來保挾書役催糧之隙，率衆打毀，并搶取衣物及在官流水印簿，并將在押之鹽犯曹群髫子搶去。不數年間，抗糧滋事之案層見叠出，其凶頑刁悍，直同化外之民，斷非中土所宜有。凛然。

　　試思蕩地錢糧，攸關正供，國家設立場員專司督煎催課，今爾等敢於抗拒，非但藐視官長，直是顯抗王章，其情與背叛何異！前任場員王大使，居官忠厚，既被爾等拖累數載，告病而去。今施大使甫經到任，催科是其專責，敢不竭力督徵？乃爾等怙惡不悛，復以抗欠爲得計。抑思普天率土，皆法令所必加，天下豈有不納糧，不當差，恃衆結黨，與官府相抗衡，而可以長久無事者乎？喚醒。從前浙省湖州府之監生陸鳴揚、本省常州府之生員莊午可，結黨抗官，數年不獲，畢竟終歸誅戮，波及多人，何曾幸逃法網？爾等雖僻居海濱，諒亦共聞前事。試自揣作惡本領比陸莊等強狠何如，遂敢負嵎自雄，不懼身家破滅乎？霹靂一聲。現在鹽政改歸督憲兼管，統握兵權，恭行王命，凡在大江南北之各府州縣，孰敢不急公奉法？何有場竈一隅之地？乃欲自外生成，即鹽務通泰海二十三場，亦孰敢不照例納糧？何有餘西數十刁民竟思以身試法？本司屢擬詳請督鹽憲選派大員，調集營兵，赴竈擒拏，盡法嚴辦。惟念濱海愚氓多係無知之輩，况其中豈無良善？一經官兵圍搜，恐致玉石無辨。且本司訪聞，該竈有謂此項錢糧爲場員私徵入己者，此必奸徒造言惑衆，愚人被其簧鼓，誤加聽信，隨同抗拒。竈户敢於抗官者以此。本司若不明白曉諭，遽行調兵擒捕，則是不教而殺，誠恐爾等未知本司之心，雖有悔過自新之意，無由上達揆之官民一體之情，本司終有所不忍。仁人之言。爲此特用剴切示諭，俾爾闔竈人等父兄子弟稍知事體者,互相勸戒,共思糧不可抗,法不可逃,各求生全之路,勿執迷罔之心。其已經滋事有案者,或本人速行投首,或父兄緝獲送官,本司尚可開爾一綫生路,飭知承審官員,分別首從,權其輕重,稍從末減,以施法外之仁。其未經隨同滋事者,皆係守分良民,務將本户錢糧依期完納,各安生理,免至因人延累,枉罹無妄之災。

夫官之於民,猶父母之於子,賢且孝者則愛之,愚不率者則憎之,豈有必欲剪除之心?惟其悖逆不馴,不得已而欲置之法。苟有改化之機,哀鳴認罪;則父母之心又未嘗不欲生全之也。本司言出由衷,爾等試早自猛省,勿爲人言所惑。一經回頭,即有生路。倘天奪其魄,怙惡自甘,事到噬臍,悔將何及?況查餘西場原額新陞蕩地共二十四萬四千餘畝,每年止完課銀三千八百餘兩,又竈丁烟户共四萬八千七百餘口,每年止産鹽五千四百餘引。爾等食毛踐土安廬舍,而長子孫坐享太平衣食之業,所輸納於朝廷者,止此些須鹽課,較之地方錢漕不及十分之一,而復甘心抗欠,不思仰報國家養育之恩,以情理動之。如此梟獍心腸,豈惟國法不宥,抑且天理難容。爾等試清夜自思平日所存何心,所作何事,犯上作亂,以惡爲能,縱一時幸逃顯戮,將日久必干冥誅,況天網恢恢,疏而不漏。如奉大憲赫然震怒,調兵搜捕,其時非逃竄四方,苟延殘喘,即當束手就縛,明正典刑。爾等平日倚恃州差庇縱,狼狽爲奸,一旦官兵駐竈嚴挐,誰復敢糾衆抗拒,爲盛世畔逆之頑民乎?本司更訪聞,現在抗糧各户并非無業窮竈,多係家道殷實之人。爾等既衣食無虧,是天之待爾甚厚,尤宜兢兢自守,畏法懷刑,豈可恃強蹈險,甘爲破家滅族之計?即如連年滋事案内,曹姓十居其九,自係族大丁多,非比零星小户,其中豈無明理安分之人?亦當共思祖宗餘蔭,交相儆戒,爲保全身家之計。若任同族無賴之徒蔑法抗官,雖有老成自愛者,亦旁觀坐視漠然不理,將來罪惡貫盈,釀成巨案,必遭一番奇禍,彼時曹姓之人良莠不分,同罹憲典,豈不重爲門户之羞?無微不到。

今本司既明示以挽回之機,該曹姓宗族人等如有深識遠慮者,務當即仰體本司化導苦心,轉相戒飭抗糧者,如期完課,負罪者及早伏辜,有如子弟兆釁,父兄代爲負荆。本司亦必量加寬典,以留爾等遷善改過之路。倘經此番示諭之後,仍復執迷如故,稔惡不悛,則是爾等冥頑不靈,本司亦難始終姑息,惟有詳請督鹽憲委員帶兵,按名搜捕。如仍竄匿不出,定先將家屬人等挐禁押交,此乃爾等自貽伊戚,非本司不早爲告誡之故也。本司言盡於此,爾等其各熟思,毋貽後悔。

義正詞嚴,從至誠惻怛中流出,聽者安得不動?除暴安良,兵刑并用,刑不得加,惟有翦除之一法。至於激而生變,則辦理不善者爲之也。倘因咽而廢食,必養癰以貽患矣。閏生。

【校勘記】

[1]喚:道光本作"呼"。
[2]原:道光本、中科院同治本、川大同治本皆作"圓",據《皇朝經世文續編》改。
[3]各直:道光本作"宜各"。
[4]人:原作"入",據道光本改。

附錄 一①

中議大夫兩淮都轉鹽運使司鹽運使平羅俞公墓志銘② 林則徐

道光十有五年十二月甲戌，兩淮運司平羅俞君以疾卒。先一月，君陳牘請假，余奉天子命，攝兩江總督兼鹽政事，爲聞之朝。曩余官江蘇臬，君知長洲縣，振三年災，竭盡心力，爲牧令最。及余撫吳，君洊升今職，整飭鹾務，凋敝漸興，方爲聖明委任，而用心過勞，遂遭沈痾，以致不起。維時兩江總督安化宮保展覲入都，假歸修墓，途次得君耗，飛章入告，折回江南。蓋以兩淮綱課事宜，倚君爲重，而不能不重惜君之亡也。

按狀：君俞姓，諱德淵，字源培，號陶泉。先世由安徽無爲州遷甘肅寧夏，再遷平羅，爲平羅縣人。曾祖天申，祖灝，父世隆，前母唐，母赫。自曾祖以下并以君貴，贈如其官，妣皆贈淑人。累世耕讀，潛德未顯。贈公有子五人，君其仲也。弱冠入縣學，嘉慶丁卯科舉人，③丁丑科進士，④由庶吉士散館改知縣，歷任江蘇荆溪、長洲縣知縣，蘇州府督糧同知，⑤蘇州、常州、江寧府知府，署江南鹽巡道，授兩淮鹽運使。⑥君幼時家貧甚，拆屋材爲試資。舉秀才，不克與賓興典，錢塘王侍郎爲平羅令，重其文，欤之入闈，一試而捷。又十年成進士。始服官，以清白要諸神，所至有廉能稱。尤著者荆溪三官堂僧被殺，隸誣繋屠者，

---

① 此附錄爲原書附錄。
② 文亦見於《雲左山房文鈔》卷四，題作《兩淮都轉陶泉俞公墓志銘》。
③ 丁卯：清嘉慶十二年(1807)。
④ 丁丑：清嘉慶二十二年(1817)。
⑤ 《清實錄・宣宗實錄》載："道光五年……丁卯……至總催工程……專司總局之知州銜長洲縣知縣現任蘇州府督糧同知俞德淵、經理均屬得宜。"
⑥ 《清實錄・宣宗實錄》載："道光十二年……壬申。諭內閣：陶澍奏降調道員……及販運價值，給票事宜……仍與該署運司俞德淵會議妥辦。"

出血衣爲證，君疑焉，引實密室訊得實，釋之，卒獲正凶。令長洲時，海門人王有素以鬥殺人抵死，讞定矣，至省呼枉，君請覆檢，檢無傷痕，案得平反。癸未夏，①吴中雨不止，田禾蕩然，君言備荒先聚糧，吴民素鮮蓋藏。江西、湖廣早稻以六月熟，其值方賤，莫若就糶於鄰省，乃亟請大府貸帑十餘萬金，糶楚米歸以平糶。又慮勘荒之難於審户也，先期以他事親歷各鄉，申保甲之令，而出以簡約，召老成謹願者給筆札，令各書其鄉之户口與其所業。吴民不習荒政，以爲稽保甲耳。既具而藏之，洎議振，乃出之。仿宋江東提點史彌鞏"厘户五等"之法，勸各圖自振其鄰里，官爲覈其贏縮而挹注之，吏一毫不能欺。又糶倉穀，設粥廠，禁囤販，卹流亡，瘞屍棺，收棄孩，且出私錢屑麵爲餅，以濟於路。時他邑騷然，而君所治鎮靜如故。民有生死匀骨之感，相與繪君像而拜。是冬水落，則修圩堰，畜耕牛；明年疫作，又設藥局，[1]施藥物，皆君力也。事定，以聞於朝，得旨加知州銜。甲申冬，②高堰決口，阻糧舶不得上。巡撫安化宮保奏請海運，君議陳三十條，采其說試行，剋日蕆事，爲蘇州守數月，清厘積案八十餘起。江寧秦淮河淤淺，圩田失灌溉利，貢院久不修，天雨泥水沒脛股，君鳩工濬治之，士民以爲便。其官鹽運使也，當鹺務敗壞之後，國帑虧以數千萬計。先是，廷臣有改歸場竈之論，上命蒲城王尚書、滿洲寶侍郎赴揚與督臣共籌之，檄君[2]與議。君獻言曰："利與害相因，言利之道必并其害兼權之。論者謂：歸竈丁以按鍬起課，歸場官以給單收稅，歸場商以認鍬納課。舍是三策，更無善法。然而約指其弊，殆有數端：逋亡短欠，鍋鑊私煎，災祲停緩，則丁不足恃也；額數虧缺，稽察疏失，吏差侵肥，則官不足恃也；疲商鑽充，殷户規避，垣私偷漏，則商不足恃也。夫事莫難於圖始，斂商清竈，非一二年不爲功。此一二年中，額引可停售乎？正課可常懸乎？口岸食鹽可久滯乎？將何術使行之而無弊，即審能行矣。而銷鹽不分地界，民憚遠涉，楚岸鹽必缺，缺必仰給川、粵之私，而川、粵之鹽病。蘇、松、嘉、湖近在咫尺，逾江以南將貪食無引之鹽，而浙之鹽病。淮北毗連東省，人習負販，兗、沂諸府便於營買，勢且盡食淮鹽，而長蘆之鹽病。至淮南北數萬捆鹽之工，一旦失業，窮急滋事，恐沿江濱海之地攘殺、争鬥、刑獄煩多，是又當深思熟慮者也。"王公、寶公韙其言。據以定議，

---

① 癸未：清道光三年(1823)。
② 甲申：清道光四年(1824)。

奏請裁鹽政歸督臣兼轄,而江督安化宮保即舉君勝運司任,君既力辭不允,則爲之。緩雜項,減科則,平引價,禁透漏,嚴船户之盜銷,防岸商之搶跌,濬場河之淤阻,杜糧艘之夾袋。梟匪劫奪者擒治之,參價積欠者籌撥之,包鹽虧折者酌加之,竈課短絀者詳緩之,陋規浮耗剗削殆盡。因時制宜,不避勞怨。揚郡數被水,君前後倡捐巨萬,擔粥於市以食餓夫。其惠政與爲令時無異。[3]當鹽事重困,商疲綱滯,庫貯僅五萬兩,君任事後,統行正運,四綱接銷,加帶二百餘萬引,撥解正雜銀千數百萬兩,存庫銀三百五十餘萬兩。天子知君謹司鎖鑰,[4]嚴除糜費,[5]淮鹺日有起色,[6]方嚮用君,而君已積勞成疾矣。

悲夫！君性肫篤,能面諍人過,遇事明決剛斷,履艱鉅裕如也。居赫淑人憂,自恨居官闕定省,[7]坐苫凷百日,歸而爲文告柩,痛自引責,蘆墓側者三年。與兄弟均財用。著家言,訓子姪,諄諄以敦本務實爲勖,獎勵寒畯好學之士,孜孜如不及,多有資以成名者。爲宦幾二十年,旁無滕侍,家絶綦縞之飾。禄俸所入,不私積生産,於鄉黨所乏無不給,於寮友之急難無不赴也。君才識精敏,[8]治務靡不通練。官運司五年,值枝梧繆轕之際,殫精竭智,欲爲國家程指臂之效,焦勞刻苦,以殞其生,不得盡展平生之藴抱,俾大有濟於當世,是可慨已。

君生於乾隆四十三年十一月初九日,年五十有八。配安氏,子思震,先卒；葆素,平羅縣學生；仲誠,殤。女一,適同縣金汝礪。孫三：光昱、光晫、光旭。君卒之次年,其孤奉柩歸葬於平羅縣東鄉正閘堡昌潤渠之陽,[9]以幽壙之文爲請。余知君最深,不能辭。銘曰：

嶄嶄穹穹,如雲護空。[10]溉澤下土,條噫而風。廉平不欺,治縣第一。霜鴻嗷嗷,是安是宅。既蒞於淮,振綱之頽。淄盡愛靖,羽鳩罔甾。謂君勤能,孰知其惠。法雞之驅,除馬之害。清不近名,敏不尚術。受知聖明,盡瘁於職。年禄不永,形神告瘁。我文其窀,以爲世模。内行純白,出處靡玷。蘭山峨峨,蔭兹坎掩。

兩淮都轉平羅俞君言行補遺① 賀長齡

兩淮都轉平羅俞君之卒也,今兩湖制軍林公既銘其幽矣,[11]余復何言？

---

① 文亦見於《耐菴文存》卷四,題作《兩淮都轉平羅俞君言行紀略》。又見於《寧夏俞氏族譜》,題目同。

顧余與君交最久,知君最深,痛君之未竟厥用,即其志行亦容有未盡暴白者,儻終竟湮没,則後死者其奚所逃責,乃就所知見而詮叙之,以補志所未備云。

君淡於榮利而篤於倫理,嚴於自治而恕於使人,深探乎治本化源,而曲達夫人情事變,故所至咸理而去後恒見思。余始官吳中,君爲長洲令,[12]旋擢督糧丞,總辦海運,未幾以憂去。既余官金陵,君以海運甄叙得常州守,調江寧。余實引以爲助,蓋後先共事者數年,凡用人行政必以諮君,數言輒定,訖事罔不如所慮,使人必當其材,兼能役其心,故事皆辦集。顧君之裨益余身心,使余久而愈思,思而不可復得者,則非人之所能知也。[13]君之居官謹恪,[14]即胥吏白事,不衣冠不見也。盛暑讞獄,危服坐堂皇,浹汗竟日。異時,君方有所推鞫,瘧忽作,舉體震掉,事未竟,不止也。

荆溪任庶常泰爲余言:君始至荆溪,攔輿訴者百十輩。閱年餘,前訴者又易名控。君一見即識之,群驚爲神。其諸不懈於位,而清明在躬者歟。君去長洲日,元和石太史韞玉偕闔邑士民以"實政在民"四字顏其堂,其憂歸也。今遵義守平君翰方同辦海運事,爲書楹帖贈之云"至性至情得天者厚,實心實政感人也深",當時謂無溢美。於虖!君何以得此於士民僚友哉!君於官中所入雖少,必別貯之,曰:"此官銀也,官錢也,吾不敢以私。"至遇友朋急難,則傾囊助之,無少靳。有大僚某官吳中,罷歸,逋官項,屬君償之。余曰:"此其家不貧,毋庸也。"君卒償之曰:"既許之矣,能無償乎?"同官某將謁省爲夤緣,君偶與余言及,異日大悔之曰:"庸知其必以是來乎,吾愧此友矣。"於虖!即是以思君肯有幾微之欺其志乎?

君爲諸生以授徒自給,嘗病卧館中,其弟爲抱持卧起,月餘不倦。及官江寧,弟年四十餘矣,猶左右侍奉如曩時。君居憂,其僕從皆不肯它適,以須君之出。於虖!非有德而能然乎?君內峻而外坦,夷人罕得窺其際,即雅相識者,亦謂是政事才耳,而惡知君之用心於內者如是乎。先儒有言:"聖門論學必徵諸事,論政必本諸心。"今觀於君,益信有用之學,無施而不可;有本之政,時出而不窮。即稍稍發抒,而食其利者,已遍大江南北,矧更擴而大之邪。

君卒之前數月,余赴閩藩任,邂逅於金陵。君欷歔爲余言:"力竭矣,筮仕廿餘載,訖未得一對揚,恐一旦溘先朝露,終無以報國,死有餘憾。"於虖!君有經世大略,余嘗爲故相國蔣公、今兩江制軍陶公言:"吳中凋敝極矣,非得君撫綏不可。"乃天子方允陶公之請,將大用君,而君已不及待矣。方余未赴召時,君以書來促行,且舉余疇昔所稱陳文恭公熱腸即是仁之語相詰責,謂此何時而安處邪?乃余出而君逝矣。悲夫,感念疇曩,追次其遺言軼事,以表君之微,尚兼以志。余服官來,得力之所自,而今已矣。四顧茫茫,千秋落落,書此以寓之。林公其亦有無窮之悲也歟!

俞陶泉都轉事略[①] 李元度

俞君德淵,字陶泉,甘肅平羅人。嘉慶二十二年進士,由庶吉士改江蘇荆溪知縣,有聲。林公則徐、賀公長齡咸器之。調長洲縣,甚得民心,遷蘇州府同知。道光八年,海運告竣,巡撫陶公澍奏擢常州府,調江寧。

當是時,兩淮鹽法大壞。十年冬,宣宗命尚書王公鼎、侍郎寶興公赴江南,與總督議改鹽法。先是,陶公撫蘇時,稔知兩淮積弊,嘗極論之。上頗有意興革,乃召還總督蔣公,而以陶公代。時使臣議罷官商鹽,歸塲竈科稅,以君有心計,使與議。君具議數千言,大旨謂:"鹽歸塲竈,其法有三:一曰歸竈丁以按鍬起科,然其中難行者有三:一在竈丁之逋欠,一在鍬鐽之私煎,一在災祲之籍口;二曰歸官場以給單收稅,然難行者亦有三:一在額數之難定,一在稽察之難周,一在官吏之難恃;三曰歸場商以認鍬納課,然難行者亦有三:一在疲商之鑽充,一在殷戶之規避,一在垣外之私售。以上三法,共有九難。如就三者兼權之,則招商認鍬一條,猶爲彼善於此。苟得其人,或可講求盡善。顧事難圖始,果欲行之,則宜先定章程,清竈僉商,改官易制,諸事非行之三年不能就緒也。三年中,額課未可常懸也,場鹽未可停售也,各岸食鹽未可久缺也,然則新舊接替之時,非熟思審處,何能變通盡利乎?[15]至兩淮捆鹽之夫,淮北則永豐向有萬餘人,淮南則老虎涇不下數萬人,皆無賴游民,百餘年來,以此爲世業,一旦失所,此數萬衆將安往乎?其患又不止私梟拒捕已也。"議上,陶公深然之。乃與王、寶二公定計,不歸場竈,仍用官商如故,惟奏罷鹽政,裁浮費,減窩價,凡積弊皆除之。陶公舉君,超授兩淮鹽運使。在任五年,正課無缺,運費遂充。

揚州俗華侈,君力崇儉僕,妻子常衣布素,風俗一變,郡中至無優劇。既精會計,又知人善任。使諸滯岸商憚往運,輒遣官代之,每運恒有贏利,盡以充

[①] 文亦見於《國朝先正事略》卷五四。不見於道光本。

庫,無私取。官中所入雖少,必別貯之,曰:"此官銀也,官錢也。吾不敢以私。"遇朋友急難則傾囊孜之。有大僚某罷歸,逋官錢,屬君償之,或曰:"是其家不貧,毋庸也。"君曰:"既許之矣,可食言乎?"卒償之。同官某將謁省爲貪緣,君偶與藩使者言及,異日大悔之,曰:"庸知其必以是來乎?吾愧此友矣。"君居官恪謹,吏白事,[16]不衣冠不見。盛暑讞獄,坐堂皇,汗浹竟日,常有所推鞫,[17]瘧忽作,舉體震掉,事未竟,不休也。始至荆溪,遮訴者百十輩。逾年前訴者又易名來控,君一見即識之,[18]群驚爲神。兩淮本脂膏地,吏多以財結權貴人及四方游客,[19]又以其餘贍寒畯,取聲譽,皆商資也。君謹守筦鑰,失望者多。絕不爲避怨計。受陶公知遇,而持法無可阿。當塗黄左田尚書家居,有子中民以場大使需次淮上,陶公屬與優差,君曰:"優差以待有功,中民無功,不可得。"陶公曰:"吾已許之矣。"君曰:"以德淵辭可也。"堅不予。陶公益賢之。林公於時彦少所推許,獨稱君曰:"體用兼賅,表裏如一。"

十五年冬,陶公入覲,薦公大可用,上亦嘉之。將晉用,而君卒。荆溪、長洲、江寧士民聞之皆流涕,請祀各屬名宦祠。

道光庚子冬鎸,①原板存陝西四省城關中書院門口刊字鋪。[20]

【校勘記】

[1] 藥:道光本作"醫"。
[2] 中科院同治本"歸以"下闕"平糶……檄君"等三百五十一字,據川大同治本補。
[3] 道光本、中科院同治本、川大同治本"勞怨"下闕"揚郡……無異"等二十九字,據《雲左山房文鈔》補。
[4] 謹司鎖鑰:《雲左山房文鈔》作"能謹度支"。
[5] 嚴除:《雲左山房文鈔》作"節"。
[6] 日:《雲左山房文鈔》作"冀"。
[7] 闕:道光本、中科院同治本、川大同治本均作"瀾",據《雲左山房文鈔》改。案:因居官在外,闕定省之禮。
[8] 君:道光本、中科院同治本、川大同治本"不赴也"下無"君"字,據《雲左山房文鈔》補。

---

① 庚子:清道光二十年(1840)。

［9］道光本、中科院同治本、川大同治本"歸葬"下無"於平羅縣東鄉正閘堡昌潤渠之陽"等十四字，據《雲左山房文鈔》補。

［10］濩：《雲左山房文鈔》作"護"。

［11］制軍：《耐菴文存》作"總制"。下同。

［12］令：中科院同治本、川大同治本均作"今"，據道光本改。

［13］則：《耐菴文存》作"尤"。

［14］謹：道光本、中科院同治本、川大同治本均作"也"，據《耐菴文存》改。

［15］何能變通盡利乎："盡"，中科院同治本、川大同治本均作"盡盡"，據《清史稿》《國朝先正略傳》改。"利"，中科院同治本漫漶不清，據川大同治本補。

［16］吏白：中科院同治本漫漶不清，據川大同治本補。

［17］常：《國朝先正事略》作"嘗"。

［18］即：中科院同治本、川大同治本均作"既"，據《國朝先正事略》改。

［19］結：中科院同治本漫漶不清，據川大同治本補。

［20］存陝西：中科院同治本漫漶不清，據川大同治本補。刊字鋪：中科院同治本漫漶不清，據川大同治本補。

附　録　二①

一、他書所載俞德淵傳、評

俞德淵傳②

　　俞德淵，字陶泉，甘肅平羅人。嘉慶二十二年進士，選庶吉士，散館授江蘇荆溪知縣。始至，遮訴者百十輩，逾年，前訴者又易名來控，一見即識之，群驚爲神。調長洲，甚得民心。遷蘇州督糧同知。道光六年，初行海運，以德淵董其役，章程皆出手定，以憂去。八年，服闋，擢常州知府，調江寧。

　　十年，宣宗以兩淮鹽法大壞，授陶澍爲兩江總督，命尚書王鼎、侍郎寶興赴江南會議改革。時議者多主罷官商鹽，歸場竈科税，以德淵有心計，使與議。德淵具議數千言，略謂：鹽歸場竈，其法有三：一曰歸竈丁按鐝起科，然其中有難行者三，一在竈丁之逋欠，一在鐝鑊之私煎，一在灾祲之藉口；二曰歸場官給單收税，難行者亦有三，一在額數之難定，一在稽查之難周，一在官吏之難恃；三曰歸場商認鐝納課，難行者亦有三，一在疲商之鑽充，一在殷户之規避，一在垣外之私售。以上三法，共有九難。如就三者兼權之，則招商認鐝，猶爲此善於彼。苟得其人，或可講求盡善。顧事關圖始，果欲行之，則宜先定章程，清竈斂商，改官易制，諸事非三年不能就緒。此三年中，額課未可長懸也，場鹽未可停售也，各岸食鹽未可久缺也。新舊接替之時，非熟思審處，何能變通盡利乎？向來捆鹽之夫，淮北永豐有萬餘人，淮南老虎頸不下數萬人，③皆無賴游民以此爲事業。一旦失所，此數萬衆將安往？其患又不止私梟拒捕已也。議上，陶澍深然之，乃與朝使定議，不歸場竈，仍用官商如故；惟奏罷鹽政，裁浮費，減窩

---

① 此附録爲整理者所附。
② 據《清史稿》卷三八四録。
③ 老虎頸：疑即老虎涇。

價,凡積弊皆除之。薦德淵超擢兩淮鹽運使。

德淵精會計,又知人善任。諸滯岸商憚往運,改以官督辦,千里行鹽,稽覈價用,瑣屑悉當。每運恒有餘利,盡以充庫,無私取。兩淮本脂膏地,運使多以財結權貴及四方游客,餘贍給寒畯,取聲譽,皆出商貨。德淵謹守莞鑰,失望者衆,言者時相攻訐,不顧也。在任五年,力崇節儉,妻子常衣布素,揚州華侈之俗爲之一變。尚書黃鉞子中民爲場大使,欲得美職,德淵曰:"美職以待有功,中民無功不可得!"堅不與。陶澍益賢之,薦其才可大用,以循良久在鹽官可惜,上亦嘉之,未及擢用而卒。

俞德淵①

俞德淵,字陶泉,甘肅平羅人。嘉慶二十二年進士,改庶吉士,散館授江蘇荊溪縣知縣,調長洲縣,遷蘇州府同知。姚瑩《識小錄》。居官恪謹,胥吏白事,不衣冠不見。盛暑讞獄,危服坐堂皇,汗浹竟日。嘗有所推鞫,瘧忽作,舉體震悼,事未竟不止也。初至荊溪,遮訴者百十輩。閱年餘,前訴者又易名控,德淵一見即識之,群驚爲神。賀長齡《俞君言行紀略》。道光八年,以巡撫陶澍薦,擢常州府知府,尋調江寧府。

十年冬,宣宗以兩淮鹽法大壞,命尚書王鼎、侍郎寶興赴江南,授陶澍爲兩江總督。會議改革,使臣欲罷官商鹽,歸場竈科稅,以德淵有心計,使與議。乃具議數千言,大指謂:鹽歸場竈,其法有三:一曰歸竈丁,以按鏾起科,然其中難行者有三,一在竈丁之逋欠,一在鏾鑊之私煎,一在災祲之藉口;二曰歸官場,以給單收稅,然難行者亦有三,一在額數之難定,一在稽察之難周,一在官吏之難恃;三曰歸場商,以認鏾納課,然難行者亦有三,一在疲商之鑽充,一在殷戶之規避,一在垣外之私售。以上三法,共有九難,姑就三者兼權之,則招商認鏾一條,猶爲彼善於此,苟得其人,或可講求盡善。顧事難圖始,果欲行之,宜先定章程,清竈僉商,改官易制諸事,非行之三年不能就緒。此一二年中額課未可常懸也,場鹽未可停售也,各岸食鹽未可久缺也。然則新舊接替之時,非熟思審處,何能變通以盡利乎?至兩淮捆鹽之夫,淮北則永豐向有萬餘人,淮南則老虎涇不下數萬人,皆無賴游民,百餘年來,以此爲世業,一旦失所,此

---

① 據《清史列傳》卷七六錄。

數萬衆將安往乎？其患又不止私梟拒捕已也。

議上，陶澍深然之。乃與使臣定計，不歸場竈，仍用官商如故。惟奏罷鹽政，裁浮費，減窩價，凡積弊皆除之。澍舉德淵，超擢兩淮鹽運使。在任五年，正課無缺，運費遂充。

揚州俗尚華奢，德淵力崇節儉，妻子常衣布素，風俗一變。郡中至無優劇。既精會計，又知人善任。諸滯岸商憚往運，輒遣官代之，每運恒有盈利，盡以充庫，無私取。兩淮鹽政及運使，素有豐稱，多以財結權貴人，及四方游客；又以其餘贍寒畯，取聲譽，皆商貲也。德淵謹守管鑰，失望者多，絕不爲避怨計。受陶澍知遇，而執法無所阿。尚書黃鉞有子曰中民，以場大使候補，澍囑德淵與以優差。德淵曰："優差以待有功，中民無功，不可得。"澍益重之。兩廣總督林則徐於時人少推許，獨於德淵曰："體用兼賅，表裏如一"。姚瑩《識小錄》。賀長齡亦言："德淵學有用，政有本，大江南北皆食其利。"賀長齡《俞君言行紀略》。

十五年冬，陶澍陛見，數薦德淵賢，謂："其才可大用，以地方循良，久在鹽官，可惜。"上亦嘉之，將晉用，而德淵病卒。荊溪、長洲、江寧士民聞之，皆流涕，請祀名宦祠。

俞德淵傳①

俞德淵，字陶泉，甘肅平樂人，嘉慶二十二年進士。由庶吉士改江蘇荊溪知縣，有聲。林則徐、賀長齡咸器之。遷徐州府同知。道光八年，陶澍奏擢常州知府，調江寧。當是時，兩淮鹽法大壞，澍在蘇撫任，嘗極論之。

十年，宣宗召還總督蔣攸銛，而以澍代。時使臣王鼎、寶興議罷官商鹽，歸場竈科稅，德淵俱言："鹽歸場竈，其法有三：一曰歸竈丁，以按鏃起科。其中難行者三，一在竈丁逋欠，一在鏃鑊私煎，一在灾祲藉口。二曰歸場官以給單收稅。然難行者亦三，一在額數難定，一在稽查難周，一在官吏難恃。三曰歸場商以認鏃納課。然難行者亦三，一在疲商鑽充，一在殷戶規避，一在垣外私售。顧事難謀始，如欲行之，清竈籤商，改官易制，非三年不能就緒，此三年中，課額未可常懸也，場鹽未可停售也，各岸食鹽未可久缺也。"議上，澍深然之，乃罷前議。澍舉德淵超授兩淮鹽運使，所改鹽法，多資其力。在任五年，正課無

---

① 據《重修兩淮鹽法志》卷一三八錄。

缺。揚州俗尚奢靡，德淵以儉樸矯之，謹守箠篣，權貴游客多失望，德淵不顧也。卒後，荆溪、長洲、江寧士民皆請祀名宦祠。

祭俞陶泉都轉文① 陶澍

於虖！人之相知，貴於知心。觀吾陶泉老友之安上全下，與所以見知於聖人者，豈不以一心爲之貫澈，而誠至斯乎哉。

君之雋會試也，余方監試内簾，旋入館，選爲庶常，然未嘗一識其面。余之識君也，在撫皖時，由賀耦耕方伯嘖嘖以書道君，稱爲循良第一；而賀方伯之先，則今中丞林公少穆於除臬蘇州時，廉知君荆溪之治績，而調君首邑，以拯溺於吴門也，蓋二公之知君夙矣。賀方伯之言曰："俞某之治民，治心之學也。遇頒白而式於輿，見餓者而吐其脯，以爲不安於心也，其自治則然。"林公之言曰："始終不易其所守者，俞某也"。觀二公之言，可謂見然明之心者。

余以道光五年夏由皖移蘇，其時高堰大潰，漕路塞。余議由海運，首拔君同知督糧，司海運局務。未幾，奉諱歸，及竣事，仍以君名達，得旨加知府銜，儘先升用，時君方在籍。蓋異數也，起復至蘇。適常州府缺出，閣督襄平，蔣公按部至蘇，因相與會議，舉君爲知府，得旨報可。未至任，先署蘇州府，而蔣公特器君，旋調之於江寧。適賀方伯亦從山東旋江寧，委任君尤至，如修貢院、開城河、建書院，一切有益地方事，無不焕然興舉。

十一年春，欽使議淮鹺，奏請歸兩江總督管理。余因舉君署運使事，兩淮值疲壞之際，積欠至五千八百餘萬，庫中如洗。君莅事，則整頓章程，删浮費，去冗滯，卹商便民，鹺務遂起，旋奉旨實授。去年冬，余以述職入覲，召對十四次，叠蒙天語，稱君之賢。謹對以俞某出身循良，所至有聲，倘俾盡其所長，必更能努力報效朝廷。若論鹽務，特其餘事，實乃羈之，天容爲之一莞。陛辭之日，復蒙温諭：運司好官，因其辦鹽務而轉更宿留之未可也，俟有可接替之人，當更酌之。跪聆之下，復謹對以聖恩，體卹至此，微獨俞某，凡屬聞者，莫不感激而圖奮也。於虖！天意眷眷如此，旦晚間必邀特擢君，正可出其所志所學，以宏設施而酬知遇，詎意天語猶在耳，而君已不及待也。能不爲國家惜，爲地方惜，而豈僅以經營轉運，爲兩淮惜也哉。

---

① 據《陶文毅公全集》録。

余之出都也，蒙恩准假回湖南省邱木，行至鄭州，得君耗，不禁失聲，如喪余之右臂。遂於中途拜摺改道東旋，甫抵金陵，即赴邗上，披其帷，而不見其人也。回憶去冬十一月，余北上過揚，入視君疾，見簿書盈几案，娓娓猶一刻不歇，曾勸以節勞養息。逮至邳州，猶以書奉囑君，亦答書京師，深以余言爲然。孰知別甫四十餘日，而竟成長往耶。君之疾作，非不可痊，徒以關心鹽務，拳拳不能置，以至於沈篤不起，古所謂以死勤事者，非耶？君臨去時，神明不亂，猶言不及見余，九原之下，心照聞此，更覺愴然，不禁老淚之縱橫也。於虖！君之心盡矣，竭矣，以此照古今可矣，豈惟同時僚友哉。於其行輴而質之，情話以證於君之心。

俞德淵傳①

俞太守德淵，字陶泉，甘肅平羅人。嘉慶丁丑進士，②由庶常改官知縣，所在有政聲。道光己丑、③庚寅間，④知江寧府，勤求民瘼，廉幹有爲，聽斷時，心平氣靜，曲體人情，未嘗有疾言遽色，而刁健者莫敢蒙。學使案臨唱名時，生童擁擠，陋習已久，時爲提調，嚴申約束，兩栅欄各懸燈樹幟，序立名牌，魚貫而入，士氣爲之一肅。上新河久塞，紳士稟請挑浚。奉方伯委招集紳商勸捐，旬日間得金三萬餘兩，而其事舉行，民咸稱便。城中賭風大熾，開場者不下數十處，公廉得其實，按名逮究，其風頓戢。童生肄業鳳池書院，逢課時，諄諄訓勵，親爲批閱，以其地狹隘，捐俸購舊内孫氏五畞園，改建而恢拓之。而持躬勤儉，日居外舍辦公，案無留牘，衣數月不浣濯，嘗謂下僚曰："予本寒素，登第後猶著大布衣，敢過分乎？"庚寅冬，以兩淮鹺務欽使駐金陵，議改章程，多所襄贊。無何，擢兩淮運使，卒於官。士民感其德政，奉神位於鳳池書院，春秋祀之，此邇年來賢太守也。金陵舊有諺云："財主無三代，好官無久留。"信然。

俞都轉⑤

俞德淵，字陶泉，甘肅平羅人。嘉慶丁丑進士，由庶吉士改授江蘇荆溪令，

---

① 據《白下瑣言》卷五録。
② 丁丑：清嘉慶二十二年(1817)。
③ 己丑：清道光九年(1829)。
④ 庚寅：清道光十年(1830)。
⑤ 據道光刻本《中復堂合集·識小録》卷八録。

有聲,林公則徐、賀公長齡咸重之。調長洲縣,甚得民心,遷蘇州府督糧同知。道光八年,海運告竣,以巡撫陶公澍奏擢知常州府。調江寧,會兩淮鹽法大壞,庫貯久虛。

十年冬,上命尚書王公鼎、侍郎寶公興至江南與總督議改鹽法。先是陶公爲巡撫,稔知兩淮積弊,嘗極論之,上頗有意興革,召還總督蔣公,遂以陶公代,欽差大臣議多主罷官商鹽,歸場竈科稅,以德淵有心計,使與議事,德淵上言曰:"日者所議鹽歸場竈,其法有三:

一曰歸竈丁以按鏇起科。蓋沿海草場四萬餘頃,給丁割草煎鹽,已按畝征收折價,今正雜引課勢不能再取於地,祇當取之於鹽,惟論鹽必計斤,而各場煎丁零星散處,日煎日賣,用力勤惰不同,獲鹽多寡自異,不能計斤定課明矣。無已則征之於鏇,通、泰二十場,額鏇二萬五千餘口,每口歲煎鹽三四萬斤,以引課加鹽價,每鏇當輸銀一百五十兩,共銀三百七十餘萬兩。而淮南引課可足,竈丁既按鏇認課,則鹽即己物,聽其售與何人,無論遠近,商民隨貨販賣,出場後不問所之,腳費外別無浮費,人自樂趨,鹽價自賤,且使小民任意營生,何官何私,行所無事,此真曠然無忌之善政也。然其中難行者有三焉:一在竈丁之逋欠,一在鏇鑊之私煎,一在灾祲藉口。竈丁皆濱海窮民,篷栖露處,身無完衣,平日煎鹽所得不過餬資糊口。今忽責以百餘金之課,按月限完,恐貧人驟得多錢,未經入官,錢已他用,至期甘受追比,追比過嚴,逃亡立待。勢必設立頭長承總包納,若輩均係同類,容隱分肥,一官何能遍察。至於煎鹽用鏇,由官給領,私鑄有禁,立法本嚴。聞近時各場私鏇之數與官鏇等一經官查,則埋擲草土之中,官去而私煎如故。今既計鏇征課,則官鏇之鹽課入倍於鹽本,其私鏇之鹽轉得賤售,以奪官鹽之利,即納課之丁亦將添置私鏇,隱射逃課,且不獨鏇而已。凡炊飯之鍋鑊,無不可煎鹽。現行例中有所謂鑊子鹽者,即鍋煎也。此而不禁,則大海之潮取之不竭,勢必爛賤堆積,竈病而課可憂。禁之則海濱遼闊,官外之私既百計藏匿,官中之私復影射多方,此又不能一概禁絕者也。又聞場竈煎鹽必賴天時,積潦之年海潮泛溢,各竈即有淌消之患。再值洪湖盛漲,五壩全開,則各場即有浸没之虞。向者竈户值陰雨久,即赴場商借貸錢米。天晴煎鹽扣還,前後套欠既多,往往有逃亡者。如成灾稍重,場商必多方捐賑,所以有鹽義倉之設也。然皆商捐,官不過問。今以課歸丁,稍遇水旱不齊,必藉口求蠲求緩,往時蕩課不過數萬,節年以來,因灾減免者不可勝數,況數百年之引課，何能禁其籲求，不爲緩課必且求借口糧。國家一視同仁，豈能不加撫卹，更恐各場因灾停煎，竈丁素無積貯，而各省價必驟昂，此又不可不預籌也。

　　二曰歸官場以給單收稅。照各場產額攤定，每斤課銀若干，由運司給發用印空單，存貯場大使所。無論商民買鹽，先赴場官報明斤數，納課請填印單，赴竈買鹽，出場後另於要隘委員查驗，鹽單相符，即截角放行。不論何省何地，聽其運售，場官給單後登載印簿，知會委員，其委員亦截角後，知照場官核簿，以防偸漏。各場所收課銀，按月解交運庫，如此商課改爲稅課。場官作爲稅官，人人可以賣鹽，即平日販私之徒，一經納課，任意所適，此亦蕩然維新之善政也。然其難行亦有三焉：一在額數之難定，一在稽察之難周，一在官吏之難恃。兩淮各場照引定課，如伍祐場產鹽二十餘萬引，應征課銀六十餘萬兩；等而下之，如梁垛場，產鹽七萬餘引，亦應征銀二十餘萬兩。今就場抽稅，不限以額，則聽其儘征儘解，烏知歲收果有若干。若試行之初，即責以一定之額，則每場應收銀數十萬兩，場官守單待請畢竟一月，發單幾何毫無把握，且水次有遠近，鹽色有高低。倘鹽高路近群趨歸之，而僻遠之場竟售者無幾，場官無計招之使來，此額數之難定也。至請單之法，原以杜私，而人情貪利，雖小必爭。兩淮鹽價斤止數文，而納稅倍於鹽本，逃千引之課即省銀數千，難保鹽販不串通竈戶私相交易，或藉單影射以數百斤之稅，冒運數千萬斤之鹽。即有委員查驗，而場地千里，港汊支河無處不可越行，雖多派巡役查緝，而若輩惟知營私，苟啖以利，何難爲所欲爲，此稽察之難周也。或謂就井抽稅，滇省行之矣，何獨不行於兩淮。顧聞滇鹽產於井地，有定所，難以私增其地，近而易查，一井官可守也。淮鹽煎於鐎，曬以池，鐎則隨時可增，池則隨地可開，其勢渙而無紀，一場官不可守也，烏得以滇鹽爲例乎。江蘇財賦重地，至大州縣不過十萬，即如淮滸各關，臨以監督重任，每年抽稅亦不過三四十萬。今以一場大使而責以數十萬之稅課，官卑任重，負荷難勝。況場署皆近海濱，無城郭之衛，營汛之防，起解收藏均多可慮，此又官吏之未可盡恃者也。

　　三曰歸場商以認鐎納課。招徠殷實之戶報充垣商，聽於某場認鐎，若干口完課銀若干兩。竈戶煎鹽即歸本商場垣堆貯，經理出賣，酌給竈丁工本。其販鹽者從垣交易，應售價值，亦官爲酌定，毋許擡價居奇。秤桶遵制，由運司較准頒發所有垣商認充，須殷實五家互保，完課立定卯限，赴場大使衙門報納。至每歲銷鹽若干，由垣商自爲營運，官不與聞，而赴場買鹽仍不問其何人，出場售鹽亦不問其何地，以商領竈而事有所統，以課歸商而責無旁貸，此亦寓散於整，隨時變通之良法也。然其難行者亦有三焉：一在疲商之鑽充，一在殷戶之規避，一在垣外之私售。通、泰各屬場商，多借本營運，近者日形疲乏，因負欠多，欲退無路。今聞招商認課必且營謀投充，聯名互保，祇圖孤注一擲，將來完課有無姑置度外。迨至卯期，則設法騰挪國課，必多貽誤。使大加裁汰，另招新商，則四方好事之徒，如游士、幕客、官商、長隨皆得應募，而來并廣求當路致書，爲赤手成家之計。此輩一經得路以後，驅除更難，此場商之難於選擇也。如謂各省殷戶原不乏人，貧夫趨利若鶩，宜有不招自至者。惟事當變法之初，非常之原黎民所懼彼富厚之家，心計素工，兢兢保守，安肯挾重貲而謀不可知之利，縱日後不無垂涎，而事前必多觀望，此殷戶之未易招徠也。必不得已則仍謀之於商，無論在場在揚，第就平素業鹽之人，擇殷厚者僉爲垣商認鍬納課，而疲乏者一概裁除，庶可收得人之效。惟此法施之，商埠商鍬則順而易行之，竈埠竈鍬則逆而難蓋商埠商鍬商產也。以竈戶自置之產，而一旦屬之商人，無異掠貧民之業，使富民代爲管領，以世業而變爲佃農，孰甘心焉。況商之殷厚者，其經理多委之商夥商廝，此輩專以剝削爲能，借貸則要以重息，秤收則勒以重斤。竈既積怨於商，必與民販勾通，盜賣其勢然也。況垣中有課之鹽，價數倍於竈上，私販亦必舍垣而趨竈，鹽不歸垣，課何從出，則恤竈杜私之法又不可不深長思矣。

以上三法共有九難，姑就三者兼權之，則招商認鍬一條猶爲彼善於此，苟得其人講求盡善或可徐觀厥成。顧事難圖始果欲行之，則宜先定章程，清竈、僉商、改官易制，諸事非行之三年不能粗立規模。此一二年中，課額未可以常懸也，場鹽未可以停售也，各岸食鹽未可以久缺也。然則新舊接替之時，非熟思審處其何能變通以盡利乎。至兩淮捆鹽之夫，淮北則永豐壩向萬餘人，淮南則老虎涇不下數萬人，皆無賴游民以此爲業，百餘年來世代衣食於此，一旦失業，此數萬衆安往其患，又不止於私梟拒捕而已。"

議上，陶公深然之，乃與王、寶二公定計，不歸場竈，仍用官商如故，惟奏罷鹽政。裁浮費，減價價，凡積弊病鹽者，悉除之。淮北課少又無商，改行票鹽，章程初改，運使難其選，陶公舉德淵以知府超授兩淮鹽運使。在任五年，正課無缺，運庫遂充。

德淵風裁嚴峻，植身儉約，雖登膴仕，妻子常布素。揚州俗尚華侈，德淵乘歲數荒歉,諸商疲乏之後,力崇樸實,黜浮靡,風俗一變,郡中至無優劇。既善會計,又知人能任。諸滯岸商憚往運,輒遣官代之,千里行鹽,稽覈價用,瑣屑悉當,每運恒有盈利,盡以充庫,無私取,故人憚其明而服其公。身爲陶公薦舉而持法無所阿。當塗黃左田尚書家居,有子中民,在淮候補鹽大使,陶公以黃清貧,屬德淵予中民優差,德淵曰:"優差以待有功,中民無功不可得。"公曰:"吾已許之矣。"德淵曰:"以德淵辭可也。"堅不予。公乃使中民之蕪湖緝私,便省視焉,其他事多此類。陶公益重之,林公則徐於時人少所推許,獨於德淵曰:"體用兼賅,表裏如一。"

十五年冬,陶公入覲,數稱德淵賢,謂其才可大用,以地方循良久在鹽官可惜,上亦嘉之,將晉用而德淵病卒。荊溪、長洲、江寧士民聞者,咸爲流涕,相與請祀之名宦。兩淮鹽政及運使素有豐稱,多以財交結權貴,人與四方游客以其餘贍給寒士取聲譽,皆商資也。嘉慶中,某爲鹽政,極意揮霍,一時白食之徒,競求貴人一紙書,即千金可得,奔走若狂恬不爲恥。風俗、人心大壞,自陶公力裁浮費,潔己恤商。德淵復謹守筦鑰,寡酬應。雖商力漸充,庫貯常足,而失望者衆,揚人尤以爲怨言者,亦時相攻訐矣!

俞德泉都轉①

平羅俞德泉都轉德淵爲兩淮鹽運使,每有贏利,盡其充庫。所入雖少,必別貯之,曰:"此官銀也,吾囊中可容秒忽耶!"

當塗黃左田尚書鉞家居,有子中民爲場大使。陶文毅公方以兩江總督兼鹽政,囑與優差。公曰:"優差待有功,中民無功不可得。"文毅曰:"吾已許之矣。"公曰:"以德淵辭可也。"堅不予,文毅益賢之。

公爲知府時,陶文毅、林文忠兩公皆爲大吏,有疑事必諮之,或議論未決者,待一言而定,他人有所陳,曰:"俟與俞君商之。"

文毅以制軍兼鹽政,每與面議,多齟齬不合,文毅抗聲爭之,侍者變色,窗紙皆震,公從容辯說,卒如所言。及卒,文毅哭之失聲曰:"喪余右臂矣。"方公疾篤時,文毅入覲,數稱公賢,曰:"俞德淵所至有績,倘盡其所長,必能報效朝廷,若論鹽務,特餘事耳。"宣宗爲之改容。異日上謂文毅曰:"運司好官,因其

---

① 據《舊聞隨筆》錄。案:"德泉"當爲"陶泉"之誤。

善理鹽務，轉羈留之，未可也。俟有可代者，當更擢用之。"公雖不及待，而蒙恩眷固如此。

公自束髮受書以致通籍，無一日不在貧寠中，故於物力之艱難，世情之暖昧，知之最悉。及改外任，廣求有用之書，有暇則讀之，曰："吾一日不展卷，此心便覺昏惰。"

俞德淵①

俞德淵，字陶潛，平羅縣人。嘉慶二十二年進士，由翰林改官江蘇、荊溪知縣。調長洲縣，遷徐州府同知。以海運工竣，擢常州府陞江南鹽巡道，授兩淮鹽運使，所至均有政聲。林則徐於時彥少所推許，獨稱淵曰："體用兼賅，表裏如一。"道光十五年，兩江督臣陶澍荐淵可大用，而淵竟以疾卒矣。士民聞之靡不流淚，請祀各處名宦祠。著有《默齋文稿》。

俞德淵傳②

俞德淵，字陶泉，平羅人，嘉慶二十二年進士。由翰林改江蘇荊溪知縣，苾政有聲。總督林則徐、巡撫賀長齡咸器之。調長洲縣，甚得民心。遷徐州府同知。道光八年，海運告竣，巡撫陶澍特疏奏保擢常州府。調江寧，署江南鹽巡道，超授兩淮鹽運使。其任守令也，化民以誠，一變風俗。吳郡淫潦，籌賑救饑，全活不少；鉤抉疑獄，民無冤滯；疏濬三江水利，辦理海運，事宜卓有惠績。官鹽運司時，當鹺務敗壞之餘，減雜項、緩科則、平引價、禁偷漏、嚴私銷、革陋規，整頓不遺餘力，鹺務日有起色。則徐於時彥少所擢許，獨稱淵曰："體用兼賅，表裏如一。"

十五年冬，陶澍入覲，薦淵可大用，上亦嘉之。而淵竟以疾卒。荊溪、長洲、江寧士民聞之，皆流涕，請祀各屬名宦祠。著書見藝文目錄。

俞德淵傳③

俞德淵，字陶泉，甘肅平羅人，嘉慶二十二年進士。由庶常改江蘇荊溪縣，調長洲縣，所至有政聲。道光八年，擢常州府，調江寧府。是時，兩淮鹽法大

---

① 據《〔民國〕朔方道志》卷一六錄。
② 據《甘肅新通志》卷六五錄。
③ 據《續纂揚州府志》卷八錄。

壞。十年冬，宣宗命尚書王鼎、侍郎寶興赴江南與總督陶澍議改舊章。時使臣議罷官商鹽，歸場竈科稅，陶澍知德淵有心計，使與定議，遂奏罷鹽政，裁浮費，去窩票，清竈、簽商，特舉超任兩淮鹽運使。在任五年，變通盡利，鹽課以充。

又以揚俗華靡，力崇儉樸。整頓安定、梅花書院，課日清晨詣講堂，論題論文叠叠不倦，前列多掇巍科。又持法極嚴，有故家子需次兩淮，上官囑與優差。德淵曰："優差以待有功，某無功，不可得。"曰："吾已許之。"曰："以德淵辭可也。"上官益賢而薦之。未幾，卒，年五十。荊溪、長洲、江寧及揚州士民咸請入祀各屬名宦祠。

俞德淵傳①

俞德淵，甘肅平羅人。嘉慶二十五年由翰林院庶吉士散館選授荊溪知縣。甫蒞任，有疑獄，立剖決之，邑民服其明斷，由是獄訟稀少。邑城東新設義倉，慮其費之有不足也，捐廉俸爲倡，且爲議立規制，令可垂之永久。邑先賢王忠烈公行儉，向無專祠，公買地創建。蓋公尤加意矜重名節，故於邑士之貧而有學有守者，必厚周給之。調長洲縣，去之日，邑士民遮道送者數十里不絕，後官至兩淮鹽運使。

二、俞德淵散見作品輯錄

宜荊兩邑在城義倉碑記②

義倉者，本古常平社倉之意而變通之者也。嘉慶二十二年欽奉恩旨俞道臣盛惇大奏，飭令直省州縣各設義倉節使，承宣行縣。宜、荊向無義倉，十九年辦賑後，二三好義民人創捐積穀，爲未雨綢繆計，議定條規呈縣立案，名爲義社，其穀借儲邑廟，別無倉屋。接奉憲飭，在城紳士遵旨設立義倉，即將義社内田八十餘畝，錢五百千文，歸併爲一。予時承乏荊溪，捐俸爲倡，紳富踴躍應命，或納穀，或入田，或輸錢，積有成數，購茶局巷湯姓住屋改爲倉廠。道光三年，潦災耗其十之九，紳士又將各善信樂輸平糶存餘并入義倉，銖積寸累，日益

---

① 據《重刊續纂宜荊縣志》卷五之二錄。
② 據《重刊續纂宜荊縣志》卷九之二錄。

豐盈,增置倉後徐姓房屋二十餘間,而規制大備。今年闔邑紳士將勒石以垂永久,而以予之經始其事也,郵書來蘇,屬予記之,而附規條於後。予循覽規約,而嘆是舉有數善焉:一則存穀不存錢,以錢多難爲收貯,易啓侵挪,且歉歲穀價高昂,有錢亦致闕糴也;一則穀有人無出,不得爲推陳易新之計,致臨時掣肘也;一則非遇凶荒奏請帑賑之年不得擅發,以小裞移動則成災,反形支絀也;一則在城首倡而諸鄉殷富踵相效法也。夫陽羡人士,敦本好義,風俗最稱醇古,今此舉籌畫精詳,盡善盡美,從此豐年屢告則可大可久。猝遇偏災則有備無患,於是民無捐瘠,家用平康,上和親康樂之書,以仰答聖天子軫念。元元至意,所謂有實心乃有實惠也。予曩日備員守土,與諸君子相知,有素而嘉諸君子之矢勤矢慎,樂善不倦也。故不辭而爲之記。

王忠烈公祠碑記①

　　荊溪王忠烈公祠者,以祀邑人明重慶知府忠烈王公也。公諱行儉,崇禎中進士,以部曹出守重慶。流賊張獻忠犯重慶,公與四川巡撫陳士奇、巴縣知縣王錫拒守死焉,蜀人所稱巴東三忠者也。

　　國朝乾隆間,賜諡忠烈幷予編祭。先是,公祭在邑無專祀,邑人寓祀公於蜀山書院,門庭隘庳,禋享弗稱。嘉慶己卯,②余受事荊溪,以南門外舊白糧坊頽廢弗治,謀諸士大夫捐俸修建,創爲公祠。議甫就而余調任長洲,屬其役於邑紳士,任觀察烜、儲孝廉正、潘茂才人麟、路茂才應華等,同城宜興令石君文彩亦捐俸以助。歲道光甲申,③觀察等以書抵余告竣事,且請文其麗牲之石。余惟修舉廢墜,肅恭神人,令長責也。觀察等殫力趨事,克觀厥成,是宜下丹加額,上以答國家襃忠之典,下以勵後來頑儒之型,程勞最積,匪余敢功爰書其額末,而繫之以詩,詩曰:

　　明祚欲季,獻闖兩獅。交訌以斃,巴東鎖鑰。
　　瞰江架閣,錦城是郭。烈烈王公,嬰城誓江。(叶)
　　與吉與凶,亦有巡遠。刀折馬踣,同殉塞塞。
　　聖朝勸忠,賜諡象功。俎豆聿崇,新宫持持。

----

① 據《重刊續纂宜荊縣志》卷九之二錄。
② 己卯:清嘉慶二十四年(1819)。
③ 甲申:清道光四年(1824)。

於彼溪湄,南山之陲。連翰重牆,門塾寢堂。
耽耽皇皇,神其來思。徒御尊匜,以享以依。
寵命是式,子來是力。廟以翼翼,士夫正誼。
役人慕義,厥全以易。余局官守,張目縮手。
觀成則久,斷茲貞珉。以諗邑人,唯公式循。

俞 序①

己卯仲冬,②余蒞任臨津,舟甫纜,即接默卿少府。其人謙烙而溫文,聽其言醇醇有味,時固已心傾之,然初不意其能詩也。既默卿出所作見示,因并索觀其全集,則體裁繁富,衆妙畢臻,如游琳宫而觀海,藏璀璨離奇,目不給賞,而靈思潛發,皆能自出機杼,成一家言。卓乎入古作者之室,然後知默卿固深於詩者。余於是益喜交默卿,且恨得默卿晚。

默卿生長荆南,甫弱冠,即北走燕趙間,落拓不得志,以一官需次來蘇,得遍覽吳中之勝,已而轉餉黔中,往返萬餘里,峻嶺深溪,窮人迹之所罕到,今觀所編次。自壬戌迄庚辰,③蓋十九年於茲矣。方其游覽所經,凡山川之名勝,林泉之幽奧,風土人物之變遷,意有所觸,動輒爲詩,與夫萍蹤雪爪贈客懷人,楚水吳山思親感舊情之所至,筆亦隨之。蓋皆所以道達,其胸臆而發,抒其性靈。故其所爲詩,忽奇忽正,或泣或歌,變態萬端,不規規一格,而其奇傑豪放之氣,幽微激越之思,時復鬱勃騰踔而不能自已。然則讀默卿之詩,默卿之才、之遇,胥於是乎見,豈徒拈花吟草,作爲韵語而已哉。

臨津,古陽羨,地固多佳山水,默卿自去秋來尉茲土,益得恣其游遨。凡離墨善權玉女銅官諸勝,靡不流覽吟賞。雖冷署蕭然無異僧舍,默卿處之晏如也。今夏受代歸吳門以次得補官下邳,書來將以十月之任邳,居大河北,蕭沛豐碭之間,多古賢豪遺蹤。吾知默卿此行過呂梁,眺泰岱,必將攄懷舊之蓄念,發思古之幽情,他日所爲詩,當更有進於是矣。未知默卿能緘示數章以慰相思否? 余將盥手而俟之。

嘉慶庚辰季秋下浣,陶泉俞德淵題於荆溪官署。

---

① 據《養默山房詩稿》録。
② 己卯:清嘉慶二十四年(1819)。
③ 壬戌:清嘉慶七年(1802)。庚辰:清嘉慶二十五年(1820)。

序①

　　凡物以適用爲貴,苟無所用,雖珠玉綺羅,曾不如米穀之療饑,裘褐之禦寒也。竊惟著書之道亦然,從古聖賢經世立教,所言皆性命之精,民彝日用之常,故其書與天地并垂不朽。其次則先儒格言,講學明道,使人心知所趨向,抑亦爲聖賢之功臣。若夫諸子之支離曼衍,詞人之月露風雲,雖極浩繁,無關實用,其與珠玉羅綺,徒供耳目之玩者,相去幾何。而近世文人染翰操觚,撮拾綴輯,思欲自成一家言,以表見於天下後世。卒之作焉而不傳,傳焉而不久,灾梨禍棗,於世奚裨。夫大道雖云不器,而一藝必有可觀。與其殫思竭慮,費筆墨於虛浮無用之辭,孰若方技者流,專精深造,勒爲一編,猶易傳而可久耶。顧星命堪輿,其理幽渺而難測,其説恍惚而無憑。惟醫家一種,方藥乍投,成虧立見,所謂判得失於毫厘,轉存亡於呼吸者,於是乎在。故醫道之流傳,其術爲近仁,而其用爲至切。余嘗見世之業醫者,其於辨藥性、審脉候、分經脉、治榮衛之法,言之鑿鑿,所在俱有通人。至於跌撲損折、蟲獸嚙傷等症,變生俄頃,危在旦夕,往往束手而不能救,甚至通都大邑,求一接骨上骼、起死回生之人不可得。毋乃内治之易於藏拙,而外傷難於奏功乎？抑内治諸書,古人著作已富,而外傷各條,紀載未備,是以師傳絶少乎。余於軒歧之術,素未究心,然性好檢閱《本草綱目》等書,又愛手録經驗奇方,以爲行李倉皇應變拯危之計。今夏僑寓都門,山陰陳子予平携蕭山晴川胡氏所輯《傷科匯纂》一書。余搜覽數過,雖未能剖析精微,然觀其圖像之詳,門類之全,方法之備,縷析條分,瞭如指掌。使業醫者讀之,無難爲專門名家,即素不善醫者,笥藏一帙,亦可救猝然之急。則是書之爲用,真無異米穀之可以療饑,裘褐之可以禦寒也。余卜其必傳,且傳之必無不久,以視世之扯拾浮詞,綴輯韵語,而迄無成功者,其得失何如哉。晴川自序有云:"校訂七載,稿經三易,良非虛語。余表其用意之勤,而有合於古仁人君子博愛之心也。"於是乎書。

　　時嘉慶二十二年歲次丁丑九月望後三日,②賜進士出身翰林院庶吉士西夏俞登淵陶泉氏書於京寓之藤月山房。③

---

① 據《傷科匯纂》録。
② 丁丑：清嘉慶二十二年(1817)。
③ 俞登淵：當爲"俞德淵"之誤。

俞德淵次韵刻石①

終古郁州青不斷，蒼茫雲氣結層臺。千重金碧排空現，十隊旌旗閱武來。勝事後先符甲子，②威名熠燼走風雷。軍聲動地潮聲應，如此登臨亦壯哉。

篆壁藤蘿次第捫，筼簹繞徑長龍孫。長天碧海鯨波靜，落日紅濤蜃氣昏。百級仙梯齊泰嶽，一痕秋練指吳門。沙堤接引成嘉兆，旦晚重瞻使相尊。

荒陬重關幾經年，風景於今喜晏然。萬竈午晴融雪海，一犁春雨劇山田。水村籬落懸魚網，烟島帆檣聚客船。況是哀鴻安集後，恩綸頻代九重宣。

金闕瓊樓無上鏡，松風竹雨步虛聲。文章喜得江山助，軒冕難忘湖海情。露浥三清餐玉瀣，月明半嶺種芝英。蓬萊咫尺何時到？夢斅空隨旅雁征。

俞德淵詞③

唐宋歌曲，每以邊地爲名，如甘州、伊州、涼州，皆隸今之甘肅，其人宜善歌，顧無聞焉。余輯國朝詞綜補缺，甘肅、廣西二省無可采訪。向見《春閨倦繡圖》一軸，上題《菩薩蠻》云：

瑣窗殘綫黏紅唾，香巢雙燕窺人坐。風景尚如前，春歸又一年。

楊花吹似雪，故故穿簾入。倚遍碧闌干，誰憐翠袖單。

詞甚佳而無款識，辨其章，爲"陶泉"二字。憶道光中，俞都轉德淵，字陶泉，甘肅平羅人，由江寧知府洊擢兩淮運使。詞未必都轉作，姑繫之都轉名下，以補隴西之缺。

---

① 據《雲台新志》卷四錄。《俞德淵次韵》詩共四首。
② 甲子：清嘉慶九年(1804)。
③ 據《聽秋聲館詞話》錄。

參考文獻

一、著作

《說文解字》：(漢)許慎,中華書局1963年版。

《元和郡縣志圖志》：(唐)李吉甫,中華書局1983年版。

《四庫全書總目》：(清)永瑢等,中華書局1965年版。

《〔嘉慶〕重修一統志》：(清)穆彰阿、潘錫恩等,中華書局2008年版。

《傷科匯纂》：(清)胡廷光,《續修四庫全書》本,上海古籍出版社出版2002年版。

《清經世文編》：(清)賀長齡、魏源等編,中華書局1992年版。

《陶雲汀先生奏疏》：(清)陶澍,清道光八年(1828)刻本。

《雲臺新志》：(清)謝元淮總修,許喬林纂輯,清道光十六年(1836)刻本。

《遵義府志》：(清)賀長齡,道光二十一年(1841),刻本。

《陶文毅公全集》：(清)陶澍,《續修四庫全書》本,上海古籍出版社2002年版。

《重刊續纂宜荊縣志》：(清)顧明等修、吳德旋纂,清道光二十年(1840)刻本。

《雲左山房文鈔》：(清)林則徐,清道光稿本。

《淮北票鹽志略》：(清)魏源,清道光刻本。

《平羅記略》：(清)徐保字、張梯,《續增平羅記略》：王亞勇校注,寧夏人民教育出版社2003年版。

《耐菴文存》：(清)賀長齡,《續修四庫全書》本,上海古籍出版社2002年版。

《中復堂合集·識小錄》：(清)姚瑩,中國國家圖書館藏道光刻本。

《清實錄·高宗實錄》：中華書局 1986 年版。

《清實錄·宣宗實錄》：中華書局 1986 年版。

《國朝先正事略》：(清)李元度，清同治刻本。

《寧夏俞氏族譜》：(清)俞思益，清同治七年(1868)手抄本。

《聽秋聲館詞話》：(清)丁紹儀撰，載《詞話叢編》第 49 種，中華書局 1986 年版。

《續纂揚州府志》：(清)英傑修、晏端書等纂，清同治十三年(1874)刻本。

《養默山房詩稿》：(清)謝元淮，《續修四庫全書》本，上海古籍出版社 2002 年版。

《白下瑣言》：(清)甘熙，南京出版社 2007 年版。

《重修兩淮鹽法志》：(清)王定安，岳麓書社 1991 年版。

《皇朝經世文續編》：(清)葛士濬，清光緒二十七年(1901)石印本。

《甘肅新通志》：(清)昇允、長庚修，安維峻總纂，清宣統元年(1909)刻本。

《舊聞隨筆》：姚永樸著，張仁壽校注，黃山書社 1989 年版。

《〔民國〕朔方道志》：馬福祥等修、王之臣纂，成文出版社 1968 年版。

《清史稿》：趙爾巽等，中華書局 1977 年版。

《江蘇省明清以來碑刻資料選集》：江蘇省博物館編，三聯書店 1959 年版。

《清代職官年表》：錢實甫，中華書局 1980 年版。

《明清進士題名碑錄索引》：朱保炯、謝沛霖，上海古籍出版社 1980 年版。

《上海碑刻資料選輯》：上海博物館圖書資料室編，上海人民出版社 1980 年版。

《中國地方志聯合目錄》：中國科學院北京天文臺主編，中華書局 1985 年版。

《清史列傳》：王鍾翰點校，中華書局 1987 年版。

《北京圖書館古籍善本總目》：北京圖書館編，書目文獻出版社 1987 年版。

《中國藏書家辭典》：李玉安、陳傳藝，湖北教育出版社 1989 年版。

《清代朱卷集成》，顧廷龍主編，成文出版社 1992 年版。

《1911—1984 影印善本書目錄》：北京圖書館善本組編，中華書局 1992 年版。

《中國古籍善本書目》：中國古籍善本書目編輯委員會編，上海古籍出版社 1993 年版。

《寧夏歷史人物研究文集》：胡迅雷，寧夏人民出版社 1993 年版。

《清代人物傳稿》：何齡修、張捷夫主編，中華書局 1994 年版。

《漢語大字典》：漢語大字典編輯委員會，四川辭書出版社、湖北辭書出版社 1995 年版。

《清代官員履歷檔案全編》：秦國經，華東師範大學出版社 1997 年版。

《中國鹽業史·古代編》：郭正忠主編，人民出版社 1997 年版。

《販書偶記（附續編）》：孫殿起，上海古籍出版社 1999 年版。

《明清著名藏書家·藏書印》：林申清，北京圖書館出版社 2000 年版。

《地方志人物傳記資料叢刊·西本卷》：北京圖書館編，北京圖書館出版社 2001 年版。

《清代私鹽問題研究》：張小也，社會科學文獻出版社 2001 年版。

《平羅春秋》：何子江、萬青山，寧夏人民出版社 2005 年版。

《中國藏書家通典》：李玉安、黄正雨，中國國際文化出版社 2005 年版。

《寧夏古今名人故事》：寧夏回族自治區黨委宣傳部，寧新出管字[2007]第 881 號。

《寧夏舊志研究》：胡玉冰，上海古籍出版社 2018 年版。

《寧夏明清人士著述研究》：田富軍，上海古籍出版社 2020 年版。

二、論文

《與道光丙戌海運》：陶用舒撰，《鎮江師專學報》1995 年第 3 期。

《明清時期寧夏版本經眼錄》：徐莊撰，《固原師專學報》1997 年第 2 期。

《論連雲港地區的佛寺道觀詩》：李德身撰，《連雲港高等師範專科學校學報》2004 年第 1 期。

《清代兩淮鹽政改革論綱》：倪玉平撰，載《中國社會科學院近代史研究所青年學術論壇 2006 年卷》。

《清代寧夏籍兩淮鹽運使俞德淵生平事迹考述》：呂超、景永時撰，《寧夏社會科學》2014 年第 3 期。

寧夏俞氏族譜

〔清〕俞思益 撰　　李 星、田富軍 校注

整理說明

《寧夏俞氏族譜》不分卷，清朝俞思益撰。原稿成書於清同治七年（1868），抄本，素紙抄寫，每半頁九行，行二十五字。據俞思益自序載："共繕書若干卷作爲譜底，分給五房子孫各藏一本。"故此書當有五本，傳世兩本：一存俞思益廣東寓所，現藏廣東省中山圖書館（簡稱"廣東本"），書末有"廣東人民圖書館圖書"陽文方印一枚；一存寧夏平羅家中，現藏寧夏平羅縣俞氏後人俞行學家（簡稱"寧夏本"）。從二本行款、字體可知出自一人之手，故原稿當基本一致。因均爲抄本，故文字略有差異，可互校。廣東本保存基本完整，從内容判斷當有缺頁。原書一一六頁。既爲家譜，家族後人補寫實爲常事，故廣東本自俞思益編定後其族人不斷補充内容。從世譜内容可知，上起自高祖俞天申，下迄八世孫"敦"字輩，族譜最後記載時間爲俞敦廉卒年，即民國丙寅年（1926）十一月。寧夏本則破損嚴重，殘缺不全，漫漶不清。從殘本來看，未見後人補寫情況，由此可見俞氏家族平羅一支後人皆平平。因寧夏本爲殘本，故以廣東本爲優。

俞思益（1803—?），字集生，號仰伯。稟貢生，誥授朝議大夫。道光十九年（1839）挈簽廣東。二十一年（1841）奉委管理軍需米局，兼辦木排事宜。二十四年（1844）奉委署理韶州府經歷事。二十六年（1846）春二月，署韶州乳源縣事；秋七月，代理廣州府從化縣事。咸豐七年（1857）任瓊州府陵水縣知縣，九年（1859）督辦潮州新關稅務，十年（1860）捐陞同知。同治六年（1867）欽加知府銜。著有《寧夏俞氏族譜》。其生平仕履參見《寧夏俞氏族譜·集生年譜》。

《寧夏俞氏族譜》廣東本前有目録，有他序一篇、跋一篇、自序一篇，分別爲清同治七年（1868）番禺高學耀撰《寧夏俞氏族譜序》，同年，番禺金保基撰《寧夏俞氏族譜跋》，俞思益撰《寧夏俞氏族譜自序》。後按凡例、祠規、世譜、世系、墓誌銘、詳册、補遺、行述、家傳、年譜的順序編排。墓誌銘包括兩篇，爲清董國華撰《盛初公曁赫太宜人墓志銘》以及清吳其濬撰《鑑堂公墓志銘》。詳冊爲清朱桂楨撰《陶泉公入名宦祠詳文并事實册》，補遺爲清賀長齡爲俞德淵所作《兩淮都轉平羅俞君言行補遺》，行述爲清陶澍填諱，俞光昱、俞葆素爲俞德淵作《皇清誥授中議大夫兩淮鹽運使顯祖考陶泉府君行述》。家傳包括俞思益爲其父所作之傳，其妻安恭人傳（因原書缺頁，不知撰者姓名），俞思益爲俞思震之妻楊孺人所作之傳。年譜爲俞思益爲自己所撰《集生年譜》，記載起自嘉慶八年（1803）其出生，至同治六年（1867）其六十五歲之間事。

《寧夏俞氏族譜自序》中載，俞氏舊譜因遭水患而不見傳。明朝初年，寧夏俞氏祖先宦游甘肅，家於寧夏。清初，族中之人將親支名派、嘉言善行記録下來，形成初見譜系之本。同治元年，此本毁於戰亂。後俞思益多次返回寧夏，收集墓志銘等資料，編成族譜。據高學耀《寧夏俞氏族譜序》及金保基撰《寧夏俞氏族譜跋》知，此譜當成書于清同治七年（1868）正月十五日前，正月十五日高學耀序成，正月十六日金保基跋成，分别附於原書前後。今傳本《寧夏俞氏族譜》跋位於他序之後，自序及正文前，當爲後人裝訂錯誤。

《寧夏俞氏族譜》是研究寧夏平羅籍名宦、兩淮鹽運使俞德淵及其侄俞思益生平事迹的重要資料，是研究寧夏平羅俞氏家族的重要史料；對於校勘《〔道光〕平羅記略》（簡稱《平羅記略》）、《〔道光〕續增平羅記略》有很重要的意義。《寧夏俞氏族譜》原稿係寧夏人俞思益所著，豐富了寧夏文人著述的種類。

俞思益及其《寧夏俞氏族譜》近年始有關注和研究，吕超 2014 年碩士學位論文《寧夏籍名宦俞德淵考》、田富軍 2014 年博士學位論文《寧夏明清人士著述研究》（上海古籍出版社 2020 年出版同題專著）均有所涉，俞氏後人俞行芳 2015 年成書的《重修寧夏俞氏族譜》將此書廣東本和寧夏本影印、整理、增修，但未公開出版。趙和平編著的《默齋拾遺：俞德淵史籍及研究》（寧夏人民出版社 2017 年版）對族譜進行了整理研究，資料豐贍。

整理者主要以校勘、標點、注釋等方式對《寧夏俞氏族譜》進行整理。校勘以廣東本爲底本，以寧夏本爲參校本，參考俞德淵《默齋公牘》、賀長齡《耐菴文存》等文獻完成。

譜　　序[1]

寧夏俞氏族譜序

昔先王以孝教天下，而報本反始，禮不忘其所自生，故其時制爲宗法，以敬宗收族。斯上治祖禰，下治子孫，旁治昆弟，俾繼繼繩繩，咸識厥本原。而世系於以序，即禮教於以明。譜之設，蓋綦重也。後世宗法不修，譜牒寖微，雖以簪紱名家綿延積慶，海内推爲著姓，蔚起代有聞人，時或以遷變不常，遂致源流幾紊。將欲椄溯高曾，齒分昭穆，辨親疏而殊長幼，崇禮教以敦彝倫，自非本仁人孝子之肫衷，洵未易蘄至於善繼善述，以克繩先志於罔替也。

寧夏俞氏族譜之作，固集生司馬仰體其伯考陶泉公生平未逮之志，而毅然以繼述爲已任，蓋汲汲於兹有年矣！顧其追維世系，不輕於退。

溯古初，若軒黄之臣俞伯岐之以良醫名，趙宋之朝，俞壽翁之以循吏稱，逮及有明，功臣俞廷玉父子之以忠勇顯者，非必數典，其或忘也。誠念遥遥華胄，傳世綿邈，其支系靡得而詳矣！俞氏之隸籍寧夏也，其先本江左無爲州望族，明季宦游甘肅，遂家於寧夏，後復遷於寧郡之平羅迄於今。著籍弗哀然，而循流必溯源，遠追其近，述江左一派。

當國初時，唯約略聞，諸先人之遺訓久已湮没不傳，即寧夏本支，時復以變患迭乘。既續之譜，彌概蕩然而無存，紹修之志，誰復崛然而興起？此俞氏族譜之設，我司馬所爲，本仁孝之肫念，而不敢愁置爲緩圖也。司馬以從政餘閒，倦懷繼述，特以遞年來郡遭回燹，[2]宗籍無徵，前無可紹於先訓所留遺，後方有冀於孫謀之垂裕。良殫歲月，綜揅志銘，其懃懃於繼述之苦心，夫豈輓近間爲譜系者，侈陳軒黄之裔、濫託賢哲之支者，所可同日語哉？况夫近世之爲譜，徒以續先緒而顯爲其易。俞氏之爲譜，則躬黨始創，而不憚其難，故至若斯譜所紀，[3]由今溯始，第表七世。七世以前，尠不可追者，寧從缺略，蓋言慎也。夫推諸百世不遷之例，固宜遠追乎前朝，而准以五世宜祧之文，詎訪先崇乎近祖。蓋作者雖難免於遺憾，讀者當曲諒其苦心。矧茲譜系既明，宗法漸著，祠規立而禮教行，孝感生而德業勸。會見雲礽秀蔚，碩大且蕃，知積厚者流，彌長蓄久者源，自遠德嗣之昌，誠未艾也。

譜成，司馬殷然囑爲叙。晚雖學識譾陋，究不敢以不文辭，爰特爲述其梗概如此，用以慰不匱之孝思，而祝無窮之慶祚云爾！仰既深愧不文，且時方閉門讀禮，研露未遑，旋復以橐管依籬，滋惠束閣，因循負疚，譾陋遺譏，會歲琯之更新，爰編次而爲序！[4]

時同治七年正月望日，治晚生番禺高學燿謹序。

寧夏俞氏族譜跋

寧夏俞氏本安徽無爲州人，先世宦游甘肅，遂家焉。向有族譜，序次精詳，乃一厄於水，再厄於兵燹，其卷帙悉蕩没無存。集生司馬心焉憂之，慨然曰："吾家之譜系，吾猶得有所見聞而知其一二，今不及吾身而修復之，其何以承先而啓後乎？顧念自高祖以前，年湮代遠，其詳莫聞，吾不敢以所不知者誣先人，故姑從闕如之例，藉以致慎重之思。"爰上斷自高祖，以下逮子若孫輩，綜爲七世而備序之。舉凡生殁之年日、瘞葬之墳墓、傳志之紀述，以及祠宇之規條，烝嘗之田土，講學之義塾，皆於是乎寓書！既成，授余而讀之。余曰："此誠仁人孝子之用心也，昔自五季而後，譜系之不明久矣！世之愚不肖者，昧其先世，往往妄引貴族名賢以爲之宗，生悖其親，死誣其祖，識者非之。杜正倫、郭崇韜，其前車之覆轍可鑒也。"

今觀俞氏之譜，尊卑奠，昭穆明，簪紱光聯，寖昌寖熾，所載者皆耳目親擊，洵足以信今而傳後矣！余時方承司馬延館於家，訓迪文孫輩，得見其庭中芝樹玉立森然，王謝衣冠方興未艾，益喜其源長流遠、信而有徵也。故謹書數行於後，以志欽仰於不置云。

同治戊辰春正月既望，①治晚生番禺金保基拜跋。

寧夏俞氏族譜自序

予俞氏舊有族譜，流傳既久，初不知失於何代，今不可得奉而讀之矣！或

---

① 戊辰：清同治七年（1868）。

云：舊譜因猝遭水患遺失，以致先世宗支、遠近族屬皆無從次第詳考、彙而錄之，誠不免爲後人千載下述祖德者之遺憾。

抑予聞之國初有族中某祖妣者，忘其姓氏，嘗於督課家人餘暇，從容謂其姪生員某曰："自古詩禮之家皆有族譜，以別親疏而考世系。吾家先世本安徽無爲州俞馬村人，前明宦游甘肅，遂家於寧夏焉！"語次因將居恒所知之親支名派，具以告其姪生員公某，凡有嘉言善行事迹可爲子孫法者，亦皆約略筆而存之。嗚呼！若吾族中某祖妣者，可謂巾幗中而勵丈夫之志者也。生員公恪循懿訓，著録不忘，償所謂承先啓後者，意在斯歟！其時譜系略具端倪，後昆藉資遵守。先二伯陶泉公通籍後，時懷修譜之念，嗣以簡書鞅掌，有志未逮。

同治元年，寧郡回匪倡亂，鄉園蹂躪，廬墓皆墟，遂并某祖妣生前口述紀録之卷帙亦已蕩然無存矣！嗟乎！益生也晚，遭家不造，若不繼先二伯陶泉公之志而補輯之，死何以對先人，生何以對後起？所憾者舊時譜帙湮没不傳，斯合族支派無可考證。溯先世之迢遥，概難記憶，是以僅由本生高祖天申公叙作始祖，下逮益身爲五世，蓋以下子若孫輩綜爲七世，按其序而備載之，共繕書若干卷作爲譜底，分給五房子孫各藏一本，庶幾省譜尋源，猶得以見聞所逮，隨時修載，俾木本水源之誼，永垂不朽云爾！

【校勘記】

［1］譜序：原文無，此據本書目録補。
［2］回：原作"犵"，是對回族誣蔑性的用字，全書統一改爲"回"。
［3］況夫……不憚其難顧：此三十三字原文無，據寧夏本補。
［4］仰既……而爲序：此四十八字原文無，據寧夏本補。

凡 例

一，禮崇報本，端其追遠。我俞氏祖籍安徽無爲州必有存者，明季宦游甘肅寧夏之祖爵秩、諱號、生歿年月日時，以及所葬墳墓地方，概無可考，爲後世子孫遺憾！

一，寧夏府城西門外，唐渠埧下張宅後葬墳九冢，每年清明節前，族人前往祭掃，相傳即安徽宦游之祖墓。道光七年，陶泉公恐墓前地被他人侵占，買張姓塋畔地作爲墳前餘地，種柳立石爲界，其自高曾以下，凡先塋體魄所在，皆當一一謹志，以昭世守。

一，宗祠烝嘗以時祭也。至高曾生諱之日，皆當潔鬵，以致孝享，故生終備書。兹我高祖考、妣神主及曾祖考、妣以下神主，失於回逆之變，遂致生卒年、月、日、時無從查考，謹將確有可據，能記憶者，次第載之。

一，譜所以表世系、序昭穆而徵實錄也。前明，由安徽分支寧郡之始祖，今爵秩名諱既不可得而詳，故僅由本生天申公至益，五世總爲一譜；自天申公以次遞推，復爲二譜；其下派分五房，乃各分爲二譜。其間不嫌複舉者，所以志瓜瓞綿延之慶，故與近世著爲譜系者，其例略異。

一，叙世系必先正名。古人名以命德，字以敬名，族中名派攸分，所以遵祖訓而別嫌微也，故於譜唯書其原名，以存房派於世系，則并書其官名以著官籍。雖詳略互見，例得相因而顯矣。

一，五房子孫命名不得有犯祖諱。應遵照陶泉公擬定"世、德、思、光、紹、敦、行、秉、吉、良、鴻、文、昭、國、彥、永、錫、汝、宗、昌"二十字，挨次命名，用完再另擬字樣。

一，禮避名諱，意主尊親也。然自來爲譜系者，皆直書其宗祖之名，以顯示來許。則此叙述中，間有先世字、號無可考者，祇得恪稱其名，亦臨文不諱之一例也。

一，名分正，而後禮義立。自古匹配之際、嫡庶之分，禮不容紊，故於前室書配、續娶書繼、側室書妾。庶其所生子女，亦各循嫡庶所出，分別列之。

一，凡本房無子，其以別房之子繼嗣者，皆於圖系下明注其由某房出嗣，所以篤宗支而示不忘本生也。至以異姓爲嗣，例不得入宗祠，已詳祠規內。

一，殤子必錄廣愛也。成人無後及長殤、中殤、下殤止具名而已，至關嗣續之重者，乃備書。

一，《記》云："立愛自親，始教民睦也。"又云："睦於父母之黨，可謂孝矣。"凡配，書某處某姓女；凡女，書適某處某姓。其有官爵者，則并書其官爵，所以聯異姓而昭敦睦也。

一，《禮》稱君子營宮室，必先宗廟饗祀之。所固以永孝，思而萃同氣也。烝嘗以供廟食，有家之大事，故設祠規、置祭田、興義塾。庶幾彬彬乎，咸知尊親而勸學矣。

一，家傳志銘，以紀先人言行功德。兹皆敬謹編載於譜系之後。其歿後或未有傳事迹鮮存者，亦謹就益生平見聞所及，撮叙其一二，俾後人有所觀感云。

祠　　規

一，寧夏縣東鄉鎮河堡，分南、北二莊。南莊，先世長房子孫居宅；北莊，益先世生祖居宅。南、北莊中有祖墳三處，每年清明節前，凡我平邑子孫，先期至，擇日傳集南、北二莊子孫祭掃。道光七年，陶泉公買三處祖墳、左右族人糧田若干畝，并將本祖遺田九畝半作爲祭田，批人耕種，按畝收錢若干，共收錢若干，以供掃墓并祠堂祭祀之費，宜查明永遠遵守勿替。

一，先祖盛初公乾隆四十八年甲辰，由寧夏縣鎮河堡遷居平邑東鄉正鬧堡，買陳姓田若干畝，内有築宅、立塋田三十畝作爲公田，差糧歸祠堂公項完納，其田永遠不准五房子孫侵占，其餘田畝按五房公分，差糧各自完納，年清年款，不得抗欠，致違祖規。

一，道光十七年，在少隱公園中建修宗祠一所，坐艮向坤。頭進大門居中，兩傍東西小門，大門内戲臺一座，兩邊廂房各四間，爲有事坐客之所，戲臺前是天井。二進平排五間，居中三間供奉祖先神主，兩傍各一間，收藏書籍、字畫、楹聯，東西廊房各三間，擺列執事。回匪之變，窗格門扇俱被損失，亟須修葺完固。

一，修建宗祠之項係道光十五年陶泉公故後，兩江總督陶澍、江蘇巡撫林則徐及地方鹽務同僚、鹽商公送奠金共銀六萬兩，内提銀五千兩爲建祠之用，少隱公經手承修。

一，陶泉公置鋪屋若干間，祭田若干畝，每年共收鋪租、田租錢若干串，均作爲每年祭祀置辦供品并延請西席先生脩金之用。茲鋪屋被燬，無租可收，益擬籌款將鋪屋脩整完全，仍將租錢作爲祭祀祖先、延請先生之用，永遠遵行。

一，祠堂應由五房子孫輪流經管，必須正副二人方資經理。正者，每年按房輪當；副者，擇子孫內有知禮曉事者一人充當。所有祠堂收支各數目，務須設立總部一本，隨時登記。每逢春、秋二祭，管理正副者，即將總部會同大衆清算一次，以示清白無私。副管事之人，如本年長房爲正管，即在二房內擇一人爲副管，每年均由此遞推，週而復始，永以爲例。

一，祠堂供奉神主牌位，中一間高、曾祖考、妣，分昭穆安放；左右兩間"思"字輩以下。祭日，各房歸各房自備，不得動用鋪租。每年春季清明日、秋季中元日爲大祭，其餘忌辰日爲小祭。遇大祭日，五房男女大小均准在祠內享胙；小祭日，五房各赴一人享胙，婦女不與至。遇年節日，均須齋集祠堂行禮，以昭雍睦。

一，五房子孫有擇業不端，自處下流，如爲僕役、皂隸、優伶及與此等結親者，均不准入祠。

一，五房子孫無後者，應以昭穆相當者，承繼爲嗣；如無昭穆相當者，立愛，亦可抱養異姓螟蛉之子，不准入祠。

一，五房子孫有犯奸淫、邪盜、亂倫、敗常、忤逆不孝者，送官治罪，不准入祠。

一，五房子孫中，應以輩尊年高有德者爲家長。凡五房子孫遇有爭端大小事務，告知家長，秉公處斷。如偏執己見不遵教者，當衆責以家法，俾知改悔。

一，每逢祭日，供品各項均須先期備辦潔净，各房子孫亦須衣冠整齊，先一時齊集，不得違悞。大祭日及三世以上忌辰，長房静菴公子孫主祭，其餘各房子孫，俱按次序站立行禮，毋得攢越，以昭誠敬。至四世以下忌辰，各以各房長門子孫主祭，永遠奉行。

一，每年春、秋二大祭，置辦供品香蠟等項，每祭准動用租錢貳拾千文，小祭日每祭准動用租錢貳千文，永以爲例。

一，五房子孫內有孝子賢婦以及貞節婦女矢志靡他者，如貧苦不堪，准在祠堂租項內按月給養贍錢壹千文。

一，五房子孫有考試入學貧苦不堪者，准在祠堂租項內每名給覆試印金錢拾千文。

一，五房子孫讀書，如力能延請西席，各隨其便；如無力者，准往祠堂內附讀，每年公請品學兼優先生一位，脩脯及一切費用約壹百千文左右，均在租項內提用，不得過壹百千之數，永遠遵行。

世　　譜[1]

一　世

高祖考諱天申。篤行好善，多隱德。見《盛初公墓志》。貤封中議大夫。□年□月□日□時生，□年十一月二十九日□時卒。葬寧夏縣鎮河堡。

妣氏姬，貤封太淑人。配繼失考。□年□月□日□時生，□年八月二十七日□時卒。

妣氏李，貤封太淑人。配繼失考。□年□月□日□時生，□年九月□日□時卒。

妣氏朱，貤封太淑人。配繼失考。□年□月□日□時生，□年十一月十二日□時卒。

俱葬寧夏縣鎮河堡。

二　世

曾祖考諱灝，號百川。經術淹通，潛志未顯。見《盛初公墓志》。貤封中議大夫。□年□月□日□時生，□年正月二十四日□時卒。葬寧夏縣鎮河堡。

妣氏任，誥贈太淑人。配繼失考。□年□月□日□時生，□年九月二十四日□時卒。

妣氏怡，誥贈太淑人。配繼失考。□年□月□日□時生，□年三月二十八日□時卒。

妣氏達，誥贈太淑人。盛初公生母。□年□月□日□時生，□年七月初十日□時卒。

俱葬寧夏縣鎮河堡。

繼妣氏杜,誥贈太淑人。□年□月□日□時生,□年十二月初一日□時卒。葬平羅縣正閘堡住宅後左邊,坐辛向乙。

三　世

祖諱世隆,號盛初。誥贈中議大夫,行事詳在墓志。乾隆九年正月初七日□時生,[2]嘉慶十五年十月三十日□時卒。葬平邑杜太淑人墓左第一冢。

前妣氏唐,誥贈太淑人。乾隆□年□月□日□時生,乾隆□年五月初一日□時卒。葬寧夏縣鎮河堡。女一:適寧夏縣張鎮堡王姓。

繼妣氏赫,誥贈太淑人。乾隆二十一年十一月初六日□時生,道光五年十月二十四日□時卒。合葬盛初公墓。子五:德涵、德淵、德源、德洵、德清。女二:長適平邑東永惠堡莊公諱傑;次適平邑惠北堡廩貢生候選訓導,署階州學正成縣訓導張公諱忞,號毅齋。

四世長房

德涵公,號靜菴。性直心慈,家貧廢學,貿易西域,藉謀餘利以養親,辛苦備嘗。以陶泉公貴,誥封中議大夫。乾隆四十八年八月□日□時生,①道光二十三年九月二十四日□時卒。葬杜太淑人墓左第二冢。

妣氏胡,誥封淑人,持身勤儉,處貧富境如一轍,老而愈健。逆回作亂,目覩其二子、一媳、一孫男、一孫女被害,受驚後憂思悲痛,抱病而故,享年八十有七。乾隆四十三年十月初四日□時生,同治三年十一月初三日□時卒。合葬靜菴公墓。子二:思晉、思豐。出嗣少泉公。女一:適平邑姚伏堡增生劉倬。

---

① "乾隆四十八年八月□日□時生"顯誤,德涵爲德淵兄,德淵於乾隆四十三年十一月初九日亥時生,故德涵不可能爲乾隆四十八年生。

四世二房

德淵公,字原培,號陶泉。平羅縣廩生,嘉慶丁卯舉人,①丁丑進士。② 欽點翰林院庶吉士散館,以知縣用。歷任江蘇荆溪、長洲縣知縣,水利同知,蘇州、常州、江寧府知府,江南鹽巡道,兩淮鹽運使司兼護鹽漕察院。誥授中議大夫,崇祀江南名宦祠。著有《默齋公牘》《默齋存稿》《芸館詩賦鈔》行世,事迹詳在《行述》《墓志》暨賀制軍所撰《言行補遺》。乾隆四十三年十一月初九日亥時生,道光十五年十二月二十日酉時卒。葬平羅縣正閘堡朱家龍坑東邊,坐艮向坤。

妣氏安,誥封淑人,平邑紅崗堡處士安公諱金鰲之長女,禀性敦厚,不尚浮華,人皆賢之。乾隆四十五年六月二十四日□時生,道光二十四年六月初八日□時卒。合葬陶泉公墓。

嗣子思震,鑑塘公次子過嗣。子二:思履,官名葆素;仲誠。幼殤。女一:適平邑西永惠堡從九品職金汝礪。

四世三房

德源公,字子静,號鑑塘。天性渾厚,忠直無私,陶泉公尤友愛之,生平以未讀書爲憾,於是專心向學,文理咸通,士大夫樂與交游,稱之爲有道君子,非虚譽也。事載志傳。誥贈奉政大夫,晋贈朝議大夫。乾隆四十九年□月□日□時生,道光十五年十一月初三日□時卒。葬杜太淑人墓右第一冢。

妣氏杜,誥贈太宜人,晋贈太恭人,平邑紅崗處士杜公諱惠之長女,温柔和平,年十九於歸鑑塘公,事翁姑、待妯娌,克盡婦道,隣里稱賢,赫太淑人愛之逾篤,因感受風寒出疹故。乾隆四十九年□月□日□時生,嘉慶十三年三月二十三日戌時卒,同鑑塘公合葬。子二:思益、思震。出嗣陶泉公。

繼妣朱氏,誥封太宜人,晋封太恭人,平邑西河堡處士朱公諱舉

---

① 丁卯:清嘉慶十二年(1807)。
② 丁丑:清嘉慶二十二年(1817)。

之長女。乾隆五十九年三月初九日戌時生，同治七年五月二十二日寅時卒。子三：泰寧；殤。思謙，官名壽祺；平和。殤。女二：長適平邑高榮堡庠生申琇，次適平邑惠北堡候選訓導張公諱忞之四子，壬戌進士，現任四川華陽縣知縣，名爾遜，號芸渠。

四世四房

德洵公，號少泉。寧夏縣廩貢生，候選教諭。天資明敏，事赫太淑人克盡孝道，因多病廢舉業，以姪思益官，貤贈奉政大夫。乾隆五十二年八月□日□時生，道光二十三年十月初五日辰時卒。葬杜太淑人墓左第三冢。

妣氏王，貤贈太宜人。平邑東永惠堡庠生王公諱□之二女。持身端謹，寡言語，少修飾，侍奉赫太淑人勤勞備至，宗族稱之。乾隆五十三年□月□日□時生，同治二年□月□日□時卒。合葬少泉公墓。子一：永寧。殤。嗣子：思豐。靜菴公次子過嗣。女一：適平邑惠北堡候選訓導張公諱忞之三子，廩生，名文翼。

四世五房

德清公，號少隱。太學生。秉性直樸，持理家務，勤慎耐勞。自靜菴、陶泉、鑑塘、少泉諸公先後病故，各房之事，力為主持，嗣因年老氣衰，患痰喘症，回匪亂時，卒於縣城。以姪思益官，貤贈奉政大夫。乾隆五十六年十二月十八日□時生，同治二年二月十三日亥時卒。葬杜太淑人墓右第二冢。

妣氏馬，貤贈太宜人。平邑綠楊堡馬公諱□之女。乾隆□年□月□日□時生，嘉慶二十一年□月□日□時卒。葬朱家龍坑西北角。姪泰寧、姪孫孝兒附葬墓側。子一。幼殤。

繼妣氏劉，貤贈太宜人。平邑西永惠堡庠生劉公諱壽之女。嘉慶□年□月□日□時生，道光□年□月□日□時卒。同少隱公合葬。子二：太平、殤。思節。

繼妣氏張，貤贈太宜人。平邑惠北堡庠生張公諱□之女，性端莊，避回匪之亂居縣城。少隱公故後，憂思成疾而卒。嘉慶二十年六

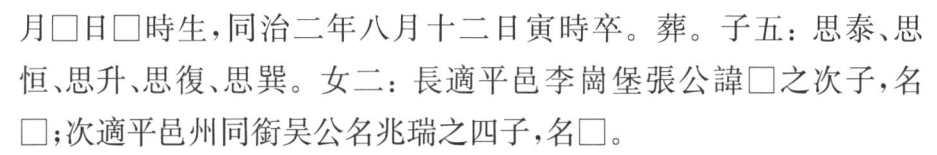

月□日□時生,同治二年八月十二日寅時卒。葬。子五:思泰、思恒、思升、思復、思巽。女二:長適平邑李崗堡張公諱□之次子,名□;次適平邑州同銜吳公名兆瑞之四子,名□。

五世長房　靜菴公長子

思晉,字接三,號曉帆。平羅縣恩貢生。爲人耿介,寡交游,奮志讀書,應鄉試屢薦未售,設館受徒,循循善誘,其子微之選拔舉於鄉,皆庭訓之功。逆回作亂,同妻任氏、弟思豐、姪光瞵、女慧珠同時被害,屍骸均失,奏請恤典,敕贈文林郎。嘉慶十四年□月□日□時生,同治三年七月初□日□時卒。

配李氏,敕贈孺人。平邑渠中堡庠生李公諱棲鵬之女,性端靜。嘉慶十七年□月□日□時生,咸豐九年□月□日□時卒。葬杜太淑人墓左第四冢。子二:光顯、預齡。殤。嗣子:光春。書田三子過嗣。女二:長適平邑西河堡歲貢生宋公諱作霖之四子,名華齡;次適平邑東通坪庠生李公諱鐘靈之三子。

繼配任氏,敕贈孺人。平邑石嘴山任公諱□之次女,見夫死難,罵賊不屈,亦被害。道光十六年□月□日□時生,同治三年七月初四日□時卒。女一:慧珠,年未及笄死於回匪。

五世二房　陶泉公長子 三房鑑塘公次子過嗣

思震,字東生,生甫八月,杜太恭人棄世,貧無乳母,及長,體弱多病,道光壬辰由陶泉公都轉任所回籍應童子試,①未及期,病没於家。敕贈承德郎。嘉慶十二年七月十五日□時生,道光十二年十二月十八日卯時卒。葬杜太淑人墓右第三冢。

配楊氏,敕贈太安人,平邑東永潤堡增生楊公諱培林之次女,守節撫孤,持家勤儉,另有傳。嘉慶十年十二月初八日□時生,咸豐九年九月初四日□時卒。合葬東生墓。子一:光昱。女一:適平邑增生王公諱道一之次子,名恒。

---

① 壬辰:清道光十二年(1832)。

五世二房　陶泉公次子

思履，官名葆素，字梅生，平羅縣廩貢生。性直樸，讀書聰穎，援例捐主政工部虞衡司行走，旋以淡於仕進，請假在籍務農課讀。同治元年逆回倡亂，舉辦團練，憂慮過度，嘔血而亡。誥授奉直大夫。嘉慶十四年□月□日□時生，同治元年十月初六日□時卒。葬陶泉公墓左第一冢。

配趙氏，誥封宜人。平邑蔭監生趙公諱蘭之長女。秉性聰慧，幼讀書知文義，避回匪亂居縣城，以疫疾卒。嘉慶十四年□月□日□時生，同治二年五月十二日□時卒。子六：光暐、光昀、豫全、殤。光㬎、光普、光昕。女一：適靈州候選運同賀公諱□之三子，名墉。

五世三房　鑑塘公長子

思益，字集生，號仰伯。寧夏縣廩貢生，現廣東儘先補用同知，歷任廣東粵海關粵盈庫大使，代理乳源、從化縣事，補授陵水縣知縣，奏委督辦潮州新關稅務。軍功，欽加知府銜，誥授朝議大夫。事跡詳見自敘年譜。嘉慶八年六月十七日申時生。

配安氏，誥封宜人，晉贈恭人。平邑西永惠堡安公諱宗之次女，賢明慈惠，事詳傳文。嘉慶九年八月二十四日申時生，咸豐九年七月十八日□時卒。葬陶泉公塋地西南田壟，坐乾向巽。子三：光暐、光昺、光曜。女二：長適鞏昌府隴西縣庠生候選知縣徐名衡紳之長子，廣東候補從九品，名恩湛，號露洲；次適浙江杭州府仁和縣、廣東瓊山縣縣丞張名堃之次子，鹽提舉銜廣東即補通判，軍功，賞戴藍翎，名恒祺，號幼齋。

五世三房　鑑塘公三子

思謙，官名壽祺，字虛谷，號季眉。平羅縣廩貢生，辛酉科舉人，① 現內閣中書。道光三年十一月初三日子時生。

配龔氏，敕贈孺人。平邑交濟堡太學生龔公諱若桂之女，性溫

---

① 辛酉：清咸豐十一年（1861）。

和，事姑孝，待妯娌謙讓，以難產亡。道光三年□月□日□時生，咸豐三年六月二十九日□時卒。葬昌潤渠東朱家水口南，坐癸向丁。子三：豫寶、殤。光煦、豫會。殤。

繼配張氏，敕封孺人，平邑太學生張公諱□之女，道光十九年七月初七日辰時生，光緒十九年六月初六日丑時卒。子一：豫綏。殤。

五世四房　少泉公長子_{長房靜菴公次子過嗣}

思豐，字書田，號幼泉。寧夏縣增生，道光癸卯陝甘鄉試薦卷。[①] 志氣高尚，好飲酒，每至於醉。逆回作亂，同胞兄曉帆夫婦及其子光瞵，并曉帆女慧珠在家同時被害，奏請恤典，敕贈文林郎。嘉慶十九年□月□日□時生，同治三年七月□日□時卒。

配吳氏，敕贈孺人，平邑武舉吳公諱雲封之長女，性賢淑，克盡婦道。嘉慶□年□月□日□時生，同治□年□月□日□時卒。葬杜太淑人墓左第五冢。子三：光瞵、光曦、光春。出嗣曉帆。女一：適寧朔縣庠生王公諱□之長子，庠生，名□。

五世五房　少隱公長子

思節，字筠如。從九品職銜，敕授登仕郎。道光四年□月□日□時生。

配吳氏，敕贈孺人。平邑武舉吳公諱雲封之次女，勤慎耐勞，以疫疾卒。道光□年□月□日□時生，同治□年□月□日□時卒。葬。子二：豫福、殤。豫培。殤。女一：適平邑舉人王公諱協一之子，庠生，名懷。

五世五房　少隱公次子

思泰，字階平，平羅縣優廩生，避回匪亂居縣城，感受時疫卒。待贈文林郎。道光十三年□月□日□時生，同治二年□月□日□時卒。葬。

配張氏，待贈孺人。性婉淑，係張太宜人姪女。道光□年□月□

[①]　癸卯：清道光二十三年（1843）。

日□時生,咸豐□年□月□日□時卒。葬祠堂圍墻外南邊田內。子一：豫貴。殤。

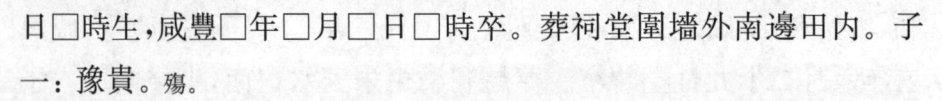

繼配姚氏,待贈孺人。平邑姚公諱□之女,以疫疾卒於平羅縣城。道光□年□月□日□時生,同治二年□月□日□時卒。葬。

五世五房　少隱公三子

思恒,字□□,平羅縣庠生。軍功六品頂戴,敕授承德郎。道光□年□月□日□時生。

配王氏,敕贈安人,平邑東永惠堡王公諱成功之次女,能勤婦職,不辭勞苦。道光□年□月□日□時生,同治四年□月□日□時卒。葬。子一：豫祿。殤

五世五房　少隱公四子

思升,字□□,寧夏府庠生。道光□年□月□日□時生。

配劉氏,待贈孺人,平邑姚伏堡劉公諱□之女,回匪亂時,服毒自盡。道光□年□月□日□時生,同治□年□月□日□時卒。葬。

繼配劉氏,元配之胞妹。道光□年□月□日□時生。

五世五房　少隱公五子

思復,字□□。性質樸,沒於疫。道光□年□月□日□時生,同治二年□月□日□時卒。葬。

六世長房　曉帆長子

光顯,字微之,號夢江。平羅縣廩生,辛酉拔貢,①本科舉人,壬戌會試薦卷,②讀書有大志,以時疾沒於京。靈柩運回,停寄郡城南門外普濟堂內,回匪之亂,并廟宇被焚。敕授文林郎。道光十六年七月十三日□時生,咸豐□年□月□日□時卒。

配李氏,敕贈孺人。寧朔縣王昶堡庠生李公諱瀚之女,性溫柔,體弱多病,因歸寧病卒於母家。微之自陝鄉試返,甚悼惜焉！道光□

---

① 辛酉：清咸豐十一年(1861)。
② 壬戌：清同治元年(1862)。

年□月□日□時生，咸豐八年□月□日□時卒。葬漢渠埧李瀚公田內。子二：孝兒、殤。蘭生。殤。嗣子。

六世長房　曉帆次子四房書田三子過嗣

光春，字□□，業儒。道光□年□月□日□時生。

六世二房　東生長子

光昱，號麗堂，平羅縣廩生，逆回作亂，守城出力，奉旨賞給六品藍翎，敕封承德郎。道光四年八月二十七日午時生。

配趙氏，敕封安人。寧夏縣鎮河堡勇略將軍世襲一等伯諱良棟趙襄忠公六世孫邑庠生諱其楷之次女。道光元年正月二十一日子時生。子一：紹曾。

六世二房　梅生長子

光晫，號曉峰。平羅縣增生。道光九年十月□日□時生。

配賀氏，靈州候選運同賀公諱□□之三女。子。女四。

六世二房　梅生次子

光昀，號海峰，太學生。染時疫卒。道光十五年□月□日□時生，同治二年五月初十日□時卒。

配王氏，平邑增生王公諱道一之三女。道光□年□月□日□時生。子一：繼曾。殤。女一：幼。

六世二房　梅生三子

光晟，號曉嵐，業儒。道光二十三年七月十五日□時生。

配李氏，平邑冲口堡廩貢生候選訓導李公諱嘉賁之女。性溫和，於歸未久，聞回匪之亂，仰藥自盡，貞烈可風。道光二十一年□月□日□時生，同治元年□月□日□時卒。葬陶泉公塋地梅生墓側。

繼配趙氏，趙宜人姪女。

六世二房　梅生四子

光普，號□□，業儒。道光二十五年八月□日□時生。

配申氏，平邑高榮堡庠生申名琇之姪女。道光□年□月□日□時生。

六世二房　梅生五子

光昕,號晴川,業儒。道光二十八年正月二十四日申時生。

六世三房　集生長子

光暐,號欒堂,寧夏縣附貢生候選訓導,苦學能文,以多病未應鄉試。逆回之亂,奉祖母朱太恭人寄居縣城,困守年餘,染時疫卒。敕授修職郎,貤贈朝議大夫。道光五年六月十六日午時生,同治二年七月初一日未時卒。葬安恭人墓左第一冢。

配宋氏,敕封孺人,貤封恭人。平邑西河堡候選從九品宋公諱作謨之女。道光五年十月初五日戌時生,光緒廿八年七月四日辰時卒。子一。殤。嗣子：紹勛。霽堂長子過嗣,後紹猷過嗣。女三：長適寧夏縣辛酉拔貢蔡名奇謀之長子議敘從九品名芝顏。① 次。三。

六世三房　集生次子

光昺,號霽堂。寧夏縣附貢生。現廣東儘先補用同知。髮逆陷嘉應州城,辦理楚軍轉運出力,奉旨加知府銜,誥封朝議大夫。道光九年十一月二十六日子時生。

配韓氏,誥封恭人。山西太原府陽曲縣太學生、廣東儋州吏目韓公諱肇倫之四女。道光九年十月初四日亥時生,光緒廿八年十月初六日□時死。子四：元善、殤。紹勛、出嗣欒堂。紹猷、出嗣欒堂。紹基。出嗣璧如。女三,俱幼。

六世三房　集生三子

光曜,字璧如。候選布政司經歷,敕封承德郎。道光十六年十一月二十九日辰時生,□年十二月十三日死。

配宋氏,敕封安人。原籍平涼縣寄居哈密廣東南海縣五斗口司巡檢宋公諱廷璧之五女。道光十七年七月三十日未時生,舊曆壬子年五月十七日卯時死,即中華民國元年七月壹號。女一。子一,殤。關生。

---

① 辛酉：清咸豐十一年(1861)。

六世四房　書田長子

光瞵,字漢侯,業儒。死於回匪。奏請恤典。道光十九年□月□日□時生,同治三年七月□日□時卒。

配張氏,平邑紅崗堡武生張公諱鴻誥之女。遭回匪之亂失散,不知下落。子一。

六世四房　書田次子

光曦,字□□,業儒。道光□年□月□日□時生。

配龔氏,平邑交濟堡庠生龔公諱以明之女。道光□年□月□日□時生,同治年□月□日□時卒。葬杜太淑人墓右第四冢。

七世二房　麗堂長子

紹曾,字省三,業儒。道光二十五年七月初六日酉時生。

配王氏,平邑李崗堡王諱道坦之女。卒於疫。道光二十一年□月□日□時生,同治二年七月□日丑時卒。

繼配宋氏,平邑西河堡己酉拔貢孝廉方正宋諱鴻齡之女。道光二十四年□月□日□時生。

七世三房　爕堂子_{霽堂長子過嗣}

紹勛,字柱臣,幼讀。咸豐六年十一月二十三日卯時生,光緒卅年二月初八日申時卒。

七世三房　霽堂次子_{後過嗣爕堂}

紹猷,字子鴻。幼讀,誥授奉政大夫。廣東候補鹽庫大使,縣案首後,病半載而終。咸豐十年七月十五日巳時生,光緒廿二年八月初五日丑時卒。

配冒氏,誥封宜人。江蘇通州如皋縣人,同知銜賞戴花翎,補江西德化縣,歷署武寧、玉山知縣冒公諱溶之八女。賦性敦直,賢明慈惠,後無疾而終。咸豐十年五月初十日戌時生,光緒廿六年三月廿二日巳時卒。子二:敦仁、敦義。

七世四房　漢侯長子

紹基,字厚甫,幼讀。同治八年二月初二日午時生,光緒二十一年五月初三日申時卒。

配張氏。

七世三房　霽堂三子後過嗣璧如

紹基,字子成,敕授修職郎,實缺合浦縣縣丞,赴任三年,在任病故。同治八年二月初二日午時生,光緒二十一年五月初三日申時卒。

配張氏,敕封孺人。甘肅省古浪縣人。知府銜賞戴花翎廣東補用直隸州候補知縣,歷署南海、潮陽、東莞等縣,張公諱璿字衡叔之三女。子一:敦廉。女二:桂芬、桂芳。同治十二年四月十一日卯時生,民國丙寅年十一月初九日子時卒。①

【校勘記】

[1] 世譜:原文無,據本書目錄補。
[2] 初七:原文無,據本書《盛初公墓志銘》補。

---

① 丙寅:民國十五年(1926)。

世　系[1]

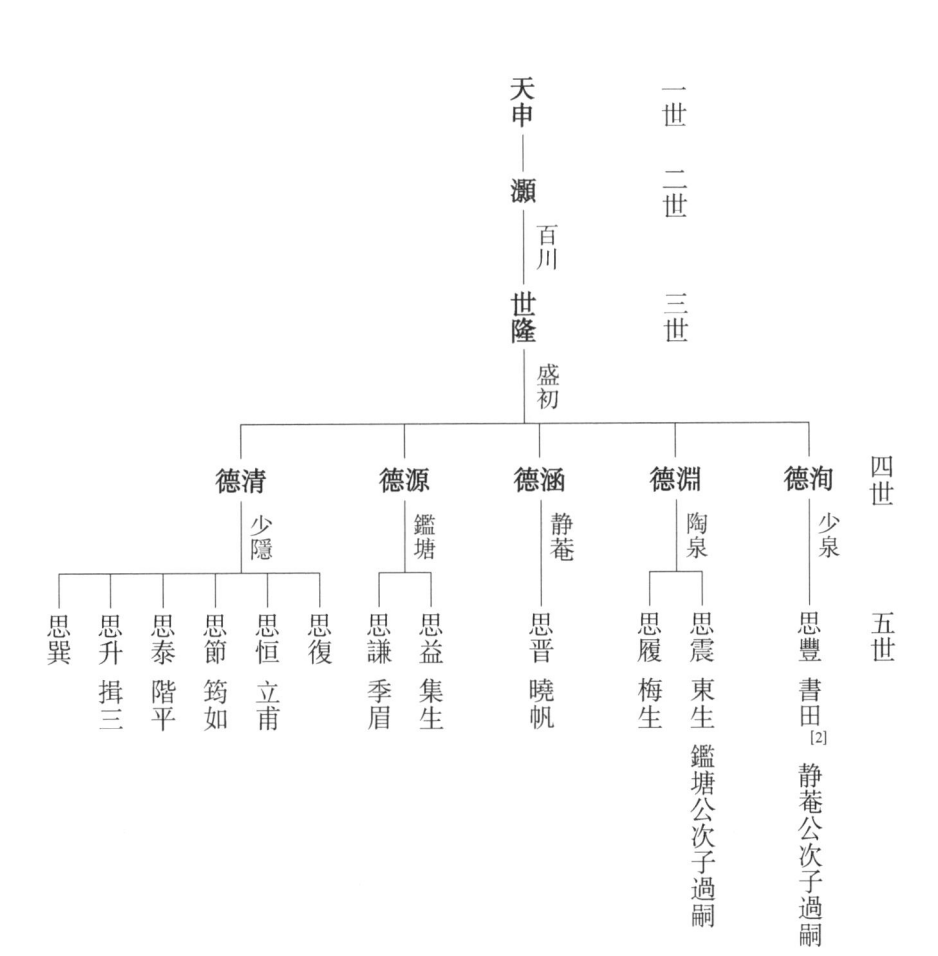

```
一世　天申
二世　灝 — 百川
三世　世隆 — 盛初
四世　德清（少隱）　德源（鑑塘）　德涵（靜菴）　德淵（陶泉）　德洵（少泉）
五世：
　德清之子：思復（立甫）、思恒（筍如）、思節（筠如）、思泰（階平）、思升（揖三）、思巽
　德源之子：思益（集生）、思謙（季眉）
　德涵之子：思晉（曉帆）
　德淵之子：思震（東生　鑑塘公次子過嗣）、思履（梅生）
　德洵之子：思豐（書田[2]　靜菴公次子過嗣）
```

- 二世 灝
  - 三世 世隆
    - 四世 德清
      - 五世 思巽
      - 思升
      - 思泰
      - 思節
        - 六世 光□[3]
      - 思恒
      - 思復
    - 德源
      - 思謙
        - 光熊[4]
        - 光煦 晴帆 — 紹甲
      - 思益
        - 光曜 璧如 — 紹基 — 敦廉
        - 光暐 燮堂 — 紹勛
        - 光昺 霽堂 — 紹猷
          - 敦義
          - 敦仁
    - 德涵
      - 思晋
        - 光春 書田 三子過嗣
        - 光顯 微之
    - 德淵
      - 思履
        - 光昕 晴川
        - 光最
        - 光晫 曉峰
        - 光昀 海峰
        - 光普
      - 思震
        - 光昱 麗堂
    - 德洵
      - 思豐
        - 光曦
        - 光暽 漢侯

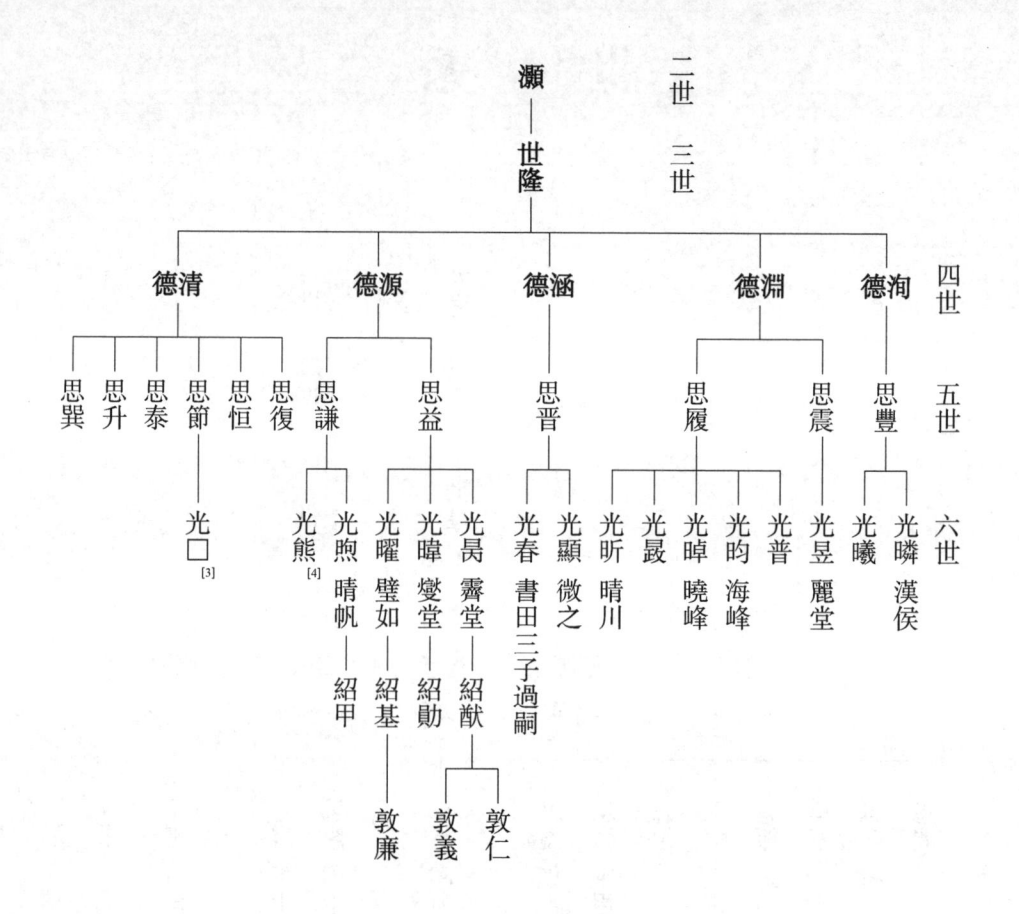

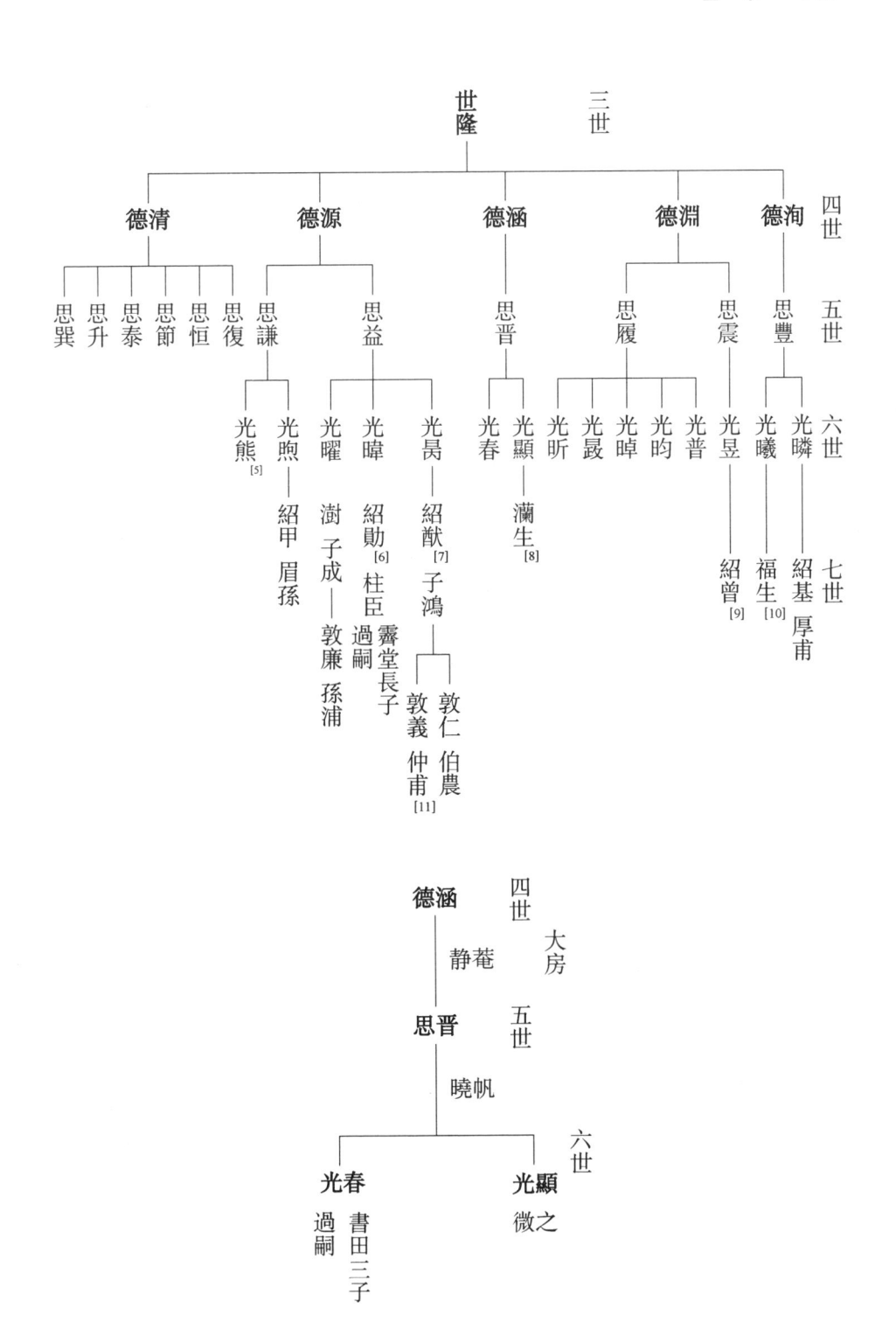

世系

三世：世隆

四世：德清　德源　德涵　德淵　德洵

五世：
- 德清 — 思巽、思升、思泰、思節、思恒、思復
- 德源 — 思謙、思益
- 德涵 — 思晉
- 德淵 — 思履、思震
- 德洵 — 思豐

六世：
- 思謙 — 光熊[5]、光煦
- 思益 — 光曄、光曜、光昇
- 思晉 — 光春、光顯
- 思履 — 光昕、光晟、光晫、光昀、光普
- 思震 — 光昱
- 思豐 — 光曦、光璘

七世：
- 光熊 — （[5]）
- 光煦 — 紹甲　眉孫
- 光曄 — 澍　子成 — 敦廉　孫浦
- 光曜 — 紹勳[6]　柱臣　霨堂長子　過嗣
- 光昇 — 紹猷[7]　子鴻 — 敦義　仲甫[11]　敦仁　伯農
- 光春 — （書田三子　過嗣）
- 光顯 — 瀾生[8]
- 光昱 — 紹曾[9]
- 光曦 — 福生[10]
- 光璘 — 紹基　厚甫

四世　大房：德涵　靜菴

五世：思晉　曉帆

六世：
- 光春（書田三子　過嗣）
- 光顯　微之

次房

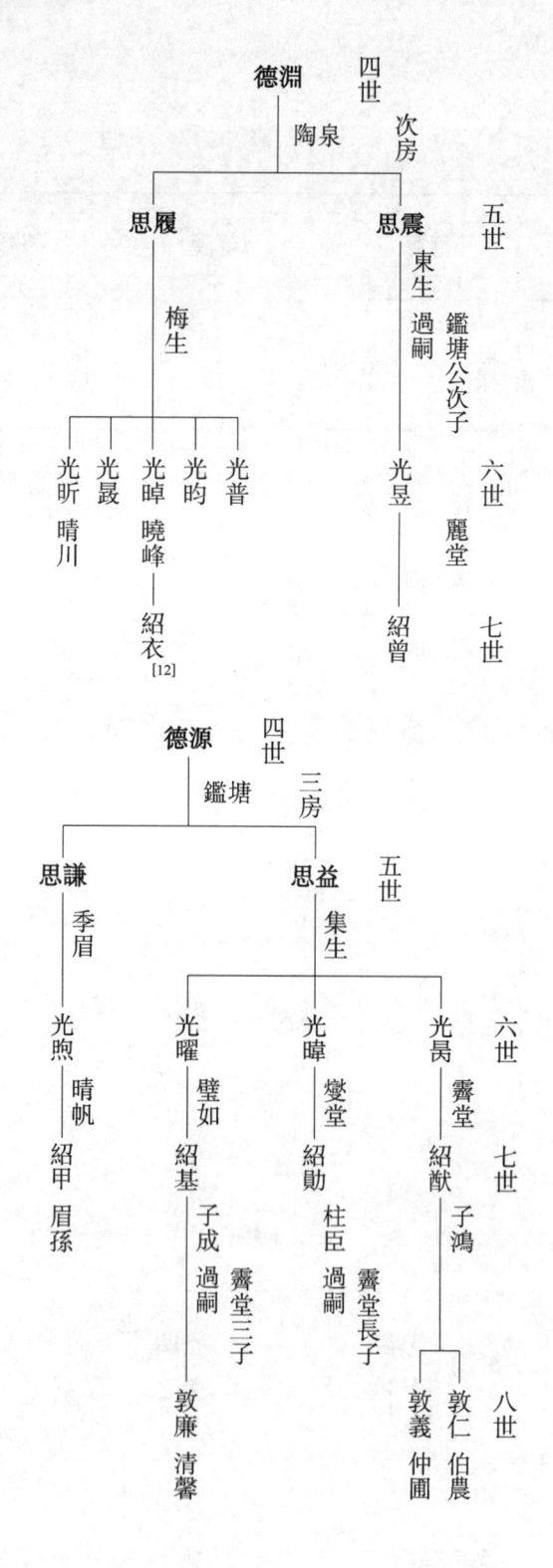

```
德淵 — 陶泉（四世）
  ├─ 思履
  │   └─ 梅生
  │       ├─ 光普
  │       ├─ 光昀 — 曉峰 — 紹衣 [12]
  │       ├─ 光暐
  │       ├─ 光晟
  │       └─ 光昕 — 晴川
  └─ 思震 — 東生（過嗣，鑑塘公次子）
      └─ 光昱 — 麗堂 — 紹曾
```

五世 / 六世 / 七世

三房

```
德源 — 鑑塘（四世）
  ├─ 思謙
  │   └─ 季眉
  │       └─ 光煦 — 晴帆 — 紹甲 — 眉孫
  └─ 思益
      └─ 集生（五世）
          ├─ 光曜 — 璧如 — 紹基 — 子成（過嗣，霽堂三子）— 敦廉、清馨
          ├─ 光暐 — 縈堂 — 紹勛 — 柱臣（過嗣，霽堂長子）
          └─ 光昺 — 霽堂 — 紹猷 — 子鴻 ─┬─ 敦仁、伯農
                                        └─ 敦義、仲圃
```

六世 / 七世 / 八世

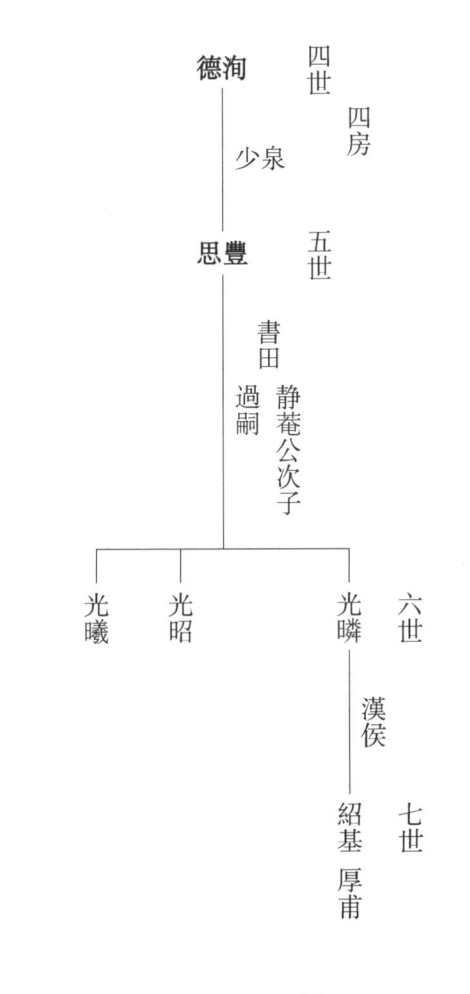

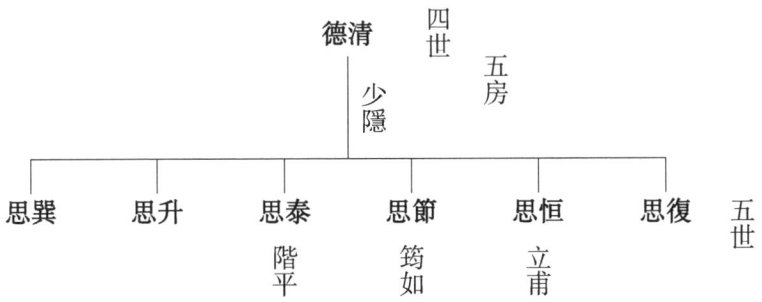

```
            四世  德洵
            四房    │
                  少泉
            五世  思豐
                 書田
                 静菴公次子
                 過嗣
            ┌─────┼─────┐
       六世 光曦  光昭   光瞵
                        │
                        漢侯
                        │
       七世              紹基
                        厚甫


            四世  德清
            五房    │
                  少隱
       ┌────┬────┬────┼────┬────┐
  五世 思巽 思升 思泰 思節 思恒 思復
                 階平 筠如 立甫
```

【校勘記】

［1］世系：原文無，據本書目録補。
［2］書田：原文此二字漫漶不清，據本書《世譜》補。
［3］光□：原文無，據寧夏本補。
［4］光熊：原文無，據寧夏本補。
［5］光熊：原文無，據寧夏本補。
［6］紹勛：寧夏本作"粵生"。
［7］紹獸：寧夏本作"楚生"。
［8］瀾生：原文無，據寧夏本補。
［9］紹曾：寧夏本作"復長"。
［10］福生：原文無，據寧夏本補。
［11］甫：本《世系》圖"四世三房"作"圃"。
［12］紹衣：原文無，據寧夏本補。

墓　　志[1]

盛初公暨赫太宜人墓志銘

賜進士出身，中議大夫，山東萊州府知府，前掌河南、福建道監察御史，翰林院編修，吳縣年家子董國華撰文。

賜進士及第，通議大夫，翰林院侍讀學士，前左右春坊庶子，翰林院修撰，吳縣年家子吳信中書丹。

賜同進士出身，朝議大夫，浙江寧波府知府，前翰林院檢討，吳縣年家子胡國英篆蓋。

盛初先生卒後越十有七年，次君德淵佐郡蘇州，以母憂解職。將以旋里之日，營窀穸事，而請國華爲納幽之文。蓋先生卒時，德淵方應禮部試，留滯京師。其家以踰月舉葬，故窆石未備。國華與德淵爲鄉試同年生，先後成進士。入詞館，又出宰吾郡久，有惠政。每見以志行相期勖。風誼肫然，不敢辭也。

俞氏世爲江左無爲州望族，明季始隸籍陝之寧夏，數傳至先生。祖考諱天申，篤行好善，多隱德。天申生灝，經術淹通，潛志未顯，是爲百川公，先生考也。百川公生先生晚，家甚貧，先生雖敏慧，而早歲棄讀，服賈於平羅。平羅，寧夏屬縣，去郡治百里。先生既買於是，而後母杜春秋高，闕定省，因徙居邑東鄉，遂著籍焉。居賈平易不欺，尤能擇交游，重然諾，分介取予之間。自以早孤露，孝事後母，其卒也，昕夕省墓，大暑寒無間。教諸子有法度，童稚時命習揖讓之禮，就外傳，於下塾，時考其勤怠。嗣以食指衆，俱讀則廢治生，有課諸耕者。

而德淵乃壹志嚮學，登嘉慶丁卯鄉薦。① 後十年，以翰林改官南來，所至有聲，而先生不及見矣。

竊維先生爲人宅心寬、處事慎，操貨殖之業而躬儒者之範。厥享之昌，有繇來也。抑國華聞諸德淵，微特先生遺澤長也，亦兼有母教焉。始，先生娶於唐，早卒。再娶於赫，德淵兄弟五人所自生也。逮事後姑，成先生之孝，撫前室女有恩，督諸子能，不爲姑息，愛恒深，夜縫紙佐讀。偶歲歉，率諸子藿食，而將先熟之麥炊以飯夫。德淵既貴，仍蔬布，且不就養，而歲遣他子至冶所咨吏狀。嘗曰："愛民本廉儉，吾不忍以甘旨累，且克供爾職，在遠猶朝夕也。"德淵子身杜官，清而勤，秉慈誠云。初，德淵以違侍久，有歸省志。而吾郡自三年癸未，②淫潦爲灾，□恤方亟，并督浚三江水利。事甫竣，復有檄辦海運之役。王事靡監，不遑將母，遂至屬纊之辰，未親含玉，爲可悲也。而德淵以明達之才，匪躬盡瘁，負當世重望，雖星奔抱痛，而以令名顯揚其親，斯亦孝事之大者矣。

先生諱世隆，乾隆九年正月初七日生，嘉慶十五年十月三十日卒，年六十有七歲。以德淵官贈儒林郎，晉贈奉政大夫。妻唐贈安人，晉贈宜人。以先生居寧夏時卒，故即葬寧夏縣鎮河堡百川公塋。次繼配赫封太安人，晉封太宜人，以乾隆二十一年十一月初六日生，道光五年十月二十四日卒，年七十有一歲。子五人：德涵；德淵，嘉慶丁丑進士，③翰林院庶吉士，荊溪、長洲知縣，蘇州府督糧同知；德源；德洵，寧夏縣庠生；德清。女二人，莊傑、張忞其婿也。孫七人。

墓在平羅縣東鄉正閘堡昌潤渠之陽，其中穴葬杜太宜人。先生以嘉慶十五年十二月某日葬昭位，今德淵兄弟將以道光六年□月□日祔赫太宜人於其右。國華爲書其大略如此。銘曰：

躬修儒行，隱於市廛。厥德未宣，既孝既慈。克承其先，用昌於

---

① 丁卯：清嘉慶十二年(1807)。
② 癸未：清道光三年(1823)。
③ 丁丑：清嘉慶二十二年(1817)。

後。裒儷有名,淑貴而能貧。敷化之原,貞石書懿,以垂勿諼,以藨於吉阡!

鑑塘公墓志銘[2]

予與同年友平羅俞都轉爲莫逆交,其令長洲時,予一再過其官舍,款洽甚至,因得見其弟鑑塘。君貌敦厚而語簡樸,恂恂然古之隱君子也。後君數返里門,予亦服官京師,不恒見君,而敬重君之心不去於懷。今年春,得都轉公卒官耗,驚惋累日。未幾,君之孤思益以書告君之卒,且乞銘幽之文。予既惜都轉公之學識,經濟不竟所用,而又惜君之施於家者,亦遂已也。乃按狀序之曰:

君諱德源,字子靜,號鑑塘,姓俞氏。先世由安徽遷甘肅之寧夏。曾祖天申,祖灝,父世隆,賈平羅,遂著籍焉。曾祖以下三世皆以都轉公貴贈如官。前母唐、母赫,俱贈淑人。贈公生子五人,君其三也,醇篤孝友,出於天性。初習舉子業,後以家益貧,而父患老疾,乃自力耕奉養,俾仲兄都轉公及弟教諭君專事於學。長兄服賈玉關外久無耗,君兩奉父命,走風沙中數千里,求得偕歸。都轉公館金城患風痹,君冒雪疾驅視,湯藥數月。父歿時,長兄賈於外,都轉公方應禮部試,君率諸弟治喪葬盡禮。都轉公由翰林改官江蘇知縣,母赫太淑人不樂去鄉里,君遂留侍,娛志潔養,都轉公得以無內顧憂。君間歲一至官所,道路修阻不以爲勞,而令諸子隨侍都轉公讀書習世務,冀獲進取,以酬夙志。初贈公性伉直、重然諾,鄉黨稱之。君冲澹簡質,一秉先志,賙恤戚黨,略無吝色。

道光十有五年十一月三日感時疾卒,春秋五十有二,娶杜氏,再娶朱氏。子四:思益,邑廪貢生,候選布庫大使;思震,出後都轉公,先卒;思謙、思恒。孫二:光暐、光昺。蓋君歿未四十日,而都轉公亦卒於官云。孤思益等將奉君柩葬於平羅縣東鄉正閘堡昌潤渠之陽,不可以無辭。銘曰:

葛藟之生,以芘根也。榆柳之植,以衛樊也。黍稷之藝,箴在勤也。白華之潔，樂奉親也。果蓏之熟，在子孫也。封殖之固，視貞珉也。

賜進士及第、中憲大夫、通政司副使、前司經局洗馬提督、湖北學政、翰林院修撰、年愚弟吴其浚撰文。

賜進士出身、朝議大夫、掌廣西道監察御史、前户部員外郎、翰林院庶吉士、年愚弟徐培深書丹。

賜進士出身、奉直大夫、工部都水司主事、前翰林院庶吉士、世愚姪朱麗宣篆蓋。

【校勘記】

［1］墓志：原文無，據本書目録補。
［2］塘：原作"堂"，據上文改。以下涉及"鑑堂"均改爲"鑑塘"，不再出校。

詳　　册[1]

陶泉公入名宦祠詳文并事實册

江藩司詳爲公舉名宦事。

據江寧府詳據上元縣保先烈詳稱，據前廣東巡撫朱桂楨，前湖南衡永道張曾，原任浙江溫州鎮總兵官李恩元，國子監學正陳燦勳，四品銜何友藼，原任山西太原府知府沈琮，原任浙江象山縣知縣孫廷松，原選蒙城縣教諭唐大沛，前安徽太平縣教諭甘煦，舉人李均善、陳俊、何其熙、張鳳儀，八品銜汪度，貢生程有恒、阮至，廩生方先田、羅榕、陸長發，生員歐陽長山、汪雲官、田寶雙、李書雲呈稱："竊惟設官分職，銘在旂常，崇德報功，先垂俎豆，誠仕迹之無斁，洵治化之攸關。茲有前任江寧府知府、陞授兩淮鹽運使司、[2]已故俞諱德淵，著籍平羅，起家詞館，文能吐鳳，才更飛鳧，甫銓次於皖江，旋調補於吳會。聖明特簡，牧令頻遷。早朗鏡之高懸，靡覆盆之弗照。律人律己，冀無愧於青天，以寬以嚴，悉有裨於赤子。通水利，則五湖順流；籌海運，則萬艘鼓□。最後移守江寧，理繁治劇，救弊扶偏。罪游博以保淳黎，懲私鑄而崇國寶。市無好勇鬥狠之徒，家有樂業安居之慶。講堂鎖院，各極經營，小子成人，咸歸教育。而且延訪桐鄉之祀，永其馨香；詎徒疏浚竹格之津，通其利濟。雖監司之遽擢，實攀轅之同殷。星忽亡韓，民猶思寇。太史春官之册，禮有明文；秦淮鐘阜之區，廟宜崇祀。所有已故知府，俞宦實堪舉入名宦，理合公同開具事實，册結顓請，申詳請題，入祀江寧省城名宦祠，桂楨等不勝感激！爲此呈乞轉詳。"等情，并呈册結到縣。

據此，卑職採訪無異。該上元縣知縣保先烈核看得"已故俞宦，籍本平羅，舉由科第，先登詞館，出宰臨津。居官以植品爲先，行政惟愛民是務。歷任繁區，平反有神明之頌；洊升首郡，公廉留治績之良。憂田疇，則分疏水利；念灾昔，則廣設義倉。振興學校，鼓舞一郡之儒風；崇祀賢良，章明千秋之令典。尤異者，六年煮海，國有盈餘；難忘者，兩袖清風，家無私積。凡此口碑所載，正堪頂祝不遷。倘蒙鑒允，得與明禋，非特有光泉壤，亦且式勵官方也。合將呈到册結，加結具文通詳，仰祈加看轉詳請題"等情到府。

據此，該署江寧府知府王用賓核看得"已故前任江寧府陞授兩淮運司俞德淵，經史羅胸，圭璋粹品。律己則四知三畏，清儉可風；居官則鐵面冰心，剛方共仰。出自翰苑，膺民社而秩晋黄堂；擢總鹺綱，裕固課而功垂青史。障狂瀾而平巨獄，群號神明；建講院而設義倉，民歌遺愛。宜光俎豆，昭祀典之褒榮；用佩名臣，慰輿情之感戴"等情到司。

據此，該本司核看得，已故兩淮運司俞德淵持躬正直，著績循良，有守有爲，克勤克儉。分疏水利，田家免荒歉之虞；教育人材，多士樂甄陶之化。施猷爲於首郡，俗美風淳；布經濟於兩朝，行廉志潔。宜邀俎豆之馨香，允與明禋之祀典。茲據該府縣取進事實册結，詳送前來，相應加看具文詳報，伏候憲臺會核具題。除詳撫學、憲外，仰候撫部院會核具題，仍候學部院批示，繳册結存。

十六年七月初七日到院，十四日發行。

爲公舉名宦事，今將已故前任江寧府知府，陞授兩淮鹽運俞德淵事實開造清册，呈送憲核施行，須至册者。計開：

一，本宦姓俞氏，諱德淵，字原培，又字陶泉。乾隆四十三年十一月初九日生，甘肅平羅縣人。嘉慶二十二年丁丑科進士，授翰林院庶吉士，二十四年散館，改選安徽建平縣知縣，奉旨調補江蘇荆溪縣知縣。歷任長洲縣知縣，江蘇督糧同知，蘇州、常州、江寧府知府，陞至兩淮運司。率皆潔己愛民，實心實政，內宅之中，服食起居，與鄉民無異，一除富貴習氣。

一，本宦審理詞訟，惟公惟允，案無留滯，民無覊縻，其平反最著者，如在荊溪，於吳姓冒占墳塋一案，歷任未結者結之；三官寺僧被殺一案，釋被誣者，卒得正凶；在長洲，於海門人王有素鬥殺擬抵一案，復撿無傷，實係溺死，民心悅服。顏其堂曰："此之謂'民之父母'。"

一，本宦居心仁厚，任事幹濟。道光三年辦理蘇州水災；道光十一年、十三年督辦揚州水災，或出私錢，散給餅餌，或請公項，分設粥廠，或倡捐輸，俾窵黎自冬徂春，均資接濟，生全甚眾，在人耳目。

一，本宦扶持名教，崇尚忠義。在荊溪修建盧忠肅公祠、王忠烈公祠，在長洲修建韓襄毅公、周忠介公兩祠，在江寧修建工新河張、許二公祠，又於聚寶門八祠外，允紳士所請，春秋增祀，傅清端公于清端、于勤襄、曹公、方公諸祠，皆立有成案，垂諸永遠。

一，本宦崇儒愛士，力持風化，所至皆以學校、書院為亟。江寧舊有鳳池書院，其地狹隘，申請移建。王府園規模宏闊，又貢院號舍坍塌，百餘年未經大修，秋試時士皆有傾覆之虞，乃申請上下兩江官民并捐，遴委公正紳董經理，牆屋一新，并增廣號舍一千一百九間，計工一載，可垂久遠，凡應試者，莫不感頌。

一，本宦於地方事宜，無不整頓。蘇州浚理黃浦上游各淤，條陳海運事宜章程。至江寧則建議疏省城內外水利，先自塞洪橋至北河口，次自石頭城至草鞋夾，次及秦淮青溪、運瀆、城濠，商賈舟楫，咸稱便焉。

一，本宦興利除弊，冀安良善。江寧嚴禁私鑄小錢，拏辦攤睹各犯，設立夜巡規條，究懲訛詐土棍，蒞任未滿二年，而去任數載，民猶思之。

一，本宦超擢運司，正當改轄定例之際，盡心經理，夙夜匪懈。減科則、平引價、浚場河、嚴透漏、治梟匪、運積鹽、恤灶戶、賑場災，積弊悉除，庫貯漸裕。運署一切支用，不取於商。歷次因公上省，一舟一寓,皆自爲料理,并不取於轄商,且馭下以嚴,杜絶需索,商民感頌。至於酬應賓客、矜恤寒畯,悉出俸廉給之。卒之日,庫無虧缺,囊無餘蓄。其廉潔謹慎,蓋出於天性也。

一,本宦茬任江寧,其教士先行誼,而後文辭。凡遇考試及書院月課,諸生童甚嚴,有善獎之,有過飭之,有争訟平之,有困乏給之,諸生童感其化,皆能力學敦行。刊有《默齋文稿》《館閣存稿》《詩古文集》數種,頒給生童,奉爲圭臬。

一,本宦歷任地方,加意善舉。江寧於普濟育嬰等堂,既核實辦理,又於民捐民辦之恤嫠。同善堂查核積年入出,詳復始創章程,遴選公正董事二人總理,每年另派二人輪值稽查,年終按刻賬目,揭榜曉示,補恤名數,公論無不稱頌。

一,本宦立品耿介,居身慷慨。與上官言必據事直陳,不隨時俯仰僚屬。有才德者必薦之,使盡其用。待士有藻鑑,交友有始終,人有急難必恤之。官場有貧歿無資者,必首倡助之歸其喪。與其妻屬在江寧,有翰林同年吳名坦卒,其子幼孤,鳩千金恤之。吳實無深交,故人尤稱義云。

一,本宦性情真摯,篤於孝友。生長寒微,勤於耕讀。旦則甕田,而後入塾。夜則默誦,以免沾油。窮販冰魚,以羹奉母。逮顯達時,以餘俸置薄產,均分昆弟。他如平羅故鄉修理學宫、義倉、義塾,無不首先捐助,又其鄉里之無愧賢達也。子三:長思震,仲兄子過繼,已卒,孫光昱承重;次葆素,邑庠生;次仲誠,早殤。孫三:思震出者一,葆素出者二,俱幼,業儒。現無出仕者。

【校勘記】

[1]詳册:原文無,據本書目録補。
[2]鹽:原文漫漶不清,因俞德淵曾任兩淮鹽運使,據補。

行　　述[1]

皇清誥授中議大夫兩淮鹽運使司鹽運使顯祖考陶泉府君行述

嗚呼！府君竟棄不孝承重光昱等而長逝耶。光昱九齡失父，惟府君鞠養之。乃父服甫除，復罹大故，痛何言哉？不孝葆素以試事歸里門，病不奉湯藥，歿不視含殮，不可爲人，不可爲子。泣念府君一生立身居官，具有本末，使不及今詮次，則獲戾尤大用，敢和淚濡墨，略陳梗概如左。

府君姓俞氏，諱德淵，原名登淵，字原培，號陶泉，晚號默齋。先世自安徽無爲州遷寧夏縣鎮河堡，其著籍平羅自曾大父盛初公始。五世祖諱天申，府君曾祖考也；高祖諱灝，字百川，府君祖考也；百川公生盛初公，諱世隆，府君考也。并以府君貴，累贈中議大夫。五世祖妣，朱氏、李氏、姬氏；高祖妣，任氏、怡氏、達氏、杜氏；曾祖妣，唐氏、赫氏，皆累贈太淑人。

自五世祖以來，累世耕讀，潛行未顯。盛初公修儒者之行，而以貧故服賈爲養。兩世皆單傳，盛初公始有丈夫子五人：長静菴公，名德涵，貤封如府君階；次即府君；次爲不孝承重光昱本生祖鑑塘公，諱德源，從九職銜；次少泉公，名德洵，縣廩生，候選教諭；次少隱公，名德清，國子監生。皆赫太淑人出也。静菴公承曾大父世業習賈，鑑塘公習耕，府君及兩叔祖耕而兼讀。

府君九歲入塾，嗜讀甚勤，盛初公喜曰："是必能大吾門。"顧督課益嚴。塾中所誦書，歸必覆背，一字訛必夏楚。始從趙先生游，既從聶先生。年十七，府君學大進，時盛初公有田數十畝，歲歉寡獲，食指衆，遂無以試，拆屋材爲試資，不售，愈勉於學，家亦愈貧。旦起拾菌壅田，始入塾，饔飧不繼，忍饑而讀。夜無膏油，則炷香默誦，以九炷爲限。鄰有墾地者，天甫明已聞府君讀書聲也。

年二十補縣學生，是爲嘉慶二年丁巳，五年試優等食餼。國家功令賓興之歲，甘肅合試於陝，平羅距西安幾二千里，又皆陸行，無舟楫之便，士有至老不踏棘闈者。

府君爲諸生，十年教授鄉里，以脯脡供甘旨，貧不能試。仁和王侍郎雲槲先生時官平羅知縣，奇府君文，勸之試，遂應。嘉慶十二年丁卯科鄉試中式第六十名舉人，座師爲掌福建道監察御史、後官山東巡撫商城程公，翰林院檢討、今官禮部右侍郎華陽卓公；房師爲□縣知縣□公名□□。

十三年應禮部試，未售。次年再黜，盛初公諭令留京受業紹興瞿翰林子臯先生。

十六年聞盛初公訃，星奔旋里，走墓所哭幾絕。貧益甚，無以爲養，則販冰魚於省，入其羨奉母。會江右趙刺史霽園先生方居甘省，延爲塾師。

甲戌，①猶不能與計，偕平羅人士請主講又新書院。

二十二年丁丑再入都，會試中式第二百十一名，座師爲太子少保、大學士、後加太傅歙縣曹文正公；協辦大學士大庾戴公；户部侍郎、後官尚書歸安姚文僖公；刑部侍郎、後官和闐領隊大臣、今致仕滿洲秀公；房師爲户部員外郎、後官工科給事中、今假歸鄱陽李公名遠烈。殿試二甲第五十八名，朝考入選，欽點翰林院庶吉士。

二十四年散館，名在二等，改知縣，九月選授安徽建平縣，奉旨調補江蘇荊溪縣知縣。甫蒞縣，府君以清白要於神。有吴姓冒占墳塋

---

① 甲戌：嘉慶十九年（1814）。

一案,歷任未結,府君得其罅漏處,一鞫而服,縣人神之。自後民間有訟不敢以侜張相嘗試。縣多逋賦,府君手諭紳耆,委曲敦勸,民乃輸將恐後。竟府君任,無催科之煩。

道光元年辛巳冬,有三官寺僧被殺。一日,隸繫三人至,供□殺,甚確指一人,血衣爲據。府君疑,既謀殺,豈肯自露血衣?引實密室詢之,則屠豬者,縣役誣獲逼供耳。釋之。未幾,得正凶。

二年調任長洲。荊溪之民,懸匾於廳事之堂,用《大學》語曰:"此之謂'民之父母'。"府君欿然不自居也。長洲爲省會首縣,事劇難治,府君不廢酬。應而日坐堂皇,決斷庶獄,恒以片言解兩造紛故,隨斷隨結,無株累者。海門人王有素以鬥殺人,擬抵獄定矣,提解至省,則謂某實溺死。府君請上憲調原問官覆審,不許,則請覆檢,及檢,則死者無傷痕,平反之。凡平反者甚衆,而是獄則不孝等所習聞也。縣署近烏鵲橋,居民奉斷石爲木,居士牲醴甚盛。府君輿而過,遽下輿,舉足蹴石,命投諸河,香火乃絕。

三年,吳中澇,自五月至七月,霪雨不止,田禾大荒,碾倉穀,平糶城中,城外分設粥廠,出私錢屑麵爲餅給婦女、幼稚之不能赴廠者,更嚴吏胥賣荒之弊。縣人謂:"是年災黎,大府安全之,而實惠及民,則使君活我也。"大計卓異,旋以辦賑出力加知州銜,是時協揆濟寧孫公總督兩江,仁和韓公巡撫江蘇,而今巡撫侯官林公方爲按察使,特器重府君,每事必諮。林公奉命籌辦三江水利,以艱去。方伯今貴州巡撫善化賀公繼之,委府君司局務,浚黃浦上游各淤。

四年冬,大風壞高堰,水決,漕道塞。明年,今宮保兩江總督安化陶公自皖移撫江蘇,首拔府君爲督糧同知,奏請暫行海運,委府君理總局,陳上事宜三十條,悉有採納。未竣事,遭赫太淑人憂。始府君赴官迎養赫太淑人,太淑人傳諭曰:"汝初得一官,宜節靡費。署中無家口之累,亦可專心民事,稍俟數年吾來未晚,又恐南方水土不服,且長途跋涉,不若家居之安。"屢以爲言,故板輿未迎,府君欲於給咨引見,後告假歸省,而海運事起,大府方重倚之,則又不敢以私請,既聞訃慟哭，坐苫塊百日，得腦鳴疾及歸，吳民焚香，送有淚下者。陶公以府君首海運事比竣，仍列上其績，加知府銜，遇缺陞用。

八年釋服，十一月攝蘇州府，清釐積滯八十餘案。十二月擢常州府知府，未任，調江寧府節相。襄平蔣公與方伯賀公喜府君至，則建議疏秦淮河以利圩田、通舟楫。省中有鳳池書院廢矣，買隙地倡建貢院，久未修葺，土壞木腐，試日天雨，泥水沒股際，府君奉大府檄，捐廉募資，扶仆易朽，浚深爲溝，平砥爲道，溷圊之所皆甃以石，又買民地，廣號舍數百間，應試之士謂："非委使君督辦，恐無此周固也。"凡前代祠宇有圮覆者，必捐修之。荆溪盧忠肅公祠、長洲韓襄毅公祠、周忠介公祠，其最著也。而荆溪王忠烈公行儉，向未有祠，則府君據紳士請所剏建。江寧張、許二公祠，久爲佛院，別構祠屋新之。

兩淮鹽賦自嘉慶甲戌後，綱引滯銷，國課虧缺，言事者有改歸場竈之論。上命尚書令協辦大學士蒲城王公侍郎、今成都將軍滿州寶公至揚州，與總督陶公籌之，檄府君議。府君上言："利與害相因，言利之道必并其害，而兼籌之。大抵改法之說有三：一曰歸竈丁，以按鍬起課；一曰歸場官，以給單收稅；一曰歸場商，以認鍬納課。三法雖善，然有九難：竈丁之通欠也，鍋鑊之私煎也，災祲之藉口也，額數之難定也，稽察之難周也，官吏之難恃也，疲商之鑽充也，殷戶之規避也，垣外之私售也。且有三病：行鹽不分地界，民憚遠涉楚岸，鹽必缺，缺必仰給川粵之私，則川廣之鹽法病；蘇常嘉湖近在咫尺，浙價偶貴，必貪食無引之鹽，則浙之鹽法病；淮北毗連東省，人習負販兗沂，諸府便於營買，勢必盡食淮鹽，則長蘆之鹽法病，而淮南比數萬捆運之夫，一朝失業，糾合私梟鬥殺拒捕，又意中事矣！"諸公韙之，遂罷其議，而奏請裁鹽政，歸江督兼轄。陶公即舉府君任運使，府君力辭不許。

十一年二月奉旨署兩淮鹽運使司。

十二年八月兼護鹽政印月餘。

十三年二月奉旨實授鹽運使。兩淮鹽法久壞，庫虛商絀，全局不支,積欠至五千三百餘萬。鹽政運司一歲數更易,陶公稔知其大病在浮費過多,商本太重,極疏其弊,朝廷悉以委公,惟府君計事多合,改定章程,不避勞怨,減科則、平引價、浚場河、嚴透漏,擒治梟匪數百人,私梟斂戢。淮北商疲尤甚,自陶公改行票鹽,民商便之。府君又以積存永豐壩鹽十餘萬,委官分運各岸濟售,自是歲課倍入。府君始受事時,庫貯僅五萬,及再逾年,常二三百萬,此其效也。泰海窮竈,因災借給口糧,無力徵還,府君改請蠲給,或按堉撥穀賑濟。凡裕課恤商、撫灶利民之事,請於陶公,次第奏行甚衆。揚屬數患水,府君前後倡捐鉅萬,日煑糜粥數十鑊,肩於市以食餓夫,愛民惠政與爲守令時無異。兩淮二十年來鹽引積滯牽算,每年不能行一綱之鹽,或祇運十之五六。自府君蒞事,辛壬癸甲四年即運四綱,兼有加帶己庚殘引。

十五年六月奏銷甲午綱後,深慮楚西積引未銷,商力將乏,請以乙未綱鹽分十年帶運。十一月府君病,陶公展覲過揚,就榻問視,陳其事爲兩淮利鈍消長之機。公入都面奏,仰蒙俞允。上於公奏對時數稱府君賢。公對以俞某出身循良,所至有聲,俾盡其長,必更能努力報効朝廷。若論鹽務,特其餘事,實乃羈之,天容爲之動。陛辭日復諭:"運司好官,因其辦鹽務而轉,更宿留之未可也。俟有可接替之人,當更酌之!"公意天眷如此,且晚間必邀特擢,而府君已不及知矣。嗚呼痛哉!府君體氣素碩,九月下旬感受風寒,醫治少愈。十一月中疾復作,判牘理事如故,陶公見而憂之,途中貽書勸以息心節養,府君感公意,篤而未忍決也,後病加劇,飲食漸減,乃陳於署督侯官林公請假。林公奏稱俞某平日辦事鉅細,悉出親裁。道光三、四年間爲長洲首縣,辦理災祲竭盡心力,民情愛戴,至今州縣無出其右。洊陞運司以來,值鹺務極難之際,刻苦勤勞,未嘗一日稍懈,此次力疾辦公,精神漸覺委頓,顯因用心太過之故,自應仰懇聖恩,俯准給假兩月,俾得安心靜攝,以期迅速就痊,得旨允准。不孝等見府君自十二月初四日卸篆之後,神氣清爽,言語如恒,方冀調養復元,長依愛日。乃十五日忽患泄瀉，醫藥罔效，至二十日酉刻，痰湧氣喘，端坐而逝。嗚呼痛哉！

訃聞，林公嘆惋累日。陶公方陛辭，請假歸湖南修墓，行至鄭州得耗，即日折回揚州。疏言兩淮漸有起色，皆運司嚴除浮費，謹守鎖鑰之力，且以淮鹽疲敝之後，運司刻苦支持，積勞成病，竟至不起，子方遠試，囊槖蕭然，奏聞復爲文以祭述，入覲時面奉恩諭語，冀以相慰於九原。嗚呼痛哉！府君數年來殫精竭力，受知兩公者最深，屢以官聲最優上達天聽，而深惜其溘逝也，嗚呼痛哉！府君素無行看子，忽於夏間取摩詰詩意，命畫工作《水窮雲起圖》。府君臥室懸王文成公畫像，病中指謂不孝等，文成年止五十八歲，吾正與之同歲矣，不孝等心竊訝之。孰知府君若豫知考終之期，而爲之讖也。性不嗜佛，病革口占五古，乃多解脫語，且說偈曰："四大皆空，一絲不掛；解卻塵緣，乘雲瀟灑。"去來之際若有神悟者。然易簀之日，僚吏省病，尚對客酬酢如平時。嗚呼痛哉！

後府君卒，十日甘肅信至，不孝承重光昱本生祖考鑑塘公，先於十一月初三日感時厲卒。嗚呼！府君而在，其抱痛又何如也？鑑塘公長子思益方督率不孝承重光昱，爲府君庀治喪事，不得星夜奔歸，遭家不造，夫何至於斯極也？

府君性肫，篤與人交，有終始，能面諍人過，初若毅然不可犯，久之則在光風霽月中矣！服官幾二十年，自縣令至運使，壹以廉惠稱。甫入官，書耿忠簡公耐，煩說縣諸座隅故，尤有練事之目，平生無聲色蒲博之玩。官暇正襟坐，手一編書不輟。好獎借人才於寒畯，尤力多有資以成名者。爲知縣校士，每於童子中拔殊雋，荊溪朱水部麗宣、沈大令雲驤、長洲馬北部學易，俱連翩得上第，而舉孝廉貢成均者，指不勝屈也。當爲縣時，曾大母赫太淑人不樂從任，故眷口皆留平羅，府君歲寄俸入佐甘旨，與兄弟書："以睦族敦本爲要。"每云："從前所慮者凍餒，此後凍餒可無慮，所慮人多事雜，子弟怕讀書耳。"寧郡地方善舉，如義倉、義塾、學宮等事，府君皆首先捐助。比再以憂歸，自憾居官闊定省，爲文告匱，痛自引責。結草舍廬墓，墓去所居，近午歸，就飯必兄弟五人俱，有一後至者，必停箸待，三年如一日。又以用度日繁，取先世遺田及續置田共百餘畝，與兄弟均。長祖姑適王，爲府君異母姊；次祖姑適莊，三祖姑適張，爲府君同母妹，各分金贍日用。府君著《留餘堂家言》記之，其序略曰："余家素無恆產，今歲需視前較甚。語云：'由儉入奢易，由奢入儉難。'此後踵事而增，何所底止其故，總由人口衆則心力難齊，柴米油鹽視爲公中物，不甚愛惜，無益之費日增月盛，若不及早撙節，恐子姪輩習常見慣，不知來路之難，但圖目前之快，其勢不至一敗塗地不止。今余兄弟五人同心商酌，將所存田產均股分派，各自經管，異日祿入稍豐，仍當按股均貼。倘果男修其職，女任其勞，耕者務耕，讀者勤讀，去浮費而免惰游，先人清白之風庶幾無墜也。"

服闋，携家入官，視猶子如子，咸挈以往，延名師訓之，迎次祖姑任所，而族戚以時寄助。府君恆曰："往返則多舟車費，且本業荒矣。何如少得錢，以佽其所業之，爲愈吾一家飽暖，斷不忍親舊中艱窘耳。"揚州俗奢，而署中皆服布素，儷從化之，無縈縞之飾，嘗訓不孝等曰："官不可恃也，當思無官時，汝曹毋廢耕讀。"又曰："汝曹宜稟樸實忠厚，不可自命乖巧。一乖巧，他日便難立腳矣。"嗚呼痛哉！自今以往，欲再聆府君之訓，而何可得哉？

府君好聚書，前奔喪歸，載書以行。善化賀公贈聊句曰："悲淚五千餘里路，歸裝三十四箱書。"蓋紀實也。自再出山，又積書數千卷，恆謂一生心血所在，要當加意收藏，勿致輕有損失。不孝等謹志之不敢忘。府君所著刊行者《默齋文稿》《館課存稿》，餘著《詩古文家言公牘》文字凡若干卷藏於家。

府君生於乾隆四十三年十一月初九日亥時，終於道光十五年十二月二十日酉時，享年五十有八。賜進士出身，誥授中議大夫，兩淮都轉鹽運使司鹽運使，前護理兩淮鹽政，署江南鹽巡道，江寧、常州、蘇州府知府，蘇州府督糧同知，長洲、荊溪縣知縣，翰林院庶吉士加三級。配吾大母安淑人，累封淑人。子三：長思震，即不孝承重光昱父，本鑑塘公次子，曾大母命爲府君子，前卒，娶楊氏；次不孝葆素，平羅縣學生，娶趙氏；次仲誠，殤。女一：適同縣捐職從九金汝礪。孫三：思震出者一，不孝承重光昱；葆素出者二：光暉、光旭。孫女二：思震出者一，葆素出者一，皆幼未字。不孝等哀毀餘生，語無倫次，且府君宦績具在官牘，昏瞀之餘，實多掛漏，倘蒙大人先生矜諒，賜之銘誄，用垂家乘，則世世子孫感且不朽。

不孝承重孫俞光昱、不孝孤子俞葆素泣血稽顙謹述。

賜進士出身，誥授榮禄大夫，太子少保，兵部尚書兼都察院右都御史，總督江南江西等處地方軍務，總理糧儲、操江南河事務、兩淮鹽政，賞戴花翎，前翰林院編修，同館友人陶澍頓首拜填諱。

【校勘記】

[1] 行述：原文無，據本書目録補。

補　　遺[1]

兩淮都轉平羅俞君言行補遺①

兩淮都轉平羅俞君之卒也，今兩湖制軍林公既銘其幽矣，[2]余復何言？顧余與君交最久，知君最深，痛君之未竟厥用，即其志行亦容有未盡暴白者。倘終竟湮没，則後死者其奚所逃責，乃就所知見而詮叙之，以補志所未備云。

君淡於榮利而篤於倫理，[3]嚴於自治而恕於使人，深探乎治本化源，而曲達夫人情事變，故所至咸理而去後恒見思。余始官吳中，君爲長洲令，旋擢督糧丞，總辦海運。未幾以憂去。既余官金陵，君以海運甄叙得常州守，調江寧。余實引以爲助，蓋後先共事者數年，凡用人行政必以諮君，數言輒定訖事，罔不如所慮，使人必當其材，兼能役其心，故事皆辦集。顧君之裨益余身心，使余久而愈思，思而不可復得者，則非人之所能知也。[4]君之居官也恪，[5]即胥吏白事，不衣冠不見也。盛暑讞獄，危服坐堂皇，浹汗竟日。異時，君方有所推鞠，瘧忽作，舉體震掉，事未竟，不止也。

荆溪任庶常泰爲余言：君始至荆溪，攔輿訴者百十輩。閱年餘前訴者又易名控，君一見即識之，群驚爲神。其諸不懈於位，而清明在躬者歟。君去長洲日，元和石太史韞玉偕闔邑士民以"實政在民"四字顏其堂，其憂歸也。今遵義守平君翰方同辦海運事，爲書楹帖贈

---

① 文亦見於《默齋公牘》附録，題目同。又見於《耐菴文存》卷四，題作《兩淮都轉平羅俞君言行紀略》。

之云："至性至情得天者厚，實心實政感人也深。"當時謂無溢美。於虖！君何以得此於士民僚友哉！君於官中所入雖少，必別貯之，曰："此官銀也，官錢也，吾不敢以私。"至遇友朋急難，則傾囊助之，無少靳。有大僚某官吳中，罷歸，逋官項，屬君償之。余曰："此其家不貧，可毋庸也。"[6]君卒償之曰："既許之矣，能無償乎？"同官某將謁省爲彙緣，君偶與余言及，異日大悔之曰："庸知其必以是來乎，吾愧此友矣。"於虖！即是以思君肯有幾微之欺其志乎？

君爲諸生以授徒自給，嘗病臥館中，其弟爲抱持臥起，月餘不倦。及官江寧，弟年四十餘矣，猶左右侍奉如囊。時君居憂，其僕從皆不肯它適，以須君之出。於虖！非有德而能然乎？君內峻而外坦，夷人罕得窺其際。即雅相識者，亦謂是政事才耳，而惡知君之用心於內者如是乎。先儒有言："聖門論學必徵諸事，論政必本諸心。"今觀於君，益信有用之學，無施而不可；有本之政，時出而不窮。即稍稍發抒，而食其利者，已遍大江南北，矧更擴而大之耶。[7]

君卒之前數月，余赴閩藩任，邂逅於金陵。君欷歔爲余言："力竭矣，筮仕廿餘載，訖未得一對揚，[8]恐一旦溘先朝露，終無以報國，死有餘憾。"於虖！君有經世大略，余嘗爲故相國蔣公、今兩江制軍陶公言：[9]"吳中彫敝極矣，非得君撫綏不可。"乃天子方允陶公之請，將大用君，而君已不及待矣。方余未赴召時，君以書來促行，且舉余疇，昔所稱陳文恭公熱腸，即是仁之語，相詰責，謂此何時而安處耶？乃余出而君逝矣。悲夫，感念疇曩追次其遺言軼事，以表君之微，尚兼以志。余服官來得力之所，自而今已矣。四顧茫茫，千秋落落，書此以寓之。林公其亦有無窮之悲也歟！

道光十有七年春三月善化賀長齡撰，秋九月南海羅文俊書。

【校勘記】

［１］補遺：原文無，據本書目錄補。案：底本《補遺》原在《行述》前，據目錄調整至《行述》之後。

［2］制軍：《耐菴文存》作"總制"。
［3］淡：原作"澹"，據《默齋公牘》改。
［4］則：《耐菴文存》作"尤"。
［5］也：《耐菴文存》作"謹"。
［6］可：《默齋公牘》無此字。
［7］耶：《默齋公牘》作"邪"。
［8］訖：原作"迄"，據《默齋公牘》改。
［9］制軍：《耐菴文存》作"總制"。

家　　傳[1]

鑑塘公傳

俞君德源，字子静，號鑑塘。先世由安徽遷甘肅之寧夏。父世隆，賈於平羅，遂著籍焉。兄弟五人，君其三也。醇厚篤實，至性過人。長兄德涵，出玉關貿易，久不歸，君奉父命，徒步數千里求得之，艱苦萬狀。仲兄都轉公德淵，館金城患風痹症，君冒風雪疾行，躬視湯藥者數月。家貧甚，父老且病，乃棄舉子業，力田治生產，舉所入奉甘旨，俾都轉公及其弟教諭君，德洵得專意於學。父殁，長兄遠服賈，都轉公方以孝廉應禮部試，君率諸弟庀治喪事，哀禮兼盡。

都轉公成進士，由翰林改官知縣，母赫太淑人暨眷口留於家，君先意承志，奉養無闕，使都轉公紓内顧憂。既居母艱服闋，令諸子隨都轉公任所肄習經史。曰：“吾以家累，不能卒力於讀，今或於女輩得之以顯揚，先人猶身受也。”都轉公歷官江南，距甘省幾五千里，君往來省視不以爲勞，每言：“幼時忍寒擔餓，肩行李獨走關隴，間租一蹇，衛紲於貨，亦未覺疲頓。今路雖遠，有車馬僕從相前後，爲幸多矣。敢不知足乎？”其崇節儉、安義命類如此。都轉公以長兄年漸高，弟教諭君體弱不任事，乃留君子居官所，而令君歸，專理家政。初，君父資性伉直，敦氣節，重然諾，修儒者之行於鄉黨。君善繼先志，樸素冲穆，無聲色之好，族戚有急難，未嘗不推置心腹，盡其力所能爲以應之。秉質强壯，耐煩苦。道光十五年冬感時疾，遂不起，年五十有二。娶杜氏，繼娶朱氏。子思益，邑廩貢生，候選藩庫大使；思震，出爲都轉公後，先卒；思謙、思恒幼。孫三。君歿後未四十日，而都轉公亦以疾卒於官。

論曰：予識君於都轉公官署，恂恂抑抑，古之有道人也。幼而□勞，至老不改其素，天真淡定，視役役於膏粱文繡者何如哉？予讀周官司馬之法，其訓州黨，鄭鄙至矣。大率以孝友睦姻，任恤爲先，是蓋敦本植基，戒浮薄之漸也，然非醇謹，克守家法者難之，若君庶其無愧矣夫。

賜進士出身、通奉大夫、内閣學士、禮部侍郎、前大理寺少卿、提督廣東學政、翰林院侍講，年愚弟王植拜撰。

安宜人傳

予室安宜人，同里安處士之季女也，生長寒門，禀性篤實，有丈夫志。年十七歸予，三朝廟見，先大母赫太淑人喜謂人曰："吾觀斯婦形容嫻雅，不似農家女。得此孫媳，吾願遂矣。"獨鍾愛之。宜人未讀詩書，深知禮義，奉繼姑朱太宜人，先意承志，始終不怠。道光五年，先二伯陶泉公由江蘇督糧同知任聞赫太淑人訃歸家，居二年，見其操作勤慎，不辭勞瘁，心益憐之。服闋後授江寧知府，體赫太淑人之愛，令予偕赴金陵。陶泉公配安太淑人，乃宜人之從堂姑也，愛之甚於己媳，起居衣食，隨其所欲。而宜人時懷隱憂，而無喜色，人莫之解。抑鬱成疾，延醫調治，經年不痊。對曰："妾之病，心病也，非醫能治！"予問其故，潸然泣下，曰："妾與君捨親姑而來侍伯翁，姑何以對世人。焉得不病？"時先父鑑塘公亦在任所，知其情，以善言相慰，病始愈。十五年，陶泉公卒於兩淮鹺使任。次年三月，宜人隨柩歸里，事朱太宜人，愈加敬畏。

十九年，予捐布庫大使，分發廣東，先自之粵。宜人在家事姑教子，經紀家務，所歷艱辛倍於往昔。二十四年，予權篆韶郡經歷，宜人奉朱太宜人命，携三子二女一媳來粵，乙巳三月抵韶時，①宜人年甫四

---

① 乙巳：清道光二十五年(1845)。

十有二，而髮已蒼蒼矣，在家之苦從此可知。自到韶以至於補關庫大使，十餘年來，因予累重缺苦，克勤克儉，量入爲出，娶二媳嫁一女悉隨家鄉風俗，不染粵東浮華，事上接下一本於誠，無一毫欺僞。教子女有法度，内慈外嚴，閨門整肅，三姑六婆不准入室。雖古人齊家不越於此，親戚本族伯叔諸姑無人不愛敬焉。生平一無所好，惟好做善事，恐不勝人也。有同鄉張時齋，廣東候補州判知陵水縣事，卒於官，其妾相繼死，遺一子，年甫四齡，無所依賴，宜人撫育之如己出，現十二歲，視宜人如生母，竟忘其爲張姓子；又有儋州吏目姻親韓小樓夫妻均故，遺二女，不能歸，亦育之如己女。此皆人所不能爲之事而宜人獨爲之，非做善事之明驗歟。因事事求好，用心過度，是以積勞成疾，頭響耳鳴，痰喘氣脹，諸疾俱作。雖身有病而操心如故，其勉力支持與無病同。

　　咸豐七年，夷人犯粵城，戊午正月携子女媳婦孫男孫女歸里，①予送之登舟，向予泣曰："妾抱病歸家，不久於人世，恐予夫婦今生不能再見矣！"予亦不禁淚下，相別之時含淚而去。四月抵陝省，天旱疫作，宜人以下男女均病，長女亡，小孫女亦殤，此不幸之事悲慟傷心，更不待言。適值鄉試之年，大兒病未進場；二兒病甫瘥，勉强入闈場，後由陝回里，十月初一日抵家。兹於己未十一月初一日接到訃音，②舊病大作，醫藥罔效，竟捨子女而長逝矣。嗚乎！予閲信之餘，回憶花地送別，曾幾何時，而所言所行，歷歷猶在耳目，令人能不痛哉？能不傷哉？

　　生於嘉慶九年八月二十四日申時，卒於咸豐九年七月十八日辰時，享年五十有六。生子三：長光暐，次光昇，均附生候選訓導；次光曜，候選布政司經歷。女二：長適本省隴西徐恩湛；次未字。孫一：粵生。女孫三。予閲宋禮部侍郎袁絜齋先生爲其妻邊夫人書壙志有

---

①　戊午：清咸豐八年(1858)。
②　己未：清咸豐九年(1859)。

云："夫有美而弗書，不仁也；書之而溢美，不信也。撮其平生大略據實以書，義所當然非私也。"予按宜人一生行事而約略書之，亦此意也。

咸豐九年十一月朔，俞思益撰。

楊孺人傳

楊孺人者，東生弟之妻，麗堂姪之母，同里增生培林公之少女也。培林公爲先二伯陶泉公莫逆交。嘉慶乙丑生孺人即與陶泉公約爲婚姻，①當是時陶泉公猶未有子也。越三年丁卯，②先考鑑塘公生二弟東生，陶泉公立爲己子，培林公以其女妻之，遂定姻焉。孺人幼而聰慧，最爲培林公夫婦所鍾愛，時以古訓教之，使知爲婦之道，年十九於歸。

東生伉儷相臧，雍睦無間，且孺人夙嫻内訓，又能於事親敬長，處家之道無一不周。先大母赫太淑人欣然色喜曰："長孫媳如我意，次孫媳亦如我意也。"蓋以余與東生弟早年失怙，均賴先大母撫育而成，故其待余婦安宜人與孺人尤爲優容備至焉。道光壬辰，③東生弟歸應歲試病卒於家。時孺人猶隨侍陶泉公兩淮都轉任所，聞訃一慟，幾不欲生。陶泉公乃進而慰諭之曰："凡爲婦者，夫既亡，當以代夫撫孤爲重，不以從夫殉節爲能！"孺人深明大義，不得已而委曲聽之，於是節哀順變，誓矢冰兢，專以課子爲己職。麗堂姪亦能善體親心，勉圖進取。逮咸豐元年辛亥補博士弟子員，四年甲寅補食廩餼，孺人意稍慰。謂可紹書香之一線，而報先人於地下矣。唯念家計蕭條，僅有薄田二百畝。孺人篤志持家，益加克勤克儉，率麗堂姪親督工耕，朝夕不遑，操勞愈力，以致氣血兩虧，患乳癰疾，醫治罔效，遂於咸豐九年九月初四日而歿。葬於曾祖母杜太淑人墓之右側第三冢。今距其亡

---

① 乙丑：清嘉慶十年（1805）。
② 丁卯：清嘉慶十二年（1807）。
③ 壬辰：清道光十二年（1832）。

已十年矣,夫兄集生因念孺人守節撫孤艱苦備嘗,不可以泯沒無聞,遂援筆而爲之傳。

時同治丁卯九月朔日。①

【校勘記】

[1]家傳:原文無,據本書目録補。

---

① 丁卯:清同治六年(1867)。

年　　譜[1]

集生年譜

嘉慶八年,癸亥,夏六月望七日申時,先母杜太恭人生益於平羅縣頭閘留餘堂。先大父盛初公、先大母赫太淑人始得孫,愛之如獲珍寶。

九年,甲子,益二歲。

十年,乙丑,益三歲。先大伯靜菴公自西域貿易歸。

十一年,丙寅。益四歲。先大伯靜菴公復往西域。

十二年,丁卯。益五歲。先二弟東生生,出嗣先二伯陶泉公。秋八月,先二伯陶泉公舉於鄉。

十三年,戊辰。益六歲。春,先二伯會試未中留京。三月二十三日,先母杜太恭人卒,時年二十四歲,葬於先曾祖妣杜太淑人墓右。益與二弟東生均賴先大母赫太淑人撫育之。先父鑑塘公往西域尋先大伯靜菴公返。

十四年,己巳。益七歲。先二伯母生三弟梅生。先大伯母生四弟曉帆。先大伯靜菴公三赴西域。先四叔少泉公入寧夏縣學。

十五年,庚午。益八歲。春,先四叔少泉公設教於頭閘,益從學焉。秋九月,先大父盛初公赴寧夏縣鎮河堡祖籍議祭田租。冬十月三十日,病故於張鎮堡王大姑母家。十一月,運柩歸葬於先曾祖母杜太淑人墓左第一穴。

十六年,辛未。益九歲。夏,先二伯陶泉公自京聞訃歸。秋九月，先二伯陶泉公赴甘肅省"蘭山書院"肄業，設帳於狄道州趙刺史宅。刺史諱宜暄，江西南昌人。

十七年，壬申。益十歲。先二伯在趙宅患病甚劇，幸服參劑就痊，先父鑑塘公奉侍不懈；先大伯靜菴公亦由西域聞訃歸，與五堆子人桂文斗開設"雙和文店"於頭閘西街。

十八年，癸酉。益十一歲。平邑歲大饑，斗米千錢。冬，先二伯陶泉公自省歸，時已服闋，本擬上京會試，因川資無措未果行。

十九年，甲戌。益十二歲。先二伯陶泉公爲平羅黃邑候聘請，主講"又新書院"，益隨先四叔少泉公往受教。秋九月，繼母朱大恭人來歸。先大伯靜菴公生書田五弟，後出繼先四叔少泉公爲嗣。

二十年，乙亥。益十三歲。先四叔少泉公設館於交濟堡胡家廟，益同二弟東生、三弟梅生、四弟曉帆均從學焉。

二十一年，丙子。益十四歲。秋九月，先二伯陶泉公再赴禮闈會試。

二十二年，丁丑。益十五歲。先二伯陶泉公中進士，欽點翰林院庶吉士。

二十三年，戊寅。益十六歲。先父鑑塘公造書室於老院前，益同二弟東生、三弟梅生、四弟曉帆，受業於平邑廩生田硯農先生諱樹本。

二十四年，己卯。益十七歲。先二伯陶泉公散館改選安徽建平縣知縣，奉旨調補江蘇荊溪縣知縣，先大母赫太淑人令先大伯靜菴公，偕先父鑑塘公視先二伯於任所。

二十五年，庚辰。益十八歲。冬十二月受室恭人安氏。先父鑑塘公由荊溪歸。

道光元年，辛巳。益十九歲。先四叔少泉公赴先二伯陶泉公荊溪任所。先大伯靜菴公自荊溪歸。二弟東生妻楊孺人來歸。

二年，壬午。益二十歲。先二伯陶泉公調長洲令。

三年，癸未。[2] 益二十一歲。季眉六弟生。先五叔少隱公赴先二伯陶泉公長洲任所。

四年，甲申，益二十二歲。筠如七弟暨大姪光昱生。冬十一月，先二伯陶泉公，先四叔少泉、先五叔少隱公在長洲縣署為先大母赫太淑人祝七十壽。闔省官紳同僚俱餽以屏幛、對聯、詩文，其頌揚語句各本諸心，無一不切先二伯陶泉公德政而稱美之。惜乎！所錄底本回匪作亂遺失矣。

五年，乙酉。益二十三歲。先二伯陶泉公升蘇州督糧同知，總理海運事。先大母赫太淑人因泰寧弟、朱太恭人生。太平弟、五叔母劉太宜人生。舜華妹、朱太恭人生。白玉妹前五叔母馬太宜人生。均患喉瘋症相繼殤，先大母赫悲痛傷肝，得氣痛病。業師硯農先生選拔貢生。夏六月，大兒光暲生。先四叔少泉公、先五叔少隱公由江蘇任所歸。冬十月二十四日，先大母赫太淑人卒，享年七十一歲。嗟嗟！益幼而失恃，惟祖母是依，真痛恨終天也！

六年，丙戌。益二十四歲。大妹思萱生。先二伯陶泉公聞訃歸。秋九月，合葬先太母赫太淑人於先大父盛初公墓。先二伯以生未盡祿養，沒未視含殮，悠悠蒼天，此恨何極。夏六月，旋里後，舉辦喪葬事宜，盡禮盡哀，不遺餘力。凡戚友之來吊，鄉鄰之來觀者，俱以無憾為嘆！嗚呼！赫太淑人在天之靈，其亦少慰矣乎！

七年，丁亥。益二十五歲。從平邑廩生宋西樵先生。丁酉拔貢，舉人，係大兒光暲伯岳丈。時先二伯陶泉公守制在家，益兄弟受教良多。

八年，戊子。益二十六歲。宋西樵先生赴陝鄉試，益從武威張仰山先生學。嘉慶庚午舉人。是年，先二伯陶泉公已服闋。引見奉旨："仍發江蘇原省以知府補用。"先四叔少泉公隨往。旋委署蘇州府知府，補授常州府知府，隨調江寧府知府。

九年，己丑。益二十七歲。先父鑑塘公送先二伯母安淑人，并東生二弟、葆素三弟、金廉夫妹、文金妹、二弟婦楊孺人、三弟婦趙安人、大姪光昱、金外甥士邁，赴蘇州府任所。益應寧夏縣童子試，縣試第一名、府試第二名、院試入學第一名；四弟曉帆應平邑童子試，縣試第三名、府試第一名、院試入學第九名，覆試第一名。三弟葆素生光皥姪於江寧府署。冬十一月，二兒光昺生。

十年，庚寅。益二十八歲。先父鑑塘公自江蘇任所歸。秋月，益偕安恭人、曉帆四弟、大兒光暐、二兒光昺赴先二伯陶泉公江寧府任所；冬十月抵署，偕三弟、四弟從學於溫翰初先生。上元縣人，壬辰進士。二妹重菊生。

十一年，辛卯。益二十九歲。先二伯陶泉公升兩淮都轉鹽運使司，益隨送先二伯母眷屬赴任所。

十二年，壬辰。益三十歲。溫翰初先生赴都會試。先四叔少泉公攜益及葆素、曉帆弟赴陝鄉試；東生弟回籍歲試，五月抵陝。秋八月，益同葆素、曉帆弟入鄉闈，均未中式。冬十月抵家。十二月，二弟東生卒。

十三年，癸巳，益三十一歲。先四叔少泉公偕先二姑母莊孺人、三弟葆素、四弟曉帆、莊表弟文榮及表弟婦賀氏赴兩淮運司任所。益在籍歲考一等第三名，補食廩餼。

十四年，甲午，益三十二歲。春，先父鑑塘公由揚州運司任所歸。秋七月，益奉先二伯陶泉公命赴揚；八月，路過陝省入闈鄉試，未中式；冬十月抵署，命管家務。

十五年，乙未。益三十三歲。書田五弟入寧夏縣學。先四叔少泉公復率三弟葆素、四弟曉帆由揚州赴陝鄉試，均未中式。秋九月，先二伯陶泉公赴南京，謁見江南主考卓海帆先生。諱秉恬，嘉慶丁卯陝西副主考，先二伯座師官大學士。旋因感冒風寒返署，醫治弗效，於十二月二十日酉時疾終。時諸伯叔暨諸弟俱未在署，內事外事皆益經理。越七日，甘肅家人來。先父鑑塘公在籍亦因感冒風寒得疾，終於十一月初三日時。嗚呼痛哉！當此之時，益遭兩處大故，呼天搶地，痛不欲生，惟以先二伯眷柩未歸，先父窀穸未安，不得不於神魂失措之餘，勉襄大事。嗚呼痛哉！

十六年，丙申。益三十四歲。春正月，先四叔少泉公偕三弟葆素由家聞訃來揚。三月，眷柩由揚起程回籍。六月抵家。七月，合葬先父鑑塘公於先母杜太恭人墓左。九月，葬先二伯陶泉公於朱家龍坑新塋。喪葬之事俱照先大母赫太淑人辦理。是年，三兒光曜生。

十七年，丁酉。益三十五歲。在先五叔少隱公園中建修宗祠。

十八年，戊戌。益三十六歲。服闋。修住宅於老莊左首。冬十月，大女生。

十九年，己亥。益三十七歲。先於壬辰年援籌備例，報捐布庫大使。夏五月，爲六弟季眉娶龔孺人。六月，即束裝赴都，引見掣簽廣東。領照後，於十二月出京。

二十年，庚子。益三十八歲。春二月到省候補。時制軍爲林少穆先生，前於蘇撫任內與先二伯陶泉公最契重，謁見之際殷殷垂詢，頗承優睞也。旋得家信，知三月二女靜貞生。

二十一年，辛丑。益三十九歲。是年，唉夷滋事，奉委管理軍需米局，兼辦木排事宜。

二十二年，壬寅。益四十歲。春正月，爲大兒光暐授室宋氏。同邑職員諱作謀翁長女，時粵省開捐豫工卯例，奉委管理捐局事務。秋九月，因捐輸海疆經費，請獎案內。冬十一月，奏奉上諭："著以藩關庫大使，遇缺即補。欽此。"

二十三年，癸卯。益四十一歲。秋九月先大伯靜菴公、冬十月先四叔少泉公，在籍相繼疾終。時曉帆四弟、書田五弟俱在陝鄉試，場後留陝肄業，聞訃始星奔回里。惟益天涯薄宦，萬里攸羈，驚音耗之遙傳，痛先型之長謝。嗚呼悲哉！

二十四年，甲辰。益四十二歲。夏六月，先二伯母安淑人在籍疾終。時梅生三弟因先二伯陶泉公入祀江南名宦祠，赴揚未返；大姪光昱承重，喪殮之事俱賴先五叔少隱公率同妥爲料理；梅生三弟聞訃歸。冬十一月，合葬於先二伯陶泉公墓。是年秋九月，益奉委署理韶州府經歷事。

二十五年，乙巳。益四十三歲。春三月，安恭人挈同大兒光暐、大媳宋氏、二兒光昺、三兒光曜、大女淑貞、二女靜貞由家抵署。萬里間關，一家團聚，喜何如也。冬十月，益交卸韶州府經歷事，携眷回省。冬十二月，山東諸城李方赤觀察委權南韶道篆，益奉飭隨赴韶州。是年，季眉六弟進平羅縣學第一名。

二十六年，丙午。益四十四歲。春二月，奉委代理韶州乳源縣事，履任甫四旬餘。去之日，紳民夾道拜送。予深以來去太匆，愧未能與彼都人士圖長治也。秋七月，奉委代理廣州府從化縣事。雖簾缺，惟念一日視事，即百里之民生繫之，何敢存五日京兆之心。事無巨細，但盡其所能，爲故案多裁結。有□□兩姓互爭田畝一案，閱，數十年纏訟不已。益取其全卷圖繪悉心披閱，其地去縣城九十里，亟欲一往親勘。乃懸示兩造，於集日齊赴該處，聽候勘斷。而左右咸以爲案擱有年，恐不可以一朝釋也。届期乘輕輿、携役從數人往，凡一茶一水之需，皆自爲之給。尚去其地數里，即見扶老携幼者不絶於道。比至，則兩造之父老人證，及附近來觀者已駢肩累迹矣！下輿後紛紛伏訴。當諭令各於己界内插立標記。知其間必不免互有侵占也，復集兩造而諭之曰："我今日之來也，欲爲爾兩造了數十年不了之讞也。爾其聽我言，我之願也；如其不聽，我將虛此一行。恐此後爾等因訟受無窮之累也。"衆皆唯唯。爰據以勘其地，令各將所插標記收繳前來，益即斷以居中："沿插右者，則屬□姓；左者屬□姓，中讓一路所以畫疆界，亦以便往來，若是公平？"語未畢，歡聲雷動，案遂以結。嗟乎！爲民上者，盡一分心，有不收一分之效哉？瀕行舉留之雅，令人愧，無以受也。九月交卸，旋省。長孫女月仙生。

二十七年，丁未。益四十五歲。夏，奉委管香蠟貢進京。同事爲曾大令師海。益因署韶州府經歷任内獲盜，引見奉旨："著補缺後以應升之缺升用。欽此。"

二十八年，戊申。益四十六歲。春三月，由都回粤銷差。時李方赤觀察已升授薇垣。奉委清理藩署積案，方伯不以僚屬視，朝夕謁見，頗承知遇也。

二十九年，己酉。益四十七歲。奉委清查各州縣欠解藩庫正雜錢糧款目。冬十一月,爲二兒光昺授室韓氏。廣東儋州吏目,山西陽曲諱肇倫號小樓翁五女。十二月,書田五弟由家來粤,相見歡然。

三十年,庚戌。益四十八歲。春,大兒生次孫女庚姑;書田五弟旋甘。夏四月,奉委署理粤盈庫大使。是月二十日接印視事。

咸豐元年,辛亥。益四十九歲。春三月,奉文准補粤盈庫大使。二兒光昺生長孫男,旋殤。大姪光昱、六姪光顯俱進平羅縣學。

二年,壬子。益五十歲。春二月,遣大兒光暐、二兒光昺回籍應童子試。

三年,癸丑。[3]益五十一歲。是年,接家信知大兒應寧夏縣試取第一名、府試第二名;二兒應縣、府試俱第三名。六弟婦龔孺人卒。

四年,甲寅。益五十二歲。粤東紅匪起事,各郡縣嘯聚響應,同時告警,省垣戒嚴。奉委巡守靖海、文明兩門,因盤獲奸細,蒙大憲給予六品頂戴。

五年,乙卯。益五十三歲。夏六月,大兒光暐、二兒光昺由家鄉旋粤。大兒科試進邑學第一名;二兒歲試進邑學第一名。惟沿途紅匪未靖,跋涉艱險耳!并知階平八弟、光暉三姪俱進平羅縣學;光昱、光顯兩姪試優等食廩餼。秋七月,爲三兒光暉授室宋氏。廣東南海縣五斗司巡檢,平凉諱延璧號瑤章翁五女。

六年,丙辰。益五十四歲。大兒生三孫女霞仙。秋九月,嘆夷犯省城,踞省河施放洋砲,人心頗震恐,先因靖海門被焚,雇工填塞,旋奉委就近管五仙、靖海兩門。冬十月,二兒生大孫粤生。十一月,爲大女贅隴西徐露洲名恩湛。廣東候補從九品。

七年,丁巳。益五十五歲。題補瓊州府陵水縣知縣。秋七月奉旨:"准其升補。欽此。"九月,奉文調取引見,因留關當差,未即請咨。冬十一月,嘆法夷復踞省河,炮點如雨,[4]亟攻一晝夜,攔入省城,嗣經議和。

八年,戊午。益五十六歲。春二月,安恭人率大兒、二兒、大媳、二媳、三媳暨大女、二女、孫男輩先行旋里,三兒光暉留侍在粤。夏四月,行抵陝西。六月,大女卒於省寓。時值鄉場在即,季眉六弟、光顯六姪、張雲衢妹丈由里赴陝,偕二兒同應鄉試,大兒因病未能進場。揭曉,雲衢妹丈中式。十月,眷屬平安抵家。

九年,己未。益五十七歲。春二月,由上年在廣東捐輸團練,經奏奉諭旨:"准給予同知升銜。欽此。"謹爲父母親暨繼母,并四先叔少泉公、五先叔少隱公及四、五兩嬸母,俱請五品封典。秋八月,禀請交卸粵盈庫大使篆。九月卸事,請咨赴京引見,時因美國洋人先經換定和約,赴潮州、汕頭開港,設立新關。奏委馳赴,會同英國洋人李總税務司督辦税務。冬十月,接家信知,二弟婦卒於九月,安恭人卒於七月。嗟嗟!安恭人秉性温純,持家勤慎,事繼姑,尤能曲盡婦道,惟事事操勞,未免時攖疾病。回憶由粵歸里,執手依依。益方謂即賦言,旋百年相守,嗚呼!孰意生離者,竟成死別乎!十二月,航海馳抵汕頭新關。開辦之初,商民百計阻撓,勢將決裂。而後,已閲半年始克,辦理就緒。亦頗費擘畫矣!

十年,庚申。益五十八歲。夏六月,因關務已辦有成效,益復患痰喘之恙,請假返省,堅擬借請咨引見之名,爲歸里息肩之計,倚裝而待。秋八月,二兒光昺率二媳暨二女靜貞、大孫粵生、二孫楚生抵粵。二孫産於湘潭舟次,故名之楚生也。隨令三兒光曜返甘。時適值潮陽縣梅花鄉擄禁洋人之案,辦理迄無頭緒,經前兩廣督憲勞諨飭前來,辭不獲。已到潮後,案旋辦結,隨奉札飭,就近仍回新關督辦税務。冬十二月,遵籌餉例,捐升同知,"仍指分原省補用"。是年,光顯六姪取辛酉科拔貢生。九弟思恒、十弟思升同進平羅縣學。并葬安恭人於籍,塋去先二伯墓所不遠,乾山巽向。

十一年,辛酉。益五十九歲。春二月,二兒等抵新關,嗣得家信,知季眉六弟及光顯六姪同舉於鄉,喜弟姪輩尚能讀書,殊慰遠懷也。

同治元年,壬戌。益六十歲。原設新關委員及税務司并關銀號,均住嶋嶼,去汕三十里,四面環海,地轄澄海、潮陽、揭陽三縣之交。

冬十一月，各屬匪鄉并勾引海陽、饒平兩縣土匪，夜劫去關餉銀七萬餘兩，黎明已分投偵，知賊蹤所在，通稟檄飭嚴辦，旋經贓賊全獲，各匪鄉經此番懲創，始知國課攸關，不敢再萌他志矣！是年，光顯六姪留都肄業，歿於京；梅生三弟卒於家。大孫女仙姑適隴西蔡萬廷，名延齡。二媳生四孫女同仙。

二年，癸亥。益六十一歲。甘省回匪倡亂，鄉音斷絕，天涯簿宦，真馳盼難名也。

三年，甲子。益六十二歲。秋七月，二兒光昺赴京，由訓導遵籌餉例，加捐同知，分發廣東，九月引見後旋粵。冬十一月，二女靜貞贅浙江仁和張幼齋名恒祺。廣東提舉銜候補通判，軍功保舉，遇缺儘先藍翎。

四年，乙丑。益六十三歲。冬十月，因咸豐四年剿辦省城西北石門、石井一帶匪鄉出力，請獎案內奏奉上諭："著以同知本班儘先補用。欽此。"季眉六弟在都援例，報捐內閣中書。二媳生五孫女次仙。

五年，丙寅。益六十四歲。夏五月，季眉六弟挈三兒光曜、三媳由都來潮。秋七月，得京信欣知，母親暨六弟婦張孺人、十姪光煦、姪婦張氏、十三姪光昕、大媳并孫女們俱平安抵都。時值二婿幼齋赴京引見，即令六弟結伴迤往。冬十一月，幼齋旋粵。因光昱大姪亦至都，遂同送大媳宋氏、大孫女仙姑、二孫女庚姑、三孫女霞姑航海抵潮。烽火餘生，相見之餘，悲喜交集。詢悉：頻年來，家鄉情形無寸土之完，且年災則人飢相食，時疫則比戶喪亡。當三年，賊至頭閘，曉帆四弟、書田五弟、四弟婦、八姪光瞵、四弟之女慧珠均被害。并知五叔少隱公、五叔母張宜人、八弟思泰、十一弟思復、五姪光旭、大兒光暐并三弟婦、七弟婦、八弟婦、十弟婦、六弟之子豫綏、女海印、七弟之子豫福、豫貴、九弟之子豫祿、五姪之子繼曾及孫媳王氏先後病故。親戚亦大半死亡。噫！慘矣！盼家園於萬里，祝綏靖於何時？每一思維，殊令中心耿耿耳！

六年,丁卯。益六十五歲。春二月,因三、四兩年髮匪竄擾閩粵,委辦潮防軍務出力,請獎案內奏奉上諭:"著賞加知府銜。欽此。"二兒光昺同案奏,奉上諭:"著以本班儘先補用。欽此。"又,二兒光昺因委辦閩省轉運事宜,蒙閩浙爵督左奏奉上諭:"著賞加知府銜。欽此。"三月,益銷差回省。二媳生六孫女幼仙。

【校勘記】

［１］年譜:原文無,據本書目録補。
［２］未:原作"亥",顯誤,據文意改。
［３］丑:原作"亥",顯誤,據文意改。
［４］炮:原作"跑",誤,據文意改。

參考文獻

一、著作

《默齋公牘》：（清）俞德淵，道光二十年平羅留餘堂刻本，廣東省中山圖書館藏。

《耐菴文存》：（清）賀長齡，《續修四庫全書》第115冊，上海古籍出版社2002年版。

《〔民國〕朔方道志》：馬福祥等修、王之臣纂，《朔方文庫》本，國家圖書館出版社2018年版；胡玉冰校注本，上海古籍出版社2018年版。

《寧夏歷史人物研究文集》：胡迅雷，寧夏人民出版社1993年版。

《默齋拾遺：俞德淵史籍及研究》：趙和平編著，寧夏人民出版社2017年版。

《重修寧夏俞氏族譜》：俞行芳重修，2015年。

《寧夏明清人士著作研究》：田富軍著，上海古籍出版社2020年版。

二、論文

《清代寧夏籍兩淮鹽運使俞德淵生平事迹考述》：呂超、景永時撰，《寧夏社會科學》2014年第3期。

《寧夏籍名宦俞德淵考》：呂超撰，北方民族大學專門史專業2014年碩士學位論文，指導老師景永時研究員。

《寧夏明清人士著述研究》：田富軍撰，陝西師範大學中國古典文獻學專業2014年博士學位論文。

趙氏家譜

〔清〕趙氏後人 編　　李海東、徐遠超 校注

整理説明

《趙氏家譜》不分卷，寧夏博物館藏國家二級文物，三册。高24厘米，寬14.5厘米。首册缺書衣，内頁均完整，清代手抄綫裝本，共計200頁。《趙氏家譜》屬未刊孤本，未見於文獻著録或記載。

由於資料有限，僅可知《趙氏家譜》編纂者爲趙氏後人，具體姓名不詳。《趙氏家譜》爲趙氏後人按世系順序編纂的家譜。記載了該趙氏家族的歷史、主要成員世系、生卒年月、婚配情况、安葬地點、子嗣、出仕任職及事迹等内容。起於明正德十年(1515)，止於清道光二十二年(1842)，時間跨度長達三百餘年。譜中篇幅詳略不盡相同，有的僅一二頁，如一世趙繼先、十一世趙福墀。而趙良棟(家譜第四世)的記載就包括其生平、《襄忠公戰功事迹》《勇略將軍趙襄忠公傳》《御製祭文》、墓葬碑文等，多達三十頁。根據與其他材料對校，發現《趙氏家譜》所載内容的可信度極高。

《趙氏家譜》所載第四世趙良棟(1621—1697)，清初名將。先後參與平定順治時期寧夏兵變，米喇印、丁國棟領導的起義。康熙時期平定"三藩"叛亂中，他親率兵丁進取漢中、平定四川、恢復雲南政局穩定，晚年還爲平定准噶爾叛亂出謀劃策。其戎馬一生，爲國家統一做出了重要貢獻。他先後任寧夏屯田都司、大同總兵官、天津總兵官、寧夏提督、雲貴總督等職，在清初朝野有重要的影響。去世後，康熙皇帝不僅派皇子臨喪，還欽賜御製碑文、頒布御製祭文、派大臣致祭，可謂是備極哀榮。《清史列傳》中有趙良棟傳，清代文獻中還保存有其墓誌銘及神道碑銘文。乾隆四十五年(1780)修成的《〔乾隆〕寧夏府志》也有趙良棟及其長子趙弘燦、次子趙弘燮及趙弘燮子趙之璧小傳。此外，《〔乾隆〕寧夏府志》還記載了趙氏家族趙弘煜、趙之垣、趙之增、趙之坊、趙之均、趙之壇、趙之埰、趙秉錕等人物。《趙氏家譜》不僅是珍貴的寧夏地方文獻，也爲研究趙氏家族提供了更爲直接而全面的資料，可補充其他資料中的不足。

針對《趙氏家譜》的研究成果很少，僅見李海東、王固生撰寫的《寧夏博物館藏〈趙氏家譜〉及所載趙良棟先世内容略考》(《圖書館理論與實踐》2018年第7期)一文。此次主要以標點、校勘、注釋等方式對《趙氏家譜》進行整理。以寧夏博物館所藏清抄本爲底本，以《清實録》《清史列傳》《〔乾隆〕寧夏府志》等爲參校材料。正文或注脚中以"□"符號表示原本漫漶不清或缺失破損的文字，一個"□"代表一個字，字數不詳則用……表示。"〔〕"内的文字係整理者所加。

序

序一

嘗謂家之有乘，猶國之有史也。宗支百世，推原一本，關係匪輕，豈可混淆？況世遠年湮，與其徵信無從，夫寧失之缺略。吾家世蕃衍，相傳有慶、延二脉，寄籍山左。然遠不可考，雖有宗譜，恐難遽信。惟六世祖鴻業公由山左以官生廕襲綏德衛指揮僉事，①入籍于陝西，遞傳而遷于安邊堡。② 有明末年，移于順天府遵化之州治。③ 迨襄忠公任寧夏屯田，遂占籍寧夏爲家焉。嗚呼！祖有功而宗有德，我襄忠公固百世不祧之祖也。謹約略紀述由來，以備後之參考云。家孫之垣百拜述。

序二

家乘攸關，誠爲至巨。吾家世系，伯兄既自六世祖詳考，叙有宗譜，何須再爲贅述。第歷年復久，族盛丁繁，自應續行添注。于是增

---

① 綏德衛：洪武六年(1373)，"置綏德衛，以寧夏衛指揮僉事馬鑒爲指揮使"。參見《明太祖實錄》卷七八。指揮僉事：明制，衛設指揮使(正三品)一人爲正，指揮同知(從三品)二人爲副、指揮僉事(正四品)四人爲輔，指揮僉事分掌訓練、軍紀。參見《明史》卷七五《職官》。

② 安邊堡：即安邊營，位於今陝西定邊縣境內。明中後期，綏德衛、安邊營均隸屬延綏鎮轄制，趙良棟墓志銘中亦有"先世自陝西綏德衛遷居安邊"之語；成化年間延綏鎮移鎮榆林，也稱榆林鎮，故又有良棟"先世居榆林"之説。家譜中所記與史料對應，可互證趙良棟先世曾入居陝北無疑。參見《〔光緒〕綏德州志》《碑傳集》及《清史稿》卷二五五《趙良棟傳》。

③ 遵化之州治：清康熙十五年(1676)，以陵寢重地，升遵化縣置遵化州，屬順天府，治今河北遵化市。參見《清史稿》卷六一《地理志》。

帙手書，并囑子孫，向後五年考叙一次，每十世裝成一函，藏之家廟，庶百世宗支永有稽考矣。乾隆歲在丙子夏六月朔九日。① 孫之壁百拜述。

---

① 丙子：清乾隆二十一年(1756)。

趙氏家譜

世系

繼先　邦佐　邦佑

一世

諱繼先,字肇祖,號鴻業。以官生廕襲綏德衛指揮僉事,封明威將軍。以曾孫貴,皇清誥贈榮禄大夫,又贈光禄大夫。享年五十八歲,[1]生明正德乙亥年十月初九日亥時,①卒明隆慶壬申年九月初三日卯時。② 娶范氏,封恭人,曾孫貴兩受皇清誥贈一品太夫人。享年六十五歲,生明嘉靖丙申年二月初二日巳時,③卒明萬曆辛丑年七月十一日子時。④ 生子二:邦佐、邦佑。葬於安邊城東北隅。

二世

邦佐　絶

諱邦佐。娶邱氏,無出。葬安邊城東北隅昭一冢。

邦佑　淮

諱邦佑,字屏翰,號維之。以歲貢授教諭,封將仕郎。孫貴,皇清誥

---

① 乙亥:明正德十年(1515)。
② 壬申:明隆慶六年(1572)。
③ 丙申:明嘉靖十五年(1536)。
④ 辛丑:明萬曆二十九年(1601)。

贈榮祿大夫,又贈光祿大夫。享年四十八歲,[2]生明嘉靖壬戌年正月二十日寅時,①卒明萬曆甲寅年三月初五日戌時。② 娶曹氏,封孺人。孫貴兩受皇清誥贈一品太夫人。享年三十一歲,生明嘉靖甲子年二月二十六日辰時,③卒明萬曆乙未年五月初八日酉時。④ 生子一,淮。葬安邊城東北隅穆一冢。

三世

淮　良棟

諱淮,字源遠,號景山。以武生從戎,官柴溝守備,再任強兵守備,題陞海州參將,未任辭歸,封懷遠將軍。子貴,皇清誥封榮祿大夫,再封光祿大夫。享年八十五歲,生明萬曆己卯年九月初二日戌時,⑤卒康熙癸卯年八月二十四日戌時。⑥ 娶張氏,封淑人,子貴,兩受皇清誥封一品太夫人。享年七十九歲,生明萬曆辛卯年七月初一日午時,⑦卒康熙戊申年三月初六日辰時。⑧ 生子一,良棟;女一,適參將梁公友蒼子武生茂春。葬於寧夏河西漢延渠之北,今之北莊。

景山公戰功事迹

景山公,生於陝西延安府綏德州安邊堡。少武勁自豪,不屑章句,慕古人卓犖不羈之概,與時俗異。會邊陲多事,棄儒業,從事行間,以謀勇聞。總督葉夢熊、提督李如松特器重之,從屯田延慶及宣大,⑨多著

---

① 壬戌:明嘉靖四十一年(1562)。
② 甲寅:明萬曆四十二年(1614)。
③ 甲子:明嘉靖四十三年(1564)。
④ 乙未:明萬曆二十三年(1595)。
⑤ 己卯:明萬曆七年(1579)。
⑥ 癸卯:清康熙二年(1663)。
⑦ 辛卯:明萬曆十九年(1591)。
⑧ 戊申:清康熙七年(1668)。
⑨ 宣大:明清時對宣府、大同的合稱。

戰功。萬曆甲寅,①受宣鎮柴溝堡守備。②適邊警,都督杜松、賀世賢交薦焉,經略楊鎬奇其才,用之。景山公運籌壁壘,治邊馭衆。敵來大安堡,授兵二千,星馳救援,遇于碴谷台,敵號十萬,軍士聞風欲却。景山公厲聲曰:"我等一旅孤軍,有進無退!"於是同心奮勇,敵皆披靡。奏其膚功,朝議褒嘉。自茲以往,邊境寧謐。戊午歲,③經略熊廷弼題授海州參將,景山公歷事疆場,身經百戰,引金創疾固辭不任,惟頤養天和,督課子孫爲事。當微時,行過薊門橋頭,拾遺,橐有金百鎰,停驂以待。移時,有人奔號而來,知其爲失金人也。備詢其情,還之,彼以金分謝,不顧而行。至敦族薦,義種種行誼,備諸志銘。晚年益善飯健步,壽躋八旬有五,無疾危坐而逝。

四世

良棟　弘燦[3]　弘燮　弘煜　弘煒

諱良棟,字擎之,號西華。幼習儒,國初改武從戎。順治二年,隨英王平西,既定關中。英王南下,委潼關右營游擊。總督孟喬芳復委任寧夏屯田都司,河西回變,奉調勦賊。題補高臺營游擊。經略洪承疇調赴湖南,改補經標左營游擊,進征雲南,題補雲貴督標中營副將。後吳三桂題補廣羅鎮總兵官,④平水西後,又題比喇總兵官。聞景山公訃,力請終制,不允,遂不赴任,以觸染瘴癘力辭回籍。蓋見吳逆不善,有牢籠收攬之意也。迨服闋,赴部補大同鎮總兵官,又調天津鎮總兵官。康熙十五年,撫安寧夏,加陞提督。十八年,進取四川,加將軍。十九年,補雲貴總督。滇南既平,奉旨陛見,解總督、將軍任,理

---

① 甲寅:明萬曆四十二年(1614)。
② 宣鎮:即宣府鎮,今河北張家口市宣化區,爲明九邊重鎮之一。柴溝堡:今柴溝堡鎮,爲河北懷安縣政府所在地,屬張家口市。
③ 戊午:明萬曆四十六年(1618)。
④ 此處與《〔乾隆〕甘志》卷三六《人物》、《寧夏府志》卷一三《人物·鄉獻》所載一致。但《清聖祖實錄》卷七、卷一一及《清史稿》卷二五五《趙良棟傳》載,趙良棟於康熙元年(1662)擢廣羅總兵,其後進剿諸苗,非以平水西功進廣羅總兵。

鑾儀衛事。逾年，以疾告歸。三十一年，滿漢官兵來寧夏防邊，奉有指商軍機之旨。寧夏總兵馮德昌出師口外，員缺，復命攝理總兵事。整飭廢弛，清查兵餉，遂將馮德昌貪婪劣迹特疏糾參，不避嫌怨。三十四年，具剖明心迹一疏。奉旨加叙世襲一等子，歷官五十年，豐功偉烈，標炳人間。叠荷皇恩，屢叨珍賜。卒之日，賜祭葬，謚襄忠，恤典有加。享年七十七歲。生於明天啓辛酉年十月二十七日子時，①卒於康熙丁丑年三月初四日未時。② 娶郭氏，誥封一品夫人，享年七十三歲。生明天啓丁卯年七月十三日寅時，③卒康熙己卯年閏七月初九日辰時。④ 又李氏，誥封一品太夫人，享年六十七歲。生明天啓辛酉年五月十七日寅時，卒康熙戊辰年四月十三日亥時。⑤ 又白氏，享年三十七歲，生明崇禎己巳年十二月初五日丑時，⑥卒康熙甲辰年三月二十一日辰時。⑦ 子四：弘燦，李太夫人出；弘爕，郭太夫人出；弘煜，白太夫人出；弘煒，妾李氏出。女三：長適庚子科舉人揀選知縣強振猷；⑧次適兵部候推副將郁起雋；次適世一等侯江南水師提督贈太子太保兵部尚書張雲翼。葬於寧夏河西漢延渠之南，今之南莊。

襄忠公戰功事迹

襄忠公十三歲讀書，十七歲應試，遵化令孫康周拔取，奇之。迨順治二年，隨英王入關，改武從戎，遂受知于制府孟喬芳偕都督劉芳名，討平寧夏之亂，委署屯田水利都司。四年，征河西變回奏捷，又于肅州擒獲僞總兵丁國棟，制府紀其功，題補高臺游擊。十三年，經略洪承疇坐名調補經標右路左營將官，由荊楚進定滇黔，特疏題薦陞雲

---

① 辛酉：明天啓元年(1621)。
② 丁丑：清康熙三十六年(1697)。
③ 丁卯：明天啓七年(1627)。
④ 己卯：清康熙三十八年(1699)。
⑤ 戊辰：清康熙二十七年(1688)。
⑥ 己巳：明崇禎二年(1629)。
⑦ 甲辰：清康熙三年(1664)。
⑧ 庚子：清康熙五十九年(1720)。

貴督標中權，隨題補雲南廣羅鎮，又調比喇鎮。適聞父喪，哀毀骨立，力請終制，不赴任，萬里奔喪。逾年，丁張太夫人艱，服闋赴部。康熙八年，補大同總兵。九年，以蕩平隴納五案加右都督，又平定水西，加左都督，仍紀餘功。十一年冬，奉旨調補天津總兵官。癸丑，滇黔告變。十五年春，加陞提督。馳驛撫安寧夏，隨奏將眷口移駐京邸。陛辭之後，乘傳星馳，于三月十三日抵延綏定邊，探聞僞總兵二員領賊由甜水河前來刼餉，遂從邊外晝夜兼馳十五日，遂入橫城，賊即遁去。十八年，以關中粗定而漢南巴蜀未入版圖，題請統所部入川，進取漢興，恢復滇黔。奏入，報可。是歲十月，抵密樹關，破重險不浹，旬取徽州，過八堵山，復略陽，遣將急趨平陽關。長子弘燦奉命同學士部臣馳赴軍前慰勞。十九年正月朔，兵臨白水壩，浮水渡江，馬失足，幾至不測，幸得無恙。連破數營，乘勝追逐。過青川，再過青箐山、明月江，勢如破竹，不十日而抵成都。捷聞，特授勇略將軍，仍管寧夏提督事。是時，川南、川西相繼投誠，而建昌、永寧諸路次第分遣官兵控其要害。會雲貴總督員缺，奉有謀勇茂著操守清廉，雖係武員，通曉文義之旨，特授兵部尚書，總督雲貴。二十年五月，破關山、象嶺，渡瀘水。七月，取建昌，直過金沙江。九月，兵抵雲南。是時，湖廣、廣西兩路大兵困城數月，而濠塹密，恐曠日持久，亟請大將軍賴塔、貝子王章泰刻期急攻鏖戰。逆賊出降，滇南遂平。奉旨陛見。二十一年冬，留京暫理鑾儀衛事。逾年，以疾辭歸。三十三年，發禁旅征噶爾旦，奉命出塞，身經沙漠，往來馳驟，年已七十有三，略無衰邁意。三十四年四月，特疏剖明心迹，奉旨加叙世襲一等子。八月，以疾籲懇就醫江南。三十五年春，又奉密旨扶疾北上。至暢春苑，昇至御榻側奏對，逾時乃出。七月間，夙疾轉劇，具疏籲告歸田，屢賜存問，竟以不起。聖駕臨城，命皇長子臨喪奠茶，諭隨從諸臣齊至靈前哭吊，御製祭文，特遣大學士伊桑阿致祭。賜諡襄忠，有《奏疏存稿》行世。乾隆四十八年奉上諭："朕恭閱皇祖實錄內所載，恢復四川進剿雲南趙良棟之功爲最。原封一等子，著晋封爲一等伯。查明應襲之人，送部引見。"

勇略將軍趙襄忠公傳

趙良棟,字擎之,陝西寧夏人,先世居榆林。順治初,良棟官寧夏都司,遂隸籍焉。河西回亂,良棟從總督孟喬芳剿之,單騎擒僞帥以獻,擢高臺游擊。康熙元年,以督標從大兵征滇,積功陞廣羅鎮總兵,調貴州比喇鎮總兵,進討水西寇,平之。丁父艱,服闋補大同總兵,尋移鎮天津。十三年,逆藩吳三桂叛,聞平涼兵變,命良棟爲寧夏提督,馳傳鎮撫誅首惡者數人,餘釋不問,隴右輯寧。良棟念滇逆未除,而漢南巴蜀猶阻聲教,請由蜀出師,獨當一面,許之。十九年,破密樹關,取徽州、略陽,特授勇略將軍。良棟分遣偏裨趨陽平,而自臨白水壩,浮馬渡江,賊驚潰,追擊於青州,大破之。不浹旬,逼成都。所過秋毫無犯,民爭出迎王師。賊窮乞降,會奮威將軍王進寶克保寧同收復東西川。捷聞,晉兵部尚書,總督雲貴軍務。擢長子弘燦寧夏總兵,率師齊進。時賊胡國柱復陷瀘、雅等州,建昌路梗,良棟自將赴茶天關,令弘燦出馬湖,繞賊背夾攻之,連戰皆克,奪象嶺要隘,長驅入滇。是時,黔、粵諸師已圍雲南城數月,賊守甚堅,良棟至,周視壁壘,謂結營遼遠,賊得番息,請移軍逼之。躬率銳師搏戰,賊扼守新橋,潛從上流濟師,晝夜力攻,七日拔之。逆孽吳世璠自殺,既奏凱,隨請陛見。除鑾儀衛,使以疾歸里。三十四年,聖祖征噶爾丹,起良棟參謀軍事,追叙前功。畀一等子世襲。踰二載,卒,年七十七。御製碑文,給祭葬,諡"襄忠"。良棟早歲從戎,大小百十餘戰,馭兵嚴而有恩,皆樂爲之用,故所向有功。史官任蘭枝撰。

御製祭文

康熙三十六年閏三月初六日,皇帝勅諭,遣文華殿大學士兼吏部尚書伊桑阿致祭於故勇略將軍總督雲貴兵部尚書兼都察院右副都御史世襲一等精奇尼哈番趙良棟之靈。曰:"朕於國家宣力之臣,無不恩篤始終,誼周存歿,矧其爲老成宿將,績著封疆,方眷倚之是殷,期榮休於有永。遽聞溘逝,能無盡傷!爾趙良棟剛鯁賦資,精強勵職,粵從蚤歲,克展壯猷,嗣歷戎,行洊膺,重寄屬。當逆氛熾虐,禁旅交馳,惟爾首倡入蜀之謀,提孤軍以進取,力奮克滇之勇,激諸將以爭先,公論歷久逾明。朕心深嘉乃績,詔崇世秩,懋獎成勞。比者來覲闕廷時,攄忱悃倦,以抱疴邸舍,遂乞旋歸。自卧林泉,遥頒藥物,每陳章疏,輒答褒綸,尚冀調攝漸痊,何意哀音驟至。茲朕躬臨朔方,籌畫軍務,經爾里第,惜黄髮之乍凋,念爾音容,憯丹心之未燼。特命皇子親視几筵,爰沛宸章,用申諭祭。嗚呼!禮隆異數,示朝廷非常恤賚之仁;光溢闤門,彰勞臣畢世忠勤之報。爾靈不昧,尚克欽承。"

欽賜勇略將軍兵部尚書兼都察院右副都御史雲貴總督一等精奇尼哈番諡襄忠趙良棟碑文

朕惟靖亂宣威者,奉公之顯績,襃勳眷舊者,逮下之弘仁。若夫忠勇丕彰,膚功屢奏,恩能馭衆,貞以行師。雄名久重於巖疆,勁節彌堅於篤老。積勤既茂,寵錫宜崇。爾趙良棟剛鯁性成,果毅間出,奮身裨佐,從我宗藩。分扼潼關,別征鞏寇,旋弭亂羌於湟水,嗣擒僞將於肅州。尋赴滇黔,徇馬乃,平隴納,拓水西,咸與有功。及代郡秉麾,津門移節,惠威并用,軍悦民懷。迨逆臣干紀,煽動邊隅,兵叛惠安,戕其主師,簡爾提督,綏靖朔方,首惡受誅,餘黨悉定。會王師進討,首倡入川,密符朕算。獨率所部,乘間擣虚,奪密樹關,拔徽州,克略陽,威懾秦隴。用是授爾爲勇略將軍。既而鏖陽平,破青川,取龍安,轉戰千里,未浹旬,遂復成都,聲震巴蜀。用是擢爾爲雲貴總督。當大兵圍滇,爾至則決議急攻,潛渡新橋,摧鋒三市,醜徒大潰,立下省城,實茲戰之力。用是論定酬庸,累畀爾以世職。朕於行間功伐素篤不忘,矧爾所在征討大小數十餘戰,厥績茂著而部伍森嚴,秋毫不犯。軍資悉以餉士,幕府曾無私財,潔廉自矢,尤堪嘉美。以故自勞還,以至予告,恩禮所加,始終優厚。邇歲北征有事,兩預戎韜,白首籌邊,丹心益勵。洎聞衰病,藥膳頻頒,遺疏籲恩,悉從所請。比朕追滅噶爾旦,道由靈武,經紀爾家,特命皇子視奠,宰臣致祭,以昭異數。兹復舉易名鉅典,賜爾諡曰"襄忠"。嗚呼!矢誠蓋於一生,樹勳猷於萬里,爲國良將,垂五十年,事久而乃績逾彰,人往而朕心長眷。生則寵光倍至，没則軫恤加深。用以優爾勞臣，亦且風於有位。勒諸貞石，永際豐功。

五世

弘燦　之垣　之均　之壇　之坊　之埰　之壁出繼二房。　之城

諱弘燦，字天英，號密菴。幼習舉子業，兩試北闈，於康熙十八年以廩生從戎。當是時，襄忠公首倡入川之議，爰奉父命，啟奏軍務機宜。陛見保和殿，上命書，遂書"早奏蕩平"四字，時年二十有五。授都督僉事、寧夏總兵官，隨征川蜀，破關山、象嶺，直抵雲南。滇黔既平，調任川北鎮總兵官，再調真定、[4]黃巖、贛州，陞浙江提督，①旋調廣東提督，②蒞任四年，特恩陞授兩廣總督，誠曠典也。頻年百粵恭請陛見，上厚加賜予，慰勞備至。踰年，特晋大司馬，聞命就道，行至武昌，以疾奏聞。長子之垣，方任刑部，乞假省視，上特命內醫并賜御藥御酒，偕之垣馳驛赴楚，乃未至而卒于武昌之行館。上覽遺疏，為之震悼，賜諡"敏恪"，祭葬之典一如內大臣例，恩恤有加焉。著有《永思堂詩集》行世。享年六十三歲，生順治乙未年十月二十九日亥時，③卒康熙丁酉年三月初五日午時。④　娶蘭氏，陝西富平人，封一品夫人，享年四十九歲，生順治戊戌年十一月二十二日寅時，⑤卒康熙丙戌年四月初三日辰時。⑥　又彭氏，貴州大定人，贈一品夫人，享年四十一歲，生順治癸巳年十一月初八日子時，⑦卒康熙癸酉年正月二十四日巳

---

①　據《寧夏府志》卷一三《人物・鄉獻》"趙弘燦"條載，趙弘燦於康熙三十八年（1699）陞浙江提督。

②　據《寧夏府志》卷一三《人物・鄉獻》"趙弘燦"條、《清史列傳》卷一三《趙弘燦傳》載，趙弘燦於康熙四十二年（1703）調廣東提督。

③　乙未：清順治十二年（1655）。

④　丁酉：清康熙五十六年（1717）。

⑤　戊戌：清順治十五年（1658）。

⑥　丙戌：清康熙四十五年（1706）。

⑦　癸巳：清順治十年（1653）。

時。① 又陳氏,江南揚州人,贈一品夫人,享年三十六歲,生康熙癸丑年七月初三日酉時,②卒康熙戊子年閏三月二十八日申時。③ 又賈氏,直隸正定人,封一品夫人,享年□□歲,生康熙己未年四月初一日子時,④卒雍正□□年□月□□日□時。又陳氏,直隸正定人,封一品夫人,享年七十一歲,生康熙乙丑年十二月十九日戌時,⑤卒乾隆乙亥年七月初三日亥時。⑥ 又亢氏,享年二十二歲,生康熙甲戌,⑦卒乙未。⑧ 子七:之垣,彭夫人出;之均,賈夫人出;之壇,陳夫人出;之坊,賈夫人出;之垛、之壁,陳夫人出,之壁出繼二房;之城,亢氏出。女四:長適蘇松方伯胡公獻徵仲子宣化通判期慎,彭夫人出;次適浙閩總督梁公鼐七子蘭州同知德隆,賈夫人出;次適戶部侍郎梁公世勳子廣西按察司翥鴻,陳夫人出;次適兵部尚書路公振揚子御前侍衛秉中,陳夫人出。葬寧夏金貴堡之南原,今之有懷莊。

　　弘燮　之壁

　　諱弘燮,字亮工,號理庵。幼習舉子業,就學於京江張相國,⑨名冠成均。應順天鄉試,同考官既首薦,主司以限於額,擬置副車,同考官爭之不得,懷卷而去。襄忠公曰:"吾家世受聖恩,當努力圖報,守此毛錐何為!"遂赴京謁選銓,授直隸完縣知縣,題黃邨同知,特陞天津道、直隸巡道,襲世職一等子,丁郭太夫人艱,回籍服闋,仍補天津道。陞山東按察使、布政使,特陞河南巡撫,調補直隸巡撫,旋膺恩命,改授總督。康熙六十一年夏,舊疾復發,端坐而逝。上覽遺疏震悼,特遣皇孫至靈前哭奠,并賜御製輓詩一首,詩曰:"四十餘年輔近京,旗

---

① 癸酉:清康熙三十二年(1693)。
② 癸丑:清康熙十二年(1673)。
③ 戊子:清康熙四十七年(1708)。
④ 己未:清康熙十八年(1679)。
⑤ 乙丑:清康熙二十四年(1685)。
⑥ 乙亥:清乾隆二十年(1755)。
⑦ 甲戌:清康熙三十三年(1694)。
⑧ 乙未:清康熙五十四年(1715)。
⑨ 張相國:指張玉書(1642—1711),鎮江人,累官至文華殿大學士兼戶部尚書。

民稱善政和平。保全終始君恩重,奄逝徬徨衆涕盈。不畏刀頑事反覆,欲圖鎖鑰務精明。官方無愧愴新別,節鉞空懸攬轡情。"賜謚"肅敏",優加恤典,真明良知遇也。享年六十七歲,生順治丙申年三月二十日寅時,①卒康熙壬寅年六月十八日申時。②娶吳氏,滿洲正紅旗人,贈一品夫人,享年二十五歲,生康熙癸卯年四月初六日巳時,③卒康熙丁卯年四月十七日辰時。④繼娶康氏,直隸蔚縣人,封一品夫人,享年七十三歲,生康熙乙卯年九月初五日戌時,⑤卒乾隆丁卯年六月二十六日巳時,⑥撫育繼子之璧如己出。女二:長適户部郎中張公星輝七子江蘇巡撫渠;次適刑部尚書張公廷樞次子詹事府右春坊右中允縉,俱縻氏出。葬於寧夏漢延渠之南,今之南莊。

  弘煜 之堯 之至 之堂 之坦

  諱弘煜,字旭升,號旭菴。從襄忠公于軍前,後偕敏恪公陛見保和殿,上命書,遂書"皇恩浩蕩"四字,仍命入川。滇南既平,之後往來西北。迨襄忠公遺疏,奉旨補授内閣中書,循例捐僉事道需次,未幾,特授揚州府知府,罣誤撿里。享年八十歲,生順治丙申年十月二十二日丑時,⑦卒雍正乙卯年三月初五日丑時。⑧娶趙氏,封恭人,享年二十六歲,生康熙甲辰年三月二十四日寅時,⑨卒康熙己巳年二月十八日丑時。⑩又李氏,封恭人,享年五十二歲,生康熙癸卯年七月初三日寅時,⑪卒康熙甲午年臘月十一日酉時。⑫又楊氏,享年□□□,生□

---

① 丙申:清順治十三年(1656)。
② 壬寅:清康熙六十一年(1722)。
③ 癸卯:清康熙二年(1663)。
④ 丁卯:清康熙二十六年(1687)。
⑤ 乙卯:清康熙十四年(1675)。
⑥ 丁卯:清乾隆十二年(1747)。
⑦ 丙申:清順治十三年(1656)。
⑧ 乙卯:清雍正十三年(1735)。
⑨ 甲辰:清康熙三年(1664)。
⑩ 己巳:清康熙二十八年(1689)。
⑪ 癸卯:清康熙二年(1663)。
⑫ 甲午:清康熙五十三年(1714)。

□□□年五月二十七日□時,卒□□□□年六月二十六日戌時。又徐氏,生康熙甲戌年五月十八日午時。① 子四：之堯、之至,李太恭人出；之堂,楊氏出；之坦,徐氏出。女三：長適游擊葉應福；次適平涼府張自毅；次適同知李延坦。葬於寧夏漢延渠之東。

  弘煒 絶

  諱弘煒,字遠功,號大業。三等侍衛,告病回籍。享年七十一歲,生康熙乙丑年五月十三日,②卒乾隆乙亥年臘月二十三日。③ 娶宗室女,繼娶周氏,生子夭亡。葬于山東濟南府城外。

六世

  之垣 秉鉞 秉鑰

  名之垣,字翼宸,號容齋,生康熙癸亥年臘月初二日巳時。④ 歲貢生,歷官戶部員外,刑部郎中,署直隸巡撫,通政使司,左副都御史,鴻臚寺少卿,卒乾隆癸酉年九月初八日子時,⑤享年七十一歲。娶張氏,生康熙丙寅年九月十一日申時,⑥卒康熙乙未年四月廿三日未時,⑦享年三十歲。子二：秉鉞,張氏出；秉鑰,妾陳氏出。俱早亡,無子。女三：長適五經博士孔繼溥,張氏出；次適建延道李星聚,妾陳氏出；次……。

  之堯 秉鍠 秉鎮

  出居江南。

  名之堯,字翌文,號恊亭,生康熙甲子年十一月初六日寅時。⑧ 歷

---

① 甲戌：清康熙三十三年(1694)。
② 乙丑：清康熙二十四年(1685)。
③ 乙亥：清乾隆二十年(1755)。
④ 癸亥：清康熙二十二年(1683)。
⑤ 癸酉：清乾隆十八年(1753)。
⑥ 丙寅：清康熙二十五年(1686)。
⑦ 乙未：清康熙五十四年(1715)。
⑧ 甲子：清康熙二十三年(1684)。

官山西太原縣,貴州石阡府,卒乾隆甲戌年十二月念四日午時,①享年七十歲。娶高氏,生康熙壬申年十一月初八日亥時,②卒乾隆庚午年十一月十八日戌時,③享年五十九歲。子二:秉銓、[5]秉鎮,俱高氏出。

　　之均　秉鑑　秉銳

　　名之均,字平原,號可齋,生康熙甲戌年十二月初四日卯時。④廩生,歷官湖廣荆南道,山西蒲州府,山東運同。卒乾隆乙亥年五月十三日亥時,⑤享年六十二歲。娶胡氏,生康熙癸酉年十一月廿八日卯時,⑥卒□□□年□月□□日□時,享年□□□歲。又吕氏,生康熙□□□年□月□□日□時。又薛氏,生康熙□□□年□月□□日□時,卒□□□年□月□□日□時,享年□□□□。子二:秉鑑,吕氏出;秉銳,薛氏出。

　　之壇　秉鐘　秉釗

　　出居涇陽。

　　名之壇,字宸獻,號敬齋,生康熙乙亥年九月廿日□時。⑦歲貢生,歷官貴州石阡、鎮遠府。娶高氏,生康熙□□□年□月□□日□時,卒□□□年□月□□日□時,享年□□□□。又黄氏,生康熙□□□年□月□□日□時。子二:秉鍾、秉釗,俱黄氏出。

　　之至　秉□　秉□

　　名之至,字敷文,號曉亭,生康熙辛巳年正月二十七日申時。⑧候選州同。娶梁氏,生康熙□□□年□月□□日□時,卒雍正□□年□

---

① 甲戌:清乾隆十九年(1754)。
② 壬申:清康熙三十一年(1692)。
③ 庚午:清乾隆十五年(1750)。
④ 甲戌:清康熙三十三年(1694)。
⑤ 乙亥:清乾隆二十年(1755)。
⑥ 癸酉:清康熙三十二年(1693)。
⑦ 乙亥:清康熙三十四年(1695)。
⑧ 辛巳:清康熙四十年(1701)。

月□□日□時,享年□□□□。子二:秉□,妾□氏出;秉□,妾□氏出。女三:長適王□;次、三俱適陸□。

　　之坊　秉鉅　秉錦

名之坊,字倫表,號謙齋,生康熙癸未年四月十三日戌時。① 歲貢生,歷官河南汝寧、衛輝府。娶施氏,生康熙□□□年□月□□日□時,卒雍正□□年□月□□日□時,享年□□□□。子二:秉鉅,施氏出;秉錦,妾劉氏出。女……。

　　之垛　秉鐸　秉鈴　秉錀　秉鏞

出居涇陽。

名之垛,字惠疇,號恕齋,生康熙乙酉年閏四月十七日申時。② 歲貢生,歷官刑部員外、郎中,山東東昌、濟南府。娶張氏,生康熙□□□年□月□□日□時,卒雍正□□年□月□□日□時,享年□□□□。又陳氏,生康熙□□□年八月廿四日□時。子四:秉鐸,張氏出;秉鈴、秉錀、秉鏞,俱陳氏出。女三:長適貢生袁守鈿,次適庠生王元潮,次……。

　　之壁　秉錕　秉銃

名之壁,字東辰,號恆齋,生康熙己丑年十月初三日申時。③ 承襲子爵,歷官戶部主事、員外、郎中,出坐糧廳,差廣西思恩軍民府,直隸大名兵備道,山東登萊青道,江南鹽運使司,江西驛川鹽法道,長蘆鹽運司,世襲一等子。卒乾隆丁酉年六月二十六日申時,④享年六十九歲,葬於河西寨新塋,癸山丁向庚子庚午分金。娶關氏,生康熙丁酉年三月二十三日戌時,⑤卒乾隆丁巳年三月十五日卯時,⑥享年二十

---

① 癸未:清康熙四十二年(1703)。
② 乙酉:清康熙四十四年(1705)。
③ 己丑:清康熙四十八年(1709)。
④ 丁酉:清乾隆四十二年(1777)。
⑤ 丁酉:清康熙五十六年(1717)。
⑥ 丁巳:清乾隆二年(1737)。

一歲。繼娶孫氏,生康熙己亥年十二月初五日卯〔時〕,①卒乾隆壬戌年十月二十七日午時,②享年二十四歲。又方氏,生康熙戊子年十月十八日子時,③卒於乾隆五十年十二月二十七日酉時,享年七十八歲。子二。秉錕,方氏出;秉銳,孫氏出。女二。長適壬申恩科舉人黃元鋐,④次適庠生石麟,俱關氏出。

　　之城　絕

名之城,字□□,號□□,生康熙□□□年□月□□日□時,卒雍正□□年□月□□日□時,享年□□□□。聘胡氏,聞夫喪,過門守志而終。

　　之堂　絕

名之堂,字□□,號涉亭,生康熙庚寅年八月廿三日□時,⑤卒□□□□年□月□□日□時,享年□□□□。娶馬氏。

　　之坦　繼孫曰瀛

名之坦,字安文,號履亭,生康熙丙申年正月十三日亥時,⑥庠生,卒乾隆□□□年。娶張氏。生康熙□□□年□月□□日□時,卒乾隆戊午年十一月廿三日□時,⑦享年□□□□。繼娶徐氏。承繼孫曰瀛。

七世

　　秉鋭　曰溥

名秉鋭,字載虔,號□□,生康熙壬辰年四月十二日巳時,⑧〔卒〕雍

---

① 己亥:清康熙五十八年(1719)。
② 壬戌:清乾隆七年(1742)。
③ 戊子:清康熙四十七年(1708)。
④ 壬申:清乾隆十七年(1752)。
⑤ 庚寅:清康熙四十九年(1710)。
⑥ 丙申:清康熙五十五年(1716)。
⑦ 戊午:清乾隆三年(1738)。
⑧ 壬辰:清康熙五十一年(1712)。

正甲寅年十一月初八日寅時,①享年二十三歲。娶徐氏,江南長州府長州縣人,生康熙庚寅年二月十一日未時,卒乾隆辛丑年八月十九日亥時,②享年七十二歲。承繼子一：曰溥。女二：俱徐氏出,長適楊智年,次適徐暎蕚。

秉鑑　源[6]

名秉鑑,字朗亭,號□□,生康熙癸巳年五月十八日辰時,③卒乾隆甲子年六月廿一日未時,④享年三十二歲。[7]娶康氏,已嫁出。子一：源,妾□氏出。

秉鋭　繼孫其標

名秉鋭,字穎超,號□□,生康熙乙未年十月三十日卯時,⑤卒乾隆庚子年五月二十八日丑時,⑥享年六十七歲。娶王氏,生康熙庚子年二月十三日子時,⑦卒乾隆庚子年六月二十一日亥時,享年六十一歲。承繼孫其標。

秉鍠

出居江南。

名秉鍠,字西來,號飛穰,生康熙丁酉年十二月初七日寅時。⑧ 娶胡氏,湖廣武陵人胡期頤女,生康熙庚子年八月十五日酉時。

秉鎮

出居江南。

名秉鎮,字藩長,號□□,生康熙己亥年三月念六日卯時。⑨ 娶吳

---

① 甲寅：清雍正十二年(1734)。
② 辛丑：清乾隆四十六年(1781)。
③ 癸巳：清康熙五十二年(1713)。
④ 甲子：清乾隆九年(1744)。
⑤ 乙未：清康熙五十四年(1715)。
⑥ 庚子：清乾隆四十五年(1780)。
⑦ 庚子：清康熙五十九年(1720)。
⑧ 丁酉：清康熙五十六年(1717)。
⑨ 己亥：清康熙五十八年(1719)。

氏。江南歙縣人吳廷楞女,生雍正甲辰年三月廿日亥時。①

秉鑰　繼孫其模

名秉鑰,字北門,號□□,生康熙庚子年七月初二日丑時,②卒乾隆庚午年六月廿一日辰時,③享年三十一歲。娶王氏,生雍正甲辰年八月十一日戌時,④卒乾隆庚戌年九月十五日丑時,⑤享年五十九歲。[8]承繼孫其模。

秉銓　曰漢

名秉銓,字伯衡,號□□,生康熙庚子年十月初四日丑時,⑥卒乾隆壬寅年二月二十八日子時,⑦享年六十三歲。娶馮氏,生雍正丁未年七月二十五日申時,⑧卒嘉慶癸亥年正月初十日丑時,⑨享年七十七歲。子一:曰漢,馮氏出。

秉鉅　沆

名秉鉅,字建中,號□□,生康熙□□□年□月□□日□時。娶王氏。

秉鐸　泰　渤　濬

出居涇陽。

名秉鐸,字□□,號□□,生雍正癸卯年□月□□日□時。⑩娶武氏。

秉鐘

出居涇陽。

---

① 甲辰:清雍正二年(1724)。
② 庚子:清康熙五十九年(1720)。
③ 庚午:清乾隆十五年(1750)。
④ 甲辰:清雍正二年(1724)。
⑤ 庚戌:清乾隆五十五年(1790)。
⑥ 庚子:清康熙五十九年(1720)。
⑦ 壬寅:清乾隆四十七年(1782)。
⑧ 丁未:清雍正五年(1727)。
⑨ 癸亥:清嘉慶八年(1803)。
⑩ 癸卯:清雍正元年(1723)。

名秉鐘,字豐山,號□□,生雍正□□□年□月□□日□時,癸酉科舉人。① 娶張氏。

　　秉鈐　　繼子曰浩

出居涇陽。山東濟南府。

名秉鈐,字□□,號□□,生雍正庚戌年八月□□日□時。② 娶王氏。承繼子一:曰浩。③ 女一:王氏出,適王□。

　　秉錕　　曰洵　〔曰灝〕

名秉錕,字沖漢,號霖邨,生雍正庚戌年九月廿六日戌時。④ 武生,後捐監生,曾任雲南府晉寧州知州。卒乾隆癸巳年三月十八日子時,⑤享年四十四歲。娶李氏,生雍正辛亥年二月十二日卯時,⑥卒乾隆戊辰年正月廿九日子時,⑦享年一十八歲。繼娶俞氏。生雍正甲寅年八月廿三日亥時,⑧卒嘉慶己未年十月二十八日寅時,⑨享年六十六歲。子二:曰洵,李氏出;曰灝,俞氏出。

　　秉釗　　濂

名秉釗,字省度,號□□,生雍正庚戌年十月□□日□時。⑩ 娶馮氏。

　　秉錀　　曰漢　　曰濂_{出繼五房。}　　曰溥　　曰溱　　曰浩_{出繼二房。}

出居山東濟南府。

名秉錀,字□,號西亭,生乾隆丙辰年□月□日□時。⑪ 娶馬氏,妾

---

① 癸酉:清乾隆十八年(1753)。
② 庚戌:清雍正八年(1730)。
③ 參見"秉鋪"條下"曰浩(出繼二房)"。
④ 庚戌:清雍正八年(1730)。
⑤ 癸巳:清乾隆三十八年(1773)。
⑥ 辛亥:清雍正九年(1731)。
⑦ 戊辰:清乾隆十三年(1748)。
⑧ 甲寅:清雍正十二年(1734)。
⑨ 己未:清嘉慶四年(1799)。
⑩ 庚戌:清雍正八年(1730)。
⑪ 丙辰:清乾隆元年(1736)。

方氏。子五,曰漢、曰濂,出繼五房。① 俱馬氏出;曰溥、曰溱、曰浩,出繼二房。② 俱妾方氏出。女一,妾方氏出,適齊河縣人馬震龍。

秉鈗　曰洇　曰瀛出繼五房。　曰泌

名秉鈗,字侍臣,號筠邨。生乾隆庚申年正月初五日戌時。③ 應襲一等子爵。卒於乾隆戊戌年正月十七日寅時,④享年三十九歲。娶李氏,生乾隆庚申年十月初四日寅時,⑤享年三十一歲,卒於乾隆庚寅年三月初三日戌時。⑥ 繼娶王氏,生乾隆乙亥年四月初五日巳時,⑦卒於道光戊子年十二月二十六日卯時,⑧享壽七十四歲。又王氏,生乾隆壬戌年十二月十七日未時,⑨享年三十二歲,卒於乾隆癸巳年六月初一日辰時。⑩ 子三:曰洇、曰瀛,俱妾王氏出,曰瀛出繼五房;⑪曰泌,李氏出。

秉□

名秉□,字□□,號□□,生乾隆□□□年□月□□日□時。

秉鏞　繼子曰濂

出居山東濟南府。

名秉鏞,字□□,號□□,生乾隆□□□年□月□□日□時。妾陳氏。承繼子一:曰濂。⑫ 女一:陳氏出,適齊河縣人馬官龍。

---

① 參見"秉鏞"條下"承繼子一,曰濂"。
② 參見"秉鈗"條下"承繼子一,曰浩"。
③ 庚申:清乾隆五年(1740)。
④ 戊戌:清乾隆四十三年(1778)。
⑤ 庚申:清乾隆五年(1740)。
⑥ 庚寅:清乾隆三十五年(1770)。
⑦ 乙亥:清乾隆二十年(1755)。
⑧ 戊子:清道光八年(1828)。
⑨ 壬戌:清乾隆七年(1742)。
⑩ 癸巳:清乾隆三十八年(1773)。
⑪ 參見"之坦"條下"承繼孫曰瀛"。
⑫ 參見"秉鋁"條下"曰濂出繼五房"。

八世

日源　映樞

名曰源,字宗本,號□□。生乾隆庚申年六月二十九日丑時,①卒乾隆甲辰年七月初六日丑時,②享年四十五歲。娶朱氏,生乾隆庚申年三月二十七日亥時,③卒乾隆乙巳年八月初七日辰時,④享年四十六歲。子一:映樞,朱氏出。

日洵　爲松

名曰洵,字晋川,號金浦,又號硯農。生乾隆戊辰年正月二十日午時,⑤庠生,卒嘉慶戊午年。⑥ 娶宋氏,生乾隆己巳年九月初九日子時,⑦享年五十歲,卒嘉慶戊午年三月十三日子時。⑧ 生子一:爲松。女二:長適蘇州原任山東泰安縣縣丞署蒙陰縣知縣宋名昆玉之子鎮;次適頭品廕生彭溥次子光烈。

日溥　其楷　其模出繼二房。　其標出繼三房。

名曰溥,字濟川,號松泉。生乾隆乙亥年十二月十六日丑時,⑨卒嘉慶庚午年正月二十八日卯時,⑩享年五十六歲。娶沈氏,胡北人,生乾隆丁丑年三月二十二日巳時,⑪卒乾隆辛丑年四月初六日午時,⑫享年二十五歲。繼娶吳氏,生乾隆癸未年十月十六日巳時,⑬卒乾隆

---

① 庚申:清乾隆五年(1740)。
② 甲辰:清乾隆四十九年(1784)。
③ 庚申:清乾隆五年(1740)。
④ 乙巳:清乾隆五十年(1785)。
⑤ 戊辰:清乾隆十三年(1748)。
⑥ 戊午:清嘉慶三年(1798)。
⑦ 己巳:清乾隆十四年(1749)。
⑧ 戊午:清嘉慶三年(1798)。
⑨ 乙亥:清乾隆二十年(1755)。
⑩ 庚午:清嘉慶十五年(1810)。
⑪ 丁丑:清乾隆二十二年(1757)。
⑫ 辛丑:清乾隆四十六年(1781)。
⑬ 癸未:清乾隆二十八年(1763)。

丙午年四月十八日戌時,①享年二十四歲。又娶杜氏,生乾隆辛巳年七月二十八日戌時,②卒嘉慶戊寅年十二月二十四日辰時,③享壽五十八歲。又王氏,生乾隆辛卯年十月初十日子時,④卒道光壬寅年十二月二十二日亥時。⑤又張氏,生乾隆丙申年二月二十六日巳時。⑥子三:其楷,杜氏出;其模,王氏出,出繼二房;⑦其標,張氏出,出繼三房。⑧女一:王氏出,適裴景揚,府學庠生。

　　日泌　其椿　其楨

名日泌,字巨川,號思泉。應襲一等伯爵,原任福建中協。生於乾隆……。娶孫氏,北京人,前任新疆參贊大臣慶廉公之胞姊,生於乾隆癸酉年八月初八日辰時,⑨卒於道光己丑年正月初八日未時,⑩享年七十八歲。子二:其椿、其楨。

九世

　　其椿　繼孫福堅

名其椿,號介岩,生於乾隆癸丑年二月初一日辰時,⑪卒於嘉慶庚午年十月二十七日申時,⑫享年一十八歲。承襲伯爵,在蘭省效力。娶張氏,生於乾隆己酉年十月初三日亥時,⑬浙江蕭山縣人,原任福建

---

① 丙午:清乾隆五十一年(1786)。
② 辛巳:清乾隆二十六年(1761)。
③ 戊寅:清嘉慶二十三年(1818)。
④ 辛卯:清乾隆三十六年(1771)。
⑤ 壬寅:清道光二十二年(1842)。
⑥ 丙申:清乾隆四十一年(1776)。
⑦ 參見"秉鏞"條下"承繼孫其模"。
⑧ 參見"秉銳"條下"承繼孫其標"。
⑨ 癸酉:清乾隆十八年(1753)。
⑩ 己丑:清道光九年(1829)。
⑪ 癸丑:清乾隆五十八年(1793)。
⑫ 庚午:清嘉慶十五年(1810)。
⑬ 己酉:清乾隆五十四年(1789)。

漳州府知府張采五之長女,卒於咸豐己未年三月十一日未時,①享年七十一歲。繼孫福堅。

其楨　延焜

名其楨,號樹庭。承襲一等伯爵,原任浙江嚴州協鎮,江西南昌城守營協鎮,河南、河北鎮總兵。生於嘉慶己未年四月十三日卯時,②卒於道光辛丑年十二月初六日戌時,③享年四十五歲。娶繆氏,江陰人,原任甘肅武威縣知縣名霖石軍公之女,生於嘉慶丁巳年三月初九日申時,④卒於咸豐元年八月十四日酉時,享年五十五歲。子一:延焜。

十世

延焜　福墀　福堅出繼介岩公。⑤

名延焜,字子鶴,號菊坪,又號小庭。生於嘉慶二十五年庚辰六月十七日寅時。⑥承襲一等伯爵,御前頭等侍衛,補授陝西定邊協副將,署理漢中、河州鎮總兵。娶陸氏,浙江嚴州協標千總陸公名殿標之次女,生於嘉慶二十五年庚辰八月二十日戌時,卒於道光二十二年壬寅六月十四日午時,⑦享年二十三歲。生子一,福墀。繼娶馬氏,山西介休縣人,原任河南睢州知州馬公名恕之女,生於道光元年辛巳二月二十日亥時,⑧卒於同治二年癸亥二月二十日寅時,⑨享年四十三歲。又娶梁氏,前署甘肅循化同知梁公名邦俊之女,山西太平縣人,道光十四年甲午十一月十九日戌時生。⑩妾房氏,生於道光二十二年壬寅

---

① 己未:清咸豐九年(1859)。
② 己未:清嘉慶四年(1799)。
③ 辛丑:清道光二十一年(1841)。
④ 丁巳:清嘉慶二年(1797)。
⑤ 參見[其椿]條下"繼孫福堅"。
⑥ 庚辰:清嘉慶二十五年(1820)。
⑦ 壬寅:清道光二十二年(1842)。
⑧ 辛巳:清道光元年(1821)。
⑨ 癸亥:清同治二年(1863)。
⑩ 甲午:清道光十四年(1834)。

二月二十二日辰時,生子一:福堅。

十一世

福墂

名福墂,字丹巖,號幼庭。生於道光二十二年壬寅二月二十九日卯時。① 娶原氏,生於道光癸卯年六月十九日丑時,② 卒於咸豐己未年十月二十九日亥時,③ 享年一十八歲。繼娶董氏,生於道光庚子年八月二十五日戌時,④ 生子一:永銘。

【校勘記】

[1] 五十八歲:原作"六十八歲"。家譜載,趙繼先生於明正德乙亥年(1515),卒於明隆慶壬申年(1572),據實際年齡改。
[2] 按原譜載,趙邦佑生於明嘉靖四十一年(1562),卒於明萬曆四十三年(1614),以此計算其享年應爲五十三歲,譜中記其"享年四十八歲"疑誤。
[3] 弘:原避清高宗弘曆諱缺末筆,或作"宏",均回改。下同。
[4] 真定:原避清世宗胤禛諱改作"正定",據《清實錄》卷一三四、《清史列傳》卷一二《趙弘燦傳》改。
[5] 秉銓:前後文均作"秉鍠"。
[6] 曰源:"曰"字原脱,據本譜"八世"所載内容補。
[7] 三十二歲:原缺,據其生卒年補。
[8] 據譜載王氏生卒年份計算,其享年應爲六十七歲,此處記其"享年五十九歲"疑誤。

---

① 壬寅:清道光二十二年(1842)。
② 癸卯:清道光二十三年(1843)。
③ 己未:清咸豐九年(1859)。
④ 庚子:清道光二十年(1840)。

附錄：《趙氏家譜》世系表

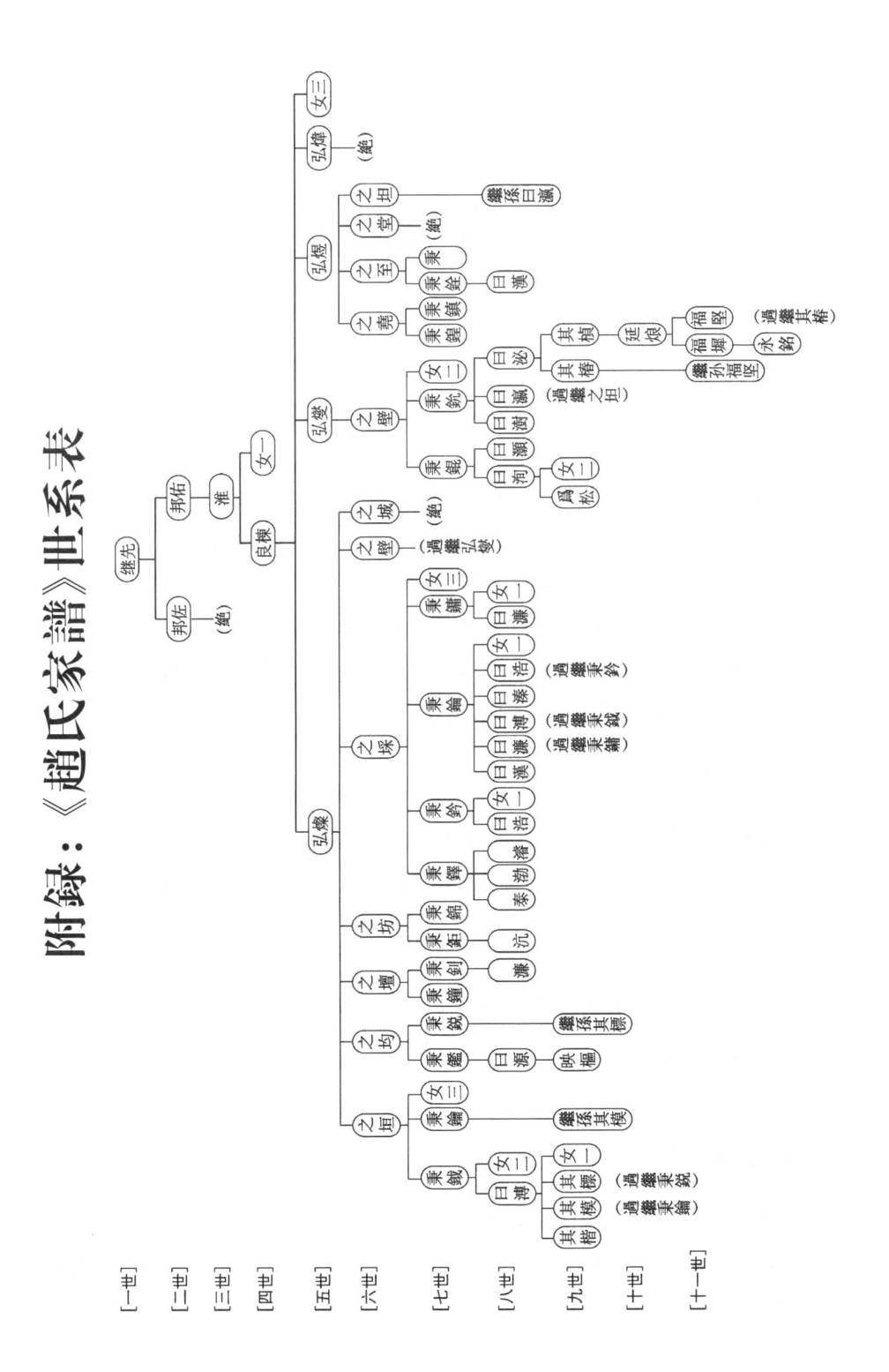

[一世] 繼先

[二世] 邦佐（絕）、邦佑

[三世] 淮

[四世] 女一、良棟

[五世] 弘燦、弘煐、弘經、弘煒

- 弘煒 — 鼐（絕）、女三
- 弘經 — 之坦（繼孫曰瀛）、之堂（絕）、之至、之英
  - 之至 — 秉銓（曰漢）
  - 之英 — 秉鎮（秉鐘）
- 弘燮 — 之壁
  - 之壁 — 秉鉈（曰泌、曰瀛、曰湖、曰澜、曰洵）、女三（馮松）
    - 曰泌 — 其模（廷燉—福瑩、福鏵—永銘—福堅（過繼其椿））、其椿（過繼之坦—繼孫福堅）
- 弘燦 — 之埴、之均、之壇、之坊、之採、之壁（過繼弘燮）、之域（絕）
  - 之埴 — 秉鈹（曰溥、其楷、其模（過繼秉鑰）、其標（過繼秉鈗））、秉鑰（繼孫其模）、女三
  - 之均 — 秉鑑（曰源—映楦）、秉鈗（繼孫其標）
  - 之壇 — 秉劍（曰源）、秉鐘
  - 之坊 — 秉鉛（曰沅）、秉鋼
  - 之採 — 秉鐸（勳濬—秦鈴）、秉鈴（女一、曰浩）、秉鑰（曰漢、曰濂（過繼秉鋪）、曰藻（過繼秉鈗）、曰浩（過繼秉鈴）、女一）、秉鋪（曰濂）、女三

[六世]—[十一世]

參考文獻

一、古代文獻

（一）陝甘寧舊志

《〔乾隆〕寧夏府志》：中國國家圖書館藏乾隆四十五年（1780）刻本；中國社會科學出版社 2015 年版胡玉冰、韓超校注本。簡稱《寧夏府志》。

《〔乾隆〕銀川小志》：（清）汪繹辰纂，南京圖書館藏乾隆二十年（1755）稿本；中國社會科學出版社 2015 年版柳玉宏校注本。簡稱《銀川小志》。

《〔民國〕朔方道志》：（民國）馬福祥、陳必淮、馬鴻賓修，（民國）王之臣纂，上海古籍出版社 2018 年版胡玉冰校注本。

（二）史部

《明史》：（清）張廷玉等撰，中華書局 1974 年版。

《明實錄》：臺灣"中央研究院"歷史語言研究所校印 1962 年版。

《清史稿》：（近代）趙爾巽撰，中華書局 1977 年版。

《清實錄》：中華書局 1985 年版。

《清史列傳》：王鍾翰點校，中華書局 1987 年版。

《大明一統志》：（明）李賢等撰，影印明天順監刻本，三秦出版社 1990 年版。

（三）集部

《碑傳集》：（清）錢儀吉纂集，靳斯校點，中華書局 1993 年版。

《趙氏家譜》：（清）趙氏後人編，《朔方文庫》影印本，國家圖書館出版社 2018 年版。

二、現當代文獻

（一）著作

《中國第一歷史檔案館藏清代官員履歷檔案全編》：秦國經主編，華東師範大學出版社1997年版。

（二）論文

《清初名將趙良棟論略》：文韜撰，《寧夏社會科學》1986年第5期。

《試析明代衛所武官的類型》：梁志勝撰，《西北師大學報（社會科學版）》2001年第5期。

《趙良棟與吳三桂叛亂研究》：趙樹興撰，中央民族大學2007年中國古代史專業碩士學位論文，指導教師姚念慈教授。

《明代九邊延綏鎮之形成》：胡凡撰，《中國史研究》2008年第4期。

《明代遼東海州衛》：張曉明撰，《鞍山師範學院學報》2009年第3期。

《清初寧夏籍名將趙良棟家世考》：馬建民撰，《北方民族大學學報（哲學社會科學版）》2015年第2期。

《清代寧夏籍兩淮鹽運使趙之壁生平與事迹考述》：陸寧、馬建民撰，《寧夏社會科學》2017年第2期。

《皇清誥封一品夫人趙母康太夫人墓志銘疏證》：馬建民、王琨撰，《北方民族大學學報（哲學社會科學版）》2017年第4期。

《清初名將趙良棟及其〈奏疏存稿〉整理研究》：王敏撰，寧夏大學2017年中國古典文獻學專業碩士學位論文，指導教師田富軍教授。

《新出土趙弘燮墓志銘相關問題考證》：王琨、馬建民撰，《北方文物》2018年第3期。

《寧夏博物館藏清代〈趙氏家譜〉及所載趙良棟先世內容略考》：李海東、王固生撰，《圖書館理論與實踐》2018年第7期。

阮鄰自訂年譜

〔清〕徐保字　撰　　徐遠超　校注

整理説明

《阮鄰自訂年譜》,清代徐保字編,現有清咸豐年間烏程徐氏家刻本存藏於國家圖書館、北京大學圖書館等單位。來新夏先生所編《近三百年人物年譜知見録》著録此譜。《北京圖書館藏珍本年譜叢刊》收入此譜。

徐保字(1786—1851),字阮鄰,浙江歸安(今浙江省湖州市)人。徐保字於清道光四至五年(1824—1825)和道光八年(1828)先後兩次出任平羅縣(今屬寧夏回族自治區石嘴山市)知事。徐保字爲官多年,勵精圖治,爲後人稱頌。道光四年(1824)面對平羅"掌故殘缺、文獻寂寥","詢之吏無可考據、咨之士無可商榷"的現狀,他把編修縣志視爲上任後的第一要事,"探風問俗,隨所見而筆之",同時查閲《明一統志》《朔方志》《甘肅通志》等史志,核證摘録有關資料,歷時三年,撰成了寧夏石嘴山市境內第一部地方志書《〔道光〕平羅紀略》。

《阮鄰自訂年譜》不分卷,一冊,六十五葉,半葉十行,行二十字,全文約一萬四千餘字。分爲譜前、正譜和譜後三個部分。譜前爲徐氏家族世系。正譜采用"年號＋干支＋年齒"的方式載述譜主徐保字生平,起於乾隆五十一年(1786),止於道光三十年(1850),共六十五年。內容涉及生卒時間及地點、婚姻、子女、科第、仕途、親友存殁、所受恩榮、當代時事、交游(與親戚、朋友、同學、同事、門生、老師等)情況等。譜後由徐保字之子徐鼎庚、徐師戌補編,交代了徐保字卒後家事及著作的刊行情況。

《阮鄰自訂年譜》的價值主要在於三個方面:第一,它是研究徐保字生平的一手資料。由此譜可以看出,徐保字生長在文人雅士聚集的江南,自幼受儒家正統思想的熏陶,通過大挑得到了晉身的機會,"以一等引見勤政殿,奉旨以知縣用,掣籤甘肅"。自道光二年(1822)到甘肅赴任至道光二十三年(1843)引疾致仕,共二十一年的時間裏,徐保字先後出任通渭知縣、平羅知縣、肅州知縣、夏州知縣、平番知縣、茶馬同知、安西州知州、階州知州、鹽茶同知、慶陽知府、平涼知府。這些地區普遍地理位置重要、多民族雜居、經濟落後、社會矛盾複雜、民風剛悍。徐保字決訟斷辟、發展教育、興修水利、除暴安民，充分發揮施政能力，爲地方社會發展和穩定做出了重要的貢獻。第二，《阮鄰自訂年譜》具有一定的史料價值。徐保字所處的嘉道時期，是清代内憂外患極爲嚴重的時期。譜中所暴露出的捐官、補缺等邊疆吏治腐敗問題，以及對青海藏民還牧北遷剿撫經過、平定張格爾叛亂等重大事件的記載，均爲徐保字親身經歷。第三，《阮鄰自訂年譜》呈現了科舉考試、文人交游、交通地理、宗法制度、風俗習慣等社會生活的諸多方面，可爲相關研究提供參考。

　　由於資料和能力有限，目前我們對《阮鄰自訂年譜》的整理研究還很粗淺，相信今後會有更多的研究成果出現。

　　此次整理主要以標點、校勘、注釋等方式對《阮鄰自訂年譜》進行整理。以北京圖書館藏清咸豐年間烏程徐氏家刻本爲底本，以《烏程縣志》《兩浙輶軒續録》《〔乾隆〕寧夏府志》等爲參校材料。脚注中，凡言"本譜"者，均指《阮鄰自訂年譜》。

阮鄰自訂年譜

謹按：我徐氏原籍義烏縣，宋理學大儒，官工部侍郎、寶謨閣待制，謚文清，諱僑。① 後傳至明初，諱福，以從龍功封明遠將軍，始遷烏戍，蔭襲兩世。高祖諱贊王，山東東昌府下河通判，陞河南彰德府同知，內遷南城兵馬司副指揮，敕授承德郎。高祖母錢氏，封安人。曾祖諱都甲，甘肅西寧縣丹噶爾主簿，署西寧府歸德縣知縣，例授文林郎。曾祖母袁氏、楊氏均例贈孺人。祖諱鴻國，學生，覃恩貤贈奉政大夫，甘肅平羅縣知縣，即陞直隸州知州。祖母陸氏，貤贈宜人。我祖生子三：長伯父果之公，諱士，蘭安邑庠生。次即先大夫勉之公，諱茂，貢生，誥封奉政大夫，甘肅平羅縣知縣即補同知直隸州知州，晉朝議大夫。母鄭氏，誥封宜人，晉恭人，爲乾隆壬午舉人、②直隸寧晉縣知縣緝庭公諱熙長女。三叔父采之公，諱蘋。同里張若齡填諱。

乾隆五十一年丙午（1786） 一歲

四月初九日，保宇生於外大父緝庭公寧晉縣署。時我父朝議公同諸舅氏肄舉業於署齋。立軒大兄生已四歲。

---

① 《宋史》卷四二二《徐僑傳》載："徐僑，字崇甫，婺州義烏人。甫從學于呂祖謙門人葉邽。淳熙十四年（1187），舉進士。調上饒主簿，始登朱熹之門。熹稱其明白剛直，命以'毅'名齋。入爲秘書省正字，校書郎兼吳益王府教授。直寶謨閣、江東提點刑獄，以忤丞相史彌遠刻罷。寶慶初，葛洪、喬行簡代爲請祠，迄不受祿。紹定中，告老，得請。"

② 壬午：清乾隆二十七年（1762）。

丁未(1787)　二歲

大妹蘭蓀生。余正索乳，我母鄭太恭人雇董嫗撫之。先祖舫停公自南來，以大兄生保定府名"保定"，余生寧晉縣名"保寧"。

戊申(1788)　三歲

先祖南歸。外大父調順義縣，缺苦差繁，疲于賠累。是年，我父母仍留寧晉縣署。

己酉(1789)　四歲

先祖以族曾祖夢麟公擢泉州太守游於閩。外大父乞病回里。我父母先隨外大母沈孺人附糧艘南下。曾王母楊太孺人、祖母陸太宜人俱在堂，同居啓元堂老屋。

庚戌(1790)　五歲

太孺人授方塊字。外大父移居秀水新塍鎮。

辛亥(1791)　六歲

庭訓日上《學庸》五六行。出痘危險，幸二舅氏静園公投以參得愈。

壬子(1792)　七歲

朝議公幕山左。太恭人親授《論語》《孟子》。家貧，賴針黹事重閫。夜間保字與大兄同幄卧。曾王母房中老人紡絲燈下煨芋火，選《唐律》教焉。是歲，族祖升馨公中經魁。妹蕙蓀生。

癸丑(1793)　八歲

隨大兄從叔祖春熙公肄業。授《毛詩》《書經》。曾王母命賦《登高詩》，有"每逢佳節多風雨，憑盡高樓何處看"之句。

甲寅(1794)　九歲

授《易經》《禮記》。朝議公自山左歸。

乙卯(1795)　十歲

授《左傳》。是歲，族叔樸菴公中經魁。余好吟哦，與叔祖鶴舟公、族叔鎑丐公暨諸伯仲唱和。伯祖敬齋公自梅里來鎮，見保字，詩曰："此子不凡才也。"遺以糕餌。

嘉慶丙辰(1796)　十一歲
張榕川師館紫梗橋丁宅,保字與大兄從學焉。授《左傳》《周禮》。
丁巳(1797)　十二歲
授《爾雅》《儀禮》,習舉子業。
戊午(1798)　十三歲
授《國策》《國語》《公》《穀》。作《文完篇》。五弟保宰生。
己未(1799)　十四歲
桐鄉程葦村師館東柵嚴氏蠡勺園,隨大兄附學焉。正月,偕鶴舟叔祖、新之叔、大兄赴縣試。先祖自閩還家。
庚申(1800)　十五歲
家窘,無力從師,將課徒於村。外大父以"可以爲師矣"題命作文,保字中股用《泰誓》"天降下民,作之師"起句,以韓文"古之學者必有師"作對,唐稼農表叔見而奇之,招以從游。
辛酉(1801)　十六歲
太恭人呼大兄與保字曰:"一寒至此,幾不舉炊矣!此時讀書喫緊,培植既苦無資,若任爾游蕩,亦復可惜。爾等宜自勵!"大兄因館於鄉。保字爲外大父招至新塍讀書。是春,先祖卒。
壬戌(1802)　十七歲
保字自幼作文喜詞藻,後泛覽諸子百家及叢書、緯書,下筆恣肆無紀律。外大父論文清正,每作一課,必批抹痛斥,令日誦《天崇》《集虛齋》諸文以爲換骨金丹,月給膏火錢,三舅母贈米粉以佐夜讀,自此作文頓掃舊習矣。外大父限于目力,始從馮青紆師看課。
癸亥(1803)　十八歲
偶作《春草七律》四首、《蝶戀花》詞一闋置於案頭。外大父見之不悅,曰:"功名富貴豈從香奩中來?且筆下蕭颯,少年不宜亟戒之。"保字書紳不敢忘。縣試第四名,府試第二名,院試第九名。由歸安撥入府學。首題"樊遲請學稼"一節,文遠皋宗師以余名與首相同改名"保字"。時里中同案者三人,胡子桐封、朱子載恒、黃子鳴謙。朝議公爲保字議姻於吳兼山公姪孫女，元配吳宜人也。三舅氏晉樵公蹇修焉。兼山公即其外岳。

甲子（1804） 十九歲

館後珠村李宅，徒十人，脩金十千文。是歲，秋闈。兼山公囑蘭畦堂伯語太恭人曰："今科望中，可令赴試。我助番銀三元，其餘集腋便可一行。如遲，一科亦必中。余老矣，恐不及見也。"言甚懇切，無如不果成行，竟孤公望。外大父五月初十日去世。大妹忽患瘋症，百計醫治，卒無效驗，遂成痼疾。

乙丑（1805） 二十歲

仍館李宅。珠村張子夢廬習舉子業，能醫，工詩。與余晨夕唱和，以貧幾廢舉業。余勸從初志，後餼於庠，文名大噪。

丙寅（1806） 二十一歲

館爛溪開陽橋俞宅，徒三人，束脩廿四千文。先是俞子紉秋見余《錢塘懷古》作，亟賞之，囑張子秋芸延於家。紉秋博雅詩古文詞，裒然成集，友之即師之也。家藏古籍二十廚，閱覽甚富，學少進，并識張丈鱸江暨顧海霞、黃北山、董硯亭諸君，俱名宿。大妹歸於蔣氏，妹壻名樸生。是秋，大兄入烏程縣庠。

丁卯（1807） 二十二歲

館俞宅，從沈鼎甫師看文。是年，鄉試。五舅氏邀保字隨行，寓西湖之小禪堂。同伴者，蔡丈雲箴暨屠秋園、張翰升、徐夢村。頭場《四書》題"天何言哉"三句，次題"在上位"五句，三題"舜之居深山之中"四句。詩題"挂席拾海月"，得明字。揭曉，中式副榜十一名。房師係遂昌縣陳樹堂先生，名三立。座師爲禮部侍郎萬和圃先生，名承風。翰林院編修後官巡撫吳荷屋先生，名榮光。揭曉後知余卷已中三十一名，因二場《春秋》藝有疵，抑置副車。同里中正榜者，孔梧鄉也。

戊辰（1808） 二十三歲

館俞宅。時張子秋芸下榻於嚴墓周氏，日與紉秋會課，互相砥礪。是年，鄉試應錄遺適窗友嚴伯蕃見招，遂同舟赴杭，三場完畢。首題"仲弓問仁"四句，次題"嘉樂君子"一節，三題"見其禮而知其政"二句。詩題"樓觀滄海日"，得觀字。榜發，中式四十二名。房師爲金華縣劉澗南先生，名遵陸。座師爲工部侍郎後官工部尚書周蓮塘先生，[1]名兆基。翰林院編修李竹醉先生，名振翥。謁房師，知余卷以三場淹博發刻進呈。張秋芸亦中式五十四名。同里張介柳，名大衍，以北榜中式。

己巳(1809)　二十四歲

正月同程菊塍、孔梧鄉、張秋芸北上山左。道中遇王仲瞿、舒鐵雲、善熙臺訂交。至都寓虎坊橋連陞店塲後，熙臺邀同諸君集於內城之適園。主人明太守，號鑑堂。亭館繁華，極觴咏之盛。余卷落徐少鶴先生房薦而未售。夏雨連綿，車價驟昂。至五月，同張子絳年南還。其尊人八愚年伯任刑部郎中，即介柳同年之弟也。十月，娶吳氏婦。外舅棠封公、外母徐氏均殁，叔太岳兼山公撫之時，兼山公亦下世矣。

庚午(1810)　二十五歲

館八字橋陸杉石表伯家，課其姪以湉，孫喜曾、福曾、憲曾。後以湉壬辰舉人，① 丙申進士。喜曾辛巳中式。② 冬偕張鱸江、吳蠡浦北上。行至丹徒灞，從焦山直抵瓜步道出界首驛。冰積如山，捨舟登岸，寓古廟度歲。余患寒疾，有"殘年江上廟，離思陌頭樓"之句。

辛未(1811)　二十六歲

正月三日，始坐小車抵袁浦，倍極勞頓。二月初七日抵京，寓半截胡同吳興會館。余友善熙臺庚午中式。③ 其尊人曉園先生任東河帥，家在西華門內典隆街，延至其宅，按期校課。後梧鄉亦移行李來，

---

① 壬辰：清道光十二年(1832)。
② 辛巳：清道光十六年(1836)。
③ 庚午：清嘉慶十五年(1815)。

頗不孤寂。榜發，見本房彭寶臣師。知卷已擬中，因與蔣笙陔文同疵，①乃一大魁一落地，豈非命哉？接家信，驚悉祖母陸太宜人於正月中棄養，遂挈伴南下。

壬申（1812） 二十七歲

館歸安縣陳樹堂房師署中。與孫蓮身、張又蘇同年共事。武林鍾繡佛亦下榻湖之張宅。縱酒論文，時相過從。

癸酉（1813） 二十八歲

館歸安縣署，始與奚榆樓、王二樵、楊蕉雨、張同莊、高已生訂交焉。秋聞河南滑縣之警繡佛，是科中式十六名。

甲戌（1814） 二十九歲

同梧鄉、秋芸北上。因曹州餘匪甫平，就道山路。行次泰安，欲登岱嶽，未果。至京，寓全浙新館。知熙臺因事被戍，爲之悵然。樹堂師甥吳夢蘭，余舊友也，邀移城中小寓。場後，沈奏仙來，時其尊人柳西姻叔官通州。與之登舟，由二閘一帶赴潞。湖光柳影，宛似江南。盤桓三日回京。嗣接曾王母楊太孺人四月十九日訃，悲痛欲絕。束裝南歸，仍館歸安。十月，元配吳宜人以弱症卒。

乙亥（1815） 三十歲

館歸安。太恭人爲保字議續娶。定聘二舅氏靜園公長女，於八月之吉入贅鄭氏。先以婚期近，貧不能舉，謁竹嶼師於當湖。因識華亭劉小春、平湖方子春，放舟東湖泛月。竹嶼師分俸相贈，并致書其壻嚴比玉佽助，實深感之。

丙子（1816） 三十一歲

二妹嫁於馬氏。妹壻名斯傳。余館紅墩沈氏，五弟從游。七月送試赴杭，因識王香雪、李散牧，雨中游西湖，大醉於十三間樓。是年，大妹卒。

---

① 蔣笙陔：即蔣立鏞（1782—1842），字序東，號笙陔。湖北天門人。都察院左副都御使、鴻臚寺卿蔣祥墀之子，以書藝稱於世。

丁丑(1817)　**三十二歲**

正月，大女頌椒生。同張春畹、周慎菴、陸星查北上。時陸子茗妹丈蔗田表弟在京候選，招往鐵門兒寓下榻。是年，逢大挑。欽派成親王、汪瑟菴尚書挑選。保字於場後同星查赴挑，俱以一等引見勤政殿。奉旨以知縣用，掣籤甘肅，例應回籍候咨。隨偕星查赴介休陸寸園姑丈署中。先是，賀藕畊學使薦主綿山書院，①故有是行。三叔父采之公、堂兄靜莊俱在介署。接家信，知五弟保宰以疹疾卒。

戊寅(1818)　**三十三歲**

課生綿山書院。得士王國霖、張秉德、胡益之、郭思儀，俱先後登第。時張環洲選甘肅水利同知，由京回家，因始相識。趙竹盦爲余畫《太行秋霽小影》。

己卯(1819)　**三十四歲**

正月由介休赴京，天大雪。諸友及各門生送至漢槐而別。漢槐者，郭林宗墓也。憶丁夏西行，題咏古蹟，得一編曰《綿上草》，而漢槐距城四十里，尤常過謁。至都寓海岱門外張慎齋宅，陳雙湖同年館於張客中，聚首爲樂。會榜發，知余卷出農部萬小廉先生房薦而不售。同梧鄉還家。秋初，春鄰叔衢州書來，因就李湘圃觀察幕，得覽越西山水之勝。後因太恭人胃疾大作而鄭宜人亦喉風危險，買舟歸。

庚辰(1820)　**三十五歲**

同周慎菴、皇甫雪塍、陸梅廬北上。至京，仍爲慎齋邀往。迨慎齋成進士，邀狄子廷颺、張氏昆季訪各處名勝兩月爲樂。嗣汪筆山年伯邀余就館臨清。六月，出都至署課。讀書室狹溢，地氣多潮，驟患瀉痢，纏綿三月，甚殆。接家信，知陝甘長制軍咨取赴甘。惟是年，館穀甚微，家中嗷嗷待哺，典質一空。幸汪心舲湘林時贈酒肴以破旅悶，暇輒偕萬秀才出城。臨河一望，亦極快事。秋七月，仁宗睿皇帝

---

① 賀藕畊，即賀長齡(1785—1848)，自藕畊，號西涯，晚號耐菴，湖南善化(今湖南長沙)人，祖籍浙江會稽。清代政治家、理學家。

龍馭升遐。保字病中蓄髮兼留髯焉。

道光辛巳（1821） 三十六歲

正月由臨清赴京，寓買家胡同。橐中衹剩銀三兩，賴春廬學使慎齋、比部雙湖中翰及丁戊兩科各同年欣助，領照啓程。芸皋編修爲余畫《蘭皋行色》册子以贈。五月十五日，到甘肅省即請病假。愈後，盧厚山方伯延辦牋啓，下榻於藝香小圃。有亭榭、池石、花木之勝，亦邊方佳境。與張藝村訂交。是秋，方伯署理陝西中丞。

壬午（1822） 三十七歲

三月，委署通渭縣。抵任五日，由鞏昌府城奉長相國六百里札調赴軍營。先是，西寧野番不靖，相國奉命征勦。駐紮散素伯會探剛咱族番賊約會汪什代克打仗，副將丁永安率兵弁趕至沙拉果里，殺賊八十餘名，擒獲三十三名。又西寧鎮穆蘭岱等追番於東西兩溝，殺斃三百餘人，生擒二十六名，奪獲牛馬無算。又涼州鎮馬騰龍等行至博洛托亥，與賊接仗，炮斃一百數十名，餘賊四散。又參將蔡文瑾等追殺雙勿蘊依等族賊，殲斃三百餘名，生擒烏勒等三十七名。又甘州提軍齊慎等夜襲喇凍雪嶺賊營，殲斃一百七八十人，奪獲牛羊六千餘隻。又殺死剛咱族大頭目乙旦木。又各兵弁雪山搜捕肅清，五月撤兵。此番案始終情形也。余偕武仙查聯騎出丹噶爾口，所過草地曰"撒拉庫圖"，曰"阿什漢水"，曰"察漢托洛亥"，曰"鄂倫布拉克"，曰"族立蓋"，戈壁綿亘，自西寧啓程，七日抵大營。與陳廣堂、沈澹園訂交焉。日與仙查在糧臺辦事，住宿帳房，軍功保奏，奉旨不論繁簡，遇缺即補。六月回蘭州，仍當差藩署。初措盤費五百兩，遣朱昌回南，迎朝議公、太恭人西來。我母以胃痛艱於行，至十一月，朝議公率鄭宜人、大女并三舅氏、蔣妹丈到甘，時保字隨那繹堂制軍往西寧查辦番案，未得早修定省也。盧方伯升陝西中丞。

癸未（1823） 三十八歲

四月隨繹堂制軍自湟回省，題補平羅縣。仍在院署襄辦。秋，侍節閱兵，同陸君陶慶聯騎以行。至河州，安插番眾，即由老鴉關穿循化貴德土山,危崖絶巘,險不可狀。渡黃河,自西寧千户莊直達撒拉庫圖。犒賞蒙古,尋從大通雪打坂金羊嶺、二道溝一帶出匾都口,乘騎四十餘日,生平未嘗之苦也!維時制軍命撰《阿文成公配享太廟碑記》,余於馬上構思,行二十里,卸鞍脱稿,約二千餘字。制軍讀之喜,曰:"阮鄰壯士亦才子,真倚馬千言也!"極荷器重。十月,旋蘭。鄭宜人小産病危。

甲申(1824)　三十九歲

四月,奉委赴平羅任。侍朝議公以行,鄭宜人因病留蘭,至七月到署。馬静峰耀二叔於上歲來甘,至是與三舅氏蔣妹丈偕至署中。邑濱大河,且居唐惠渠之尾,地瘠民刁,素稱難治。曰"渠道",曰"倉糧",曰"口外",地户次第以施。北鄉有革監宋某,素凶惡,爲鄉里患。前任許令列款詳辦。迨解省改軍爲徒遇赦,僅予褫。及余抵任,欲鋤之,人有難色,余曰:"不入虎穴,焉得虎子?"然必惡款有確據方可定案。一面傳刑書將舊卷送呈,出示招告。密選壯丁十名以查渠出城,親赴其庄,搜出婦女數人。而宋某與其子逞凶拒捕,執以歸,所搜婦女即招告内王寡婦、蔣俊兩女、駱梅氏等案。其中,奪婦、侵田、逐夫、焚屋情節較重。擬凶惡棍徒通詳在案,惟該犯父子濟惡,屢訊不承,迨研審數十次始畫供招解。上府,供詞又翻,太守不敢定讞。余帶犯上省請於上,父擬軍,子擬徒,閤邑稱快。是冬,詳請以大公館改設又新書院,士子雲集,親爲閲課。朝議公六十壽,太恭人長一歲,同寅暨閤縣紳士祝雙壽舞綵。七日,静莊兄自四川來,馬静峰回里。

乙酉(1825)　四十歲

捐廉設本城黄渠橋、石嘴子、頭閘、李綱、虞祥各堡并義學二十三所。邑之西有新濟渠壓於沙,廢六十年矣。鎮朔一堡無水,居民流離,甚可憫也!適奉本道飭訊此案,即傳洪、鎮兩渠人證,委曲開導,至半月,結案。斷購鄰田濬之。開渠日忽又梗議,擁聚數千人,幾成械鬥。余親赴渠上,翻覆曉諭,兩造悦服,遂通故道,由是慶有秋矣。是夏,遵大府檄,辦捐義倉。余以義倉糧流弊滋多,按畝則貧富不均,比較則苦樂互別，至催糧上倉，胥役之擾、侵耗之患更不可問。爰傳殷戶及土著當鋪數十家，面為勸捐。共捐糧二千七百石，無一毫苛派。另設倉廒，交倉正副司管鑰，咸以為便。鐫諸碑。是歲，三舅氏同靜莊兄南歸。次女望孫生。

丙戌（1826）　四十一歲

回疆張格爾反。張格爾本逆回霍集占之後，因巴彥巴圖妄殺汰劣克全家，起釁作亂，糾合白帽回子占據四城，慶將軍等遇害。欽派經略長參贊楊武率師西征。時陝西盧中丞已丁艱，奉旨督辦肅州糧臺，余奉調入軍需局襄事，因附書入大戰於後。

一，渾巴什河之戰。六年六月，玉努斯窺伺阿克蘇城。辦事大臣長清等率令副將郭繼昌、都司孫旺、協領都倫布沿河鏖戰，殲斃賊首庫爾板素皮，殺賊三百餘人。

一，柯爾坪之戰。坪為賊逆伊滿等盤踞回庄，阻拒官兵。經略長派提督楊芳帶兵進勦，副將胡超等會合夾擊。殲斃賊目約勒達什伊滿玉努斯若倚木托胡坦五名，生擒七十三名，餘盡滅。

一，洋阿爾巴特之戰。我兵由巴爾楚克取道樹窩子，直趨喀城。至大河，拐賊衆數千。夜襲營，次日，賊據沙岡列陣以待，經略率參贊楊芳等由中路進，楊率哈朗阿等抄其左，武率倭楞泰等擊其右，追殺三十里，賊屍填壑。生擒三千二百餘名，奪獲旗幟、器械、牲畜無算。

一，沙布都爾庄之戰。賊三十萬屯莊火甚熾。葦湖稠密，馬力難施。衆賊伏林衝突，經略率呂天俸等馬兵繼進，武率余步雲等火器繼之，楊率哈朗阿等馬兵繼之。賊匪恃險抵拒，我軍搶越深渠，分投掩殺，橫尸遍野。

一，阿瓦巴特莊之戰。莊依岡背坷，樹木叢密。張逆遣阿瓦子邁瑪底等糾賊十餘萬抗拒我師。經略令哈朗阿等先分三路馬隊進兵，又率呂天俸等步兵居中，分倭楞泰等馬兵為兩翼排進，繼用連環槍炮，并遣民勇着虎衣虎帽躍舞藤牌，賊馬驚亂，殺賊二三萬衆，生擒三千餘名。阿瓦子等皆自殺。

一，克復喀什噶爾之戰。大軍抵七里河沿，張逆集數十萬衆於岸。楊率哈朗阿等督兵擊退。夜半，西南風起，派民勇三擾賊營。黎明風力愈急，全軍乘勢衝入，直抵喀什回城，據之武領巴哈布等克滿城。經略督楊芳等分圍四面，城上紅衣賊目抵禦，我軍奮勇直上，生擒賊目推立汗阿里汗等，斬殺數萬。黑帽回子投降，回疆大定。

一，毘拉滿之戰。提督楊芳將收復河闐。噶爾勒令賊千餘并裹脇回衆四五千人出毘拉滿地方迎距。三月二十七日，楊率額爾古倫帶伊犁馬隊分三路由北面沙山抄擊，自午至申，殲賊二千三百餘名，生擒首逆噶爾勒。和闐平。

一，喀什鐵蓋山之戰。在伊斯里克卡外二百里。先報張逆竄近圖舒克塔什卡倫，經略令楊芳率滿漢官兵十二月廿八日黎明馳捕。途次得張逆出卡之信，楊芳率兵出伊斯里卡倫。廿九日，由間道抄，遇張逆率賊死拒，官兵趕殺八十里，至鐵蓋山。張逆棄馬扒山，僅餘十數賊。副將胡超等跟追，阿勒罕等分路抄圍，張逆扒近山巔欲遁，見官兵逼近，拔刀自刎。都司段永福、兵丁楊發、田大武奪刀生擒，拏獲賊目八名，餘剿殺無遺。

丁亥(1827)　四十二歲

奉差肅州星使，派司軍餉，任勞任怨，不敢濫應，賠累旅費二千餘金，後以裁撤糧臺保奏，奉旨着以同知直隸州即補先換頂戴。糧臺同事者，王幼海太守、楊式如、丁松岩、沈澹園、張虛舟、李藝園各明府、胡麓樵州佐等十餘人。十二月，回蘭州。適繹堂尚書奉命出口查辦，招之往，保字以朝議公年老辭。省垣度歲。大兄書來，以困於場屋，有志廣文，因向糧臺借廉報捐訓導，并爲鄭梅士表姪捐，未入焉。

戊子(1828)　四十三歲

二月，回平羅任。沈小西表弟自磁州來住月餘，爲其措辦分發之費而歸。俞陶泉同年時方起復，常於渠次過從，相得甚歡。是年，回疆平，恭遇覃恩。我祖馳贈奉政大夫，祖母馳贈宜人，我父誥封奉政大夫，晋封朝議大夫，我母誥封宜人，晋封恭人。

己丑(1829)　四十四歲

朝議公忽患痰症危急。保字在夏州，星夜馳歸，趕緊延醫至，數月始愈。静莊兄自南來。

庚寅(1830)　四十五歲

三月，調署平番縣。侍朝議公先赴新任。鄭宜人懷孕。六月初一，長子平虎生，至八月來署。朝議公望孫甚切，至是頗覺怡顏正在。演戲開宴，爲堂上慶。忽新疆連次六百里飛報，知安集延浩罕布魯特等以前次善後，嚴禁茶黄，回心不服，勾結煽亂。楊宫保領兵先行出關，欽派經略長參贊楊哈統大兵西來。平番地當衝要，籌辦車馬，供支兵差。三月來，晝夜奔馳，不遑啓處，尤不敢一毫擾及百姓，疲累不堪。十月，鄭梅士姪自磁州來。接家信，驚悉我母鄭太恭人老病纏綿，於九月初九日□時棄養。呼天搶地，萬死奚辭！泣思十載睽離，未修定省，又不得躬奉湯藥，稍盡子心，及臨終不克親視含殮。椎心泣血，抱恨終天！時方發喪，人有以採買銀未領，恐公事有碍者，保字曰："買得倉儲糧九千餘石，足抵交代。我失母，方寸瞀亂，不能兼顧。"遂設靈開弔，移居壽山書院。十二月杪，挈眷進省，平番百姓呈懇大府保留。格於例，未行。

辛卯(1831)　四十六歲

平羅、平番兩次交代完案，即擬回籍守制。因朝議公年老，晨夕難離，楊宫保邀襄賤啓進院就近侍奉，咨文由蔣妹丈送回。項芝生將赴保定，顏方伯幕來蘭作別，爲余畫《金城聽雨》小幅。院上同事徐師竹、徐石雲、韓玉符、王春曦。

壬辰(1832)　四十七歲

館楊宫保幕。正月，朝議公痰症又作。雪夜延醫來寓診視，病由中寒，進以豁痰順氣之劑，漸就平安。是年，爲朝議公合壽，具縫壽衣。十月，祝七旬壽。平兒出痘，甚稀，不半旬即愈。女望孫痘險，醫用透發，孰知毒内陷，七日即殤，瘞于兩江義園。望孫方八歲，貌極端莊，已知孝道，深爲可惜！

癸巳(1833)　四十八歲

三月,次子繡虎生。同沈梅菴南下,由浦口到家,已五月二十八日矣。與大兄相見對泣,即赴太恭人厝地哭奠。見三叔父、三嬸母、三舅母、姨母俱臻老境,不勝感嘆。邀族人掃墓,至新塍與諸表弟相聚。七月,同大兄赴杭州晤項芝生、高已生,作西湖之游。謁程方伯、桂觀察,皆舊憲也。八月,富中丞驗看,給咨返棹。九月,同大兄、馬妹丈赴蘇,適靜峰亦來,邀胡石蘭、胡雪堂、楊盟古、吳鏡雨梨園餞別。十一日夜,開船行至維揚患瘧,陶泉都轉留榻於題襟館中,延醫治瘧,至廿六日啓程。十月初一日,抵王家營。初二日,開車。初七日,抵徐州。晤武仙查太守,登雲龍山黃樓,盤桓三日。十七日,抵汴梁。晤唐松雲表叔、楊蕉雨太守,又相聚二日。十一月初三日,抵西安。初六日,開車。廿一日,抵蘭州貢院門寓。朝議公精神依舊,闔家欣喜,于時稟報起復。

甲午(1834)　四十九歲

分校陝闈。得士閆居敬等七人。七月十八日,三女關保生。十月,委署茶馬同知,侍朝議公到任,家眷留蘭。是冬,有兵丁鄭三等聚衆滋事,合城驚慌。余即隨朝議公回省度歲。接家信,是秋三叔父暨保容弟卒。

乙未(1835)　五十歲

正月,楊誠村通侯來蘭。楊宮保夫人病故,譔行述墓志銘,海梁中丞囑也。見色戀,齋方伯奉諭云:"安西州現辦渠務召募事宜案未竣,而官去任,不可無循吏以繼其後制,憲意在足下。"保字以憲意既定,雖親老道長未敢推諉,尋於廿六日奉委署理安西州篆。二月初一日,卸茶馬篆事,擬廿六日奉朝議公出關,旋改三月初三日啓程。不料朝議公於廿八日忽患風寒,驟加沉重,亟延醫調治,僉云"無妨"。豈料痰湧食艱,不通大便,神氣大變,舉室驚惶。三月初三日,行李已就道,連夜追回。初四日,懸牌補循化同知。竊以朝議公連年望補甚切,至是,謂可稍慰親心。然寢疾日重,保字與鄭宜人晝夜奉侍,心若涫湯。延至初五日申刻，忽瞪目曰："有二緋衣人持帖來請。"奄然而逝。嗚呼痛哉！隨摒擋喪具，于初七日成殮，開弔三日。五月十三日出殯兩江義園。請趙太守宜暄、沈明府泰淶、汪州佐栻、項少尉懋、華顧少尉濂、胡少尉紹曾辦理喪儀。楊宮保遣弔司道各大憲率同府廳州縣領帖日均來祭奠。泣念朝議公迎養在甘，十有三載。惟保字年來或軍營襄事，或幕府當差，未獲常侍晨昏。稍申孺慕，竊願得補一缺，庶可以官舍爲子舍籍，遂烏私乃補缺，祗有一日而已，不及見矣！嗚呼痛哉！是秋，本擬挈眷扶櫬南歸，因資斧艱於措置，弗克就道。適瑚澹如宮保邀課其婿。六月，移家進署，授徒時還書屋，而於三復軒下榻焉。學生名豐紳布，詹事府洗馬舒君興阿長公子也。冬十月初九日，次兒繡虎以痘殤，鄭宜人哭甚哀。初十日瘞於兩江義園。時蔣樸生妹丈自古浪病歸，喬寓省垣。初起腹脹，漸成臌疾，日甚一日，百計罔效，延至十二月初七日棄世。樸生以至戚相依於五千里外，一旦物化，甚爲傷感，因爲經營棺殮，初八日出殯義園。竊維春間自遭大故以來，連遇拂意事，心驚膽裂，痛迫難言，且停先靈於義園尤非長計，因決計領咨挈眷扶柩南返，哀向澹如宮保力辭。遂於十三日雇齊車轎由督署啓行，并偕表姪鄭梅士伉儷一同就道，自向義園安頓裝柩。其時，同寅僚友俱在郊外送行，一一叩謝。約同眷車至東崗坡會齊東發。一路荒山，冰雪凍滑，至除夕始抵咸陽。承陳廣堂二兄預備行館、肴酒度年，并贈厚資。一家團圝，客夜達旦不寐。

丙申（1836） 五十一歲

元旦祭祀先靈畢，即裝車啓程，午後抵西安。胡麓樵明府遣人迎。至北門外公館安設靈幃。楊崧峰中丞、程玉樵廉訪、韋莘農太守暨陝中各寅好絡繹來弔，各以奠儀見贈。初八日，由西安徑發。二十二日，過汴梁，蒙朱蔭堂方伯厚贐。二月初三日，抵徐州。平虎患疹，耽擱旅店，延醫胗治，病甚危險，至十八日方得鬆減。時武仙查太守攝道篆，極荷關照，先將行李押至清江，雇黃河船安置柩眷。水程六百里，一路風濤，始達袁浦，換船南放。三月初九日，抵鎮。立軒大哥買小舟迎至獅虎橋，大嫂、二妹、七弟、馬甥、蔣甥、鄭氏諸表弟俱來。大船恭扶府君靈柩用，撥船停於老禪堂。老屋狹隘，眷屬暫寓新塍舅氏宅。陸肖梅堉先期由粵東回里。憶眷屬離鄉十有餘載，至戚骨肉，一朝團聚，悲喜交集。中秋夕，夢廬邀同泛舟吳門，偕朱立齋作畫舫之飲。盤桓十日，始返棹。是冬，為大女贅肖梅堉於家。新塍度歲。

丁酉（1837） 五十二歲

正月十一日，如珍姪女出閣。二十日，陸宅美如表妹自粵回家。二月，移居烏鎮覽鳳樓南，即七弟典賃之屋。時與大哥經營先人葬地，自丙冬延形家選擇，往返水鄉，幾及一載，始卜吉於璉市西瑤橋。九月，先君服闋升祠。十月，恭迎我父朝議公、我母鄭恭人靈柩合葬於西瑤橋，字之原以。五弟附窆。元配吳宜人之柩亦厝於旁。十一月，赴杭州。謁烏中丞，領咨。適周草庭學博上省，盡唱酬之樂。倩唐梅癡、李小竹畫《雲山錦幛》冊頁三十四幅。

戊戌（1838） 五十三歲

正月十二日，雪。偕鄭宜人率兒女并陸肖梅堉、鄭松岱表弟里門啟程，各親友絡繹送行。吟谷叔、立軒哥、馬湘南甥、鄭梅士表姪同至蘇州。陸二表妹、山英表弟、七弟、蔣甥送至大船而別。張夢廬、李白齋亦買舟話別。十八日，由蘇長行。廿六日，抵維揚。嚴崑圃留住二日。適鄭拙言、又坡兩表弟計偕北上，舟次相遇，剪燈對酌，離思憫然。二月初三日，從清江渡黃河，投王家營車行。初七日起早，至三月初五日始抵關中。時沈春橋新派巡捕，小住六日。十一日，自陝西行。廿八日，抵蘭州。謁見各憲，極蒙優郵。四月初五日，委署階州。時瑚瀁如宮保仍督陝甘，周石生觀察護理藩司，以地方緊要，非明幹不足以任事，雖知苦瘠，不敢固辭。惟階州古武都，吭背巴蜀，襟帶江漢，五方雜處，一隅孤懸，俗悍民刁，素稱難治。且番夷密邇，崇山峻嶺，急浪驚濤，其陡絕處架木為梯，較棧道更險，不得已於廿四日出省。眷屬由秦州取道，余從岷陽南發。江山嶮巇，莫名其狀。閏四月初十日，接印。十二日，鄭宜人率兒女、陸堉、鄭松岱表弟自小川來聘，紹興馮少白先生辦理正席，虎兒從松岱表弟游。到任後，接收呈狀二百餘紙。又准前任移交詞訟三百餘件，招解八案。健訟輕生，民風可見。幸衙齋寬曠，有池亭，正值荷芰出水，四圍柳、竹、蕉、榴、桐、桂堪供吟憩。中庭小坐，日看錦屏山雲氣往還，亦一清境也。接南信，知五母舅、四舅母、拙言表弟妻先後下世。松岱始有歸志。

己亥(1839)　五十四歲

二月初十日，松岱同邢城南還，送至郊外。四月，題補鹽茶同知，旋奉藩憲檄飭進省當差。時適與岷州李道憲會訊唐生隆控案，行至疙瘩堡，接方伯六百里飛札，以階州本任王刺史乞病，地方緊要，不可一日無官，速令回任。爰於岷案訊結後仍返武都，時六月二十七日也。郡有鐔生鳳舞，家極貧而能文，不爲世所知。延至署督課，給其資赴西安試。果於是科中式第三十三名，亦一佳話。十二月，孫學使名瑞珍按臨辦理考棚，遂將學使所命生童試帖題作詩十餘首就政，亟加賞識。聽濤弟爲三叔孤子，臨行時許助完姻，因寄婚費銀一百兩。大哥信來，始知辦理妥帖。新人賢淑，爲之怡然。是月，本任王戟臣回任，旋卸事。遂度歲于階署錦屏擁翠之室。接南信，知鄭梅士表姪于上冬選山西陽高縣典史，於本年到任。李梅霖從平羅來署。

庚子(1840)　五十五歲

二月，交代清楚。因岷山道險，挈眷從秦成一帶遶行，馮少白亦攜家偕往。過米倉、太石諸山暨青羊峽、朱圍嶺，肩輿匝月，頗極勞頓。至三月初二日始抵蘭州。奉委先赴鹽茶新任。惟時鄭宜人抱病，同兒女、肖梅壻留寓省垣，余於五月十二日到任。鹽茶爲前明韓藩牧地，回漢雜居，風俗剛悍，且一片砂礫，歲正苦旱。下車後，天降時雨，民情歡忭。九月，鄭宜人病愈來署。十月，委署慶陽府，挈妻子赴任，寓鳳城書院。慶陽管安化、寧州、環縣、正寧、合水五屬，適刀客爲患村堡，擊其一二置之法，民心始安。是年，送耀二叔、蔣妹丈靈柩回里。

辛丑(1841) 五十六歲

正月,卸慶陽事,回鹽茶。三月,委署平涼府。時屆府試,拔取各屬案首,俱係寒畯而能文者。公暇,招同仁游崆峒山龍音寺,頗極登臨之樂。重整柳湖書院章程,延請山長,增設脩脯,士心大悅。蔣峻泉甥、廷楓弟來甘。廷楓即赴寧夏。嘆咭哩滋事,連擾廣東、福建、浙江三省。定海、鎮海、寧波俱失守。六月,涇州李家坡民人活埋多命,聚眾抗官。奉本道委,赴涇州,會同李牧查辦。提集各證,往驗活埋之王拐子、滿山跑、杏四、貴子、毛遂等屍,詳細鞫訊,以孫效賢爲首,張起泰爲從,案定而餘犯盡釋。八月,卸平涼事。由鹽茶進省。蒙委購盤案,糧二萬石,每石價銀一兩。鹽茶產糧俱在四鄉,距城百里,或數百里不等,非但糧價不敷,即運脚從何設措?辦理棘手。余竭盡心計,無一毫苛派。民間不三月而買糧告竣,由是城堡倉儲充盈矣。十二月,代理周令列入計典,檄回本任。接家信,知七弟得一男。

壬寅(1842) 五十七歲

正月,送肖梅壻回南。接大哥家信,知去冬大雪厚至數尺,荒歉異常,四村聚眾坐飯,拆屋焚舟,大爲鄉里害。二月,會同寧州黃刺史、靖遠李明府查勘郝家灘渠工,斷明水利,兩造悅服。一路受風,肩臂痛大作。奉督憲檄操演土兵。恩制府卒於位,陝西富撫軍升任總督。四月,松岱表弟自里門來,時嘆逆未靖,乍浦失守,奉兩司飭辦捐輸以充軍餉。五月,南中信來,大哥委署昌化縣訓導。王春橋寅弼同年故後,家具籍沒,遺一女,年十一,囑寧州丁刺史送署,認爲義女,以昭撫卹。六七兩月連獲巨盜十二名,城鄉俱各安堵,眾百姓上除盜安民區。八月,進省謁見新制府富海帆先生。時程玉樵方伯新葺若已有園,招集同寅吟醼其中。南中軍事議和,礮船退出江口,英逆始平。三孀母去世。連得家信,知歸安土棍嵇祖堂抗糧被誅,秀水虞阿南抗租打搶亦就縛。地方安靖,爲之一快。爲肖梅壻報捐未入。九月,回署。臂痛復作,有半身不遂之象,雖服再造丸數次,而身體總未復元,意興頹唐,決計引退。十二月,奉催引見署事張雨棠司馬到任,旋即卸事。門生鐔鳳舞爲余刻《抱碧堂課藝》三十四篇。

癸卯(1843)　五十八歲

二月，上省陳情乞病，各憲堅不肯依。再四懇求，始蒙准。尋委蘭州府驗病回鹽。同雨棠司馬赴固原核算交代。惟自戊春重賦出山，歷膺苦缺，五年薄宦，兩袖清風。既無負郭之田，復少立錐之地，家貧子幼，念及憮然。上臺僚友均以此舉孟浪，有阻之者、有議之者、有訾且笑者。但回憶少壯艱苦備嘗，廿載服官，亦極勞瘁，所幸憲眷優容，輿情愛戴，不上控一案，不虧空一錢，皆由平生謹慎得免愆尤。我本寠人，尚何戀棧耶？卸事後，雨棠留住官廨，與舊友宋鏡波、高月波晨夕聯襟，肖梅亦自南來聚首。爲樂時，作《留別同好詩》八首，內有"多年陽羨田何有，此去成都壁也無。入世愧無好身手，還家賸有老頭皮"句，蓋紀實也。八月十八日，自署移寓民房。二十日，廷楓弟自寧夏帶疾來鹽，面瘦如柴，喀血不止，症知不起，安頓臥寓，二十四日夜棄世。囑松岱、肖梅、峻泉辦理棺衾遺物，帶回家中，厝柩於東門外。即于九月十八日挈眷自鹽茶啓程，官役百姓送至郊外。十月初三日，抵西安。探得河南一帶水潦泥濘，且當歲暮，行旅更難。時肖梅指捐陝西，將赴都驗看，在陝鄉親咸勸留度歲。於是于十六日令肖梅北上，每日赴飲友家。暇則庭中獨坐，惟以吟咏消遣旅況。時甘肅孝廉公車北上，路經斯地，來謁不少，平羅尤多。宋作哲、黃元吉、王協一、張爲章，皆十年前余取書院士也，晤特極感愛士之誠。各贈元卷以濟旅費。

甲辰(1844)　五十九歲

正月初八日，三女關保與庚堂之次子聯姻。張佑之刺史爲賽修。接肖梅京信，知驗看後須於三月中旬旋陝。余不及待，即擇廿二日南下。因留松岱弟、大女于陝寓，以俟肖梅回來。二人送余至臨潼，揮淚而別。廿五日，行抵盤豆，僕人不戒，致被小竊。停車二日，晤安德車三兄，購馬一匹作爲前站。由榮澤渡河，至蘭儀復折而南，直趨碭山，從徐州徑走南岸。二月廿二日，抵清江。廿五日，下船。三月初六日,抵蘇。躭擱二日,逕到新塍。先是,鏤香表弟於清貽堂間壁購屋一椽,大加修葺,余到即賃住焉。所携廉奉無多,稍置産業以資餬口。嘉興徐信軒郡伯,余舊雨也,六月買舟修謁,即來新答拜。草堂樽酒,剪燭言歡,皆甘省十年前事。九月,爲平虎聯姻震澤周氏。十二月,納妾李氏。

乙巳(1845)　六十歲

三月,赴秀水閱縣試卷。主人傅君松泉延燾,相得甚歡,有半月之聚。四月,花甲初度。有擬爲稱觴者,大兄曰:"親族待給多矣,何增此無益費耶?"謹如其言,饋問概卻。六月,大兄驟患瀉痢,兼染弔脚痧。接信連夜倉皇回鎮,投以參劑四支,未能回陽。痛於是月廿八日棄世。命兒子平虎遵兩祧例成服守制。回思幼日,同塾同游,相依爲命。自從遠宦,家務賴兄一力支持,今余抱恙未痊而兄歸道山,祚薄門衰,無人整理,言之潸然。八月,送陸二表妹就養陝西肖梅壻寓中。九月,購材木合壽具,并于西瑶先君墳旁築生壙焉。十月,聽濤弟歸併覽鳳樓老屋公堂歸併地園,將營菟裘焉。

丙午(1846)　六十一歲

余以寄居新塍非久計,于四月間將公堂暨聽濤弟前後歸併屋地起造樓廳三楹。庀材鳩工一手經理。工未竣,余於九月初發瘧,日加沉重,賴鄭恭人調護,漸次就痊。接陝信,肖梅補鄠縣典史。

丁未(1847)　六十二歲

所造房屋已草創。擬落成後遷回,爲平虎完姻。不料平虎於六月十四日夜間身體發熱,患喉風癍疹,回好後忽又潰爛,百計醫治,卒不見效。廿一日晚間,口不能言,猶寫"曉得"二字以示人,遂於廿二日辰刻殤去。余艱於子嗣,四旬後始舉此子,撫養十有八年,學業漸有進益,持身儉樸,不染紈綺氣。方冀成立繼我書香,胡天不弔,遽夭閼其年哉?余妻鄭恭人,自生此子,爲之延壽祈福,殫盡心力,卒爾不育,痛悼尤深,臥床不起,遂成疾病,苦笑無常。因素性禮佛,向在甘肅省城大佛寺虔塑觀音聖像一座,忽于九月廿一日夜昏迷不醒,夢觀音賜仙方,服至數劑，漸能清楚，從此病痊。以後吃齋繡佛，皈依益切。秋時，鄭恭人手折海棠一枝供佛瓶內，數日生根，花益鮮妍。戚族來觀者，咸謂"至誠所感"，詫爲異事。余素不佞佛，因此而供養加虔矣。大女在陝聞平虎之變，慮余兩老不堪，不憚間關，南歸省視。于十一月廿五日到家，相見悲喜交集。十二月廿二日，厝平虎柩於朝議公墓側。

戊申（1848） 六十三歲

春間，爲二女聯姻盛澤鄭氏。四月廿四日，納次妾李氏。大兄歿時，本以平虎兼祧，兹以已殤去，乃以静莊兄長子位南姪爲大兄後。

巳酉（1849） 六十四歲

春，爲七弟續娶章氏。四月初四日，爲平虎撤席。大女於五月間患時疹，至十月始愈。

庚戌（1850） 六十五歲

四月初七日，三子鼎庚生，次妾李氏出。知肖梅壻于五月初調張掖縣典史，擬遣大女於四月間起程，乘便挈三女至陝西陳家完婚。忽於初一日三女患疹，十五日殤去。鄭恭人悲傷痛哭，遂送大女到蘇，於五月初七日自蘇長行。余於六月廿四日自新遷回烏鎮，與吟谷叔晨夕譴談，及鎮上諸戚友設宴會結吟社，消遣老懷。十一月廿一日，四子師戌生，妾李氏出。余自平虎殤後，恒抱伯道無兒之戚，至此一年之内兩得子嗣。雖未知成立何時，老懷稍慰。當有生子詩，諸戚友屬和者甚衆。臘底，孔果菴表姪自甘肅旋里，带到大女陝中所發書，知其因病逗遛西安陳家三四月。至是，肖梅遣弟幼梅到陝接取，始束裝赴張掖，病軀孱弱，益以嚴冬霜雪間關跋涉，甚縈念也。

辛亥（1851） 六十六歲

先大夫阮鄰府君自訂年譜，起乾隆丙午，迄道光庚戌六十五年。出處行藏約具本末，足以信。今傳後，垂示家乘矣。第府君自癸卯春引疾致仕，至甲辰春旋里，明年驟遭世父立軒府君之變，又明年遭大兄平虎之變，骨肉多故，黯然神傷久矣。至庚戌年，先後生不孝等，一年中兩得子嗣,謂宗祀可延,懷抱漸開。戚友咸謂"善人必有後"。醼飲賦詩,殆無虛日。正冀愛日方長,以長以教俾不孝等底於成立,豈意不一年二遽棄不孝等而長逝耶！嗚呼痛哉！府君氣體素充,今年三月初偶於街上失足,遂生腿疾,服藥臥床兼旬始愈。忽於八月初八日腹痛成痢,初起猶洋洋如平時,至二十日往馬宅姑母處不能午飯而回。從此日漸沉重,至閏八月初三日不能下樓,料理一切家務仍如舊時。日投清利之劑,疾益加重。十六日,臥床不起,參藥補救,迄無效驗。十九日,病勢益危。晚間忽言"與祖母、大兄相見"。至二十日寅時,溘然長逝。不孝等遂為無父之人矣！嗚呼痛哉！不孝等均在繈褓,毫無知識,府君病中全賴吾母鄭太恭人暨山英舅氏料理醫藥,晝夜焦勞。不孝生母等侍疾寢幃,衣不解帶,四五十日。府君棄世後,我母暨生母等均痛不欲生,水漿不入口者數日。顧念府君喪葬事大,而不孝等呱呱黃口,尤為宗祀所繫,不能不力為保護,以慰府君於地下,因抑哀視事。府君居官力矢清廉,餘俸本屬無多,回里數年,疊遭變故,益以修造房屋囊橐洗如。茲不孝輩猝遭大故,皆吾母鄭太恭人典質敘珥,百計摒擋,附身附棺,事事盡禮,人咸嘆以為難而撫不孝等恩勤益周至矣。嗚呼痛哉！戚友來弔唁者,僉謂府君孝友姻睦,篤於周親,尤好獎勵後進,憨憨懇懇,不啻口出,筮仕二十餘年,清勤自矢,所至不名一錢。此譜皆紀實也。陸肖梅姊婿自張掖來信,亦以府君立身居官本末悉具於此,不可不出以問世,因檢付手民焉。此外尚有《平羅記略》《抱碧堂詩詞課藝》等集已付梓行世,其晚年詩稿雜著藏於家統俟續梓。

不孝徐鼎庚、徐師戌泣血稽顙謹志。

【校勘記】

［1］此處"工"字原脱。《滿漢名臣傳續集》卷七八載:"(何兆基)嘉慶十一年六月,遷工部右侍郎,旋轉左侍郎。"據補。

參 考 文 獻

一、古代文獻

(一) 陝甘寧舊志

《甘肅通志》：(清) 許容等纂,中國國家圖書館藏乾隆元年(1736)刻本,影印文淵閣《四庫全書》本,臺灣商務印書館 1986 年版。

《甘肅新通志》：(清) 昇允、長庚修,安維峻等纂,中國國家圖書館藏清宣統元年(1909)刻本。

《〔乾隆〕寧夏府志》：(清) 張金城等修纂,中國國家圖書館藏乾隆四十五年(1780)刻本；中國社會科學出版社 2015 年版胡玉冰、韓超校注本。

《〔嘉靖〕平羅縣志》：(清) 佚名纂,中國國家圖書館藏民國二十一年(1932)抄本,上海古籍出版社 2018 年版徐遠超校注本。

《〔道光〕平羅記略》：(清) 徐保字纂,北京大學圖書館藏道光九年(1829)新堡官舍刻本,蘭州古籍書店 1990 年版《中國西北文獻叢書》第一輯《西北稀見方志文獻》影印本；天津古籍出版社 1988 年版《寧夏歷代方志萃編》影印本；上海古籍出版社 2018 年版徐遠超校注本。

《〔道光〕續增平羅記略》：(清) 張梯纂,甘肅省博物館藏道光二十四年(1844)刻本,蘭州古籍書店 1990 年版《中國西北文獻叢書》第一輯《西北稀見方志文獻》影印本；天津古籍出版社 1988 年版《寧夏歷代方志萃編》影印本；上海古籍出版社 2018 年版徐遠超校注本。

(二) 史部

《親征平定朔漠方略》：(清) 溫達等撰,影印文淵閣《四庫全書》本,臺灣商務印書館 1986 年出版。簡稱《平定朔漠方略》。

《明實錄》：臺灣"中央研究院"歷史語言研究所校印,1962年版。
《清實錄》：中華書局1985年版。
《宋史》：(元)脫脫等撰,中華書局1977年版；影印文淵閣《四庫全書》本,臺灣商務印書館1986年版。
《兩浙輶軒續錄》：(清)潘衍桐輯,浙江古籍出版社2014年版。
《國朝兩浙科名錄》：(清)黃安綬編,浙江古籍出版社2012年版。

二、現當代文獻

(一) 著作

《陝甘地方志中寧夏史料輯校》：胡玉冰等輯校,上海古籍出版社2015年版。
《〈清實錄〉寧夏資料輯錄》：吳忠禮、楊新才主編,寧夏人民出版社1986年版。
《明清進士題名碑錄索引》：朱保炯、謝沛霖編,上海古籍出版社1980年版。
《寧夏方志述略》：高樹榆等編著,吉林省圖書館學會1985年內部發行。
《中國歷代年譜總錄》(增訂本)：楊殿珣著,北京圖書館出版社1997年版。
《清代官員履歷檔案全編》：秦國經主編,華東師範大學出版社1997年版。
《滿漢名臣傳》：吳忠匡總校定,黑龍江人民出版社1991年版。
《寧夏舊志研究》：胡玉冰著,上海古籍出版社2018年版。
《平羅春秋》：何子江、萬青山編,寧夏人民出版社2005年版。
《中國近現代人物名號大辭典》：陳玉堂編著,浙江古籍出版社,1993年版。
《寧夏百科全書》：《寧夏百科全書》編纂委員會編纂,寧夏人民出版社1998年版。
《近三百年人物年譜知見錄》(增訂本)：來新夏著,中華書局2010年版。

(二) 論文

《略談〈平羅記略〉》：李洪圖撰,《寧夏史志研究》1986年第3期。
《評〈平羅記略〉之得失》：王亞勇撰,《寧夏社會科學》1997年第2期。
《寧夏書院文化歷史流變》：李小鳳撰,《北方民族大學學報(哲學社會科學版)》2011年第11期。

寧夏滿營事宜

〔清〕佚名撰　張航整理

整理説明

《寧夏滿營事宜》(下文簡稱"《事宜》")一卷,作者不詳。本書是記載清代寧夏滿營有關事宜最爲詳盡的一部文獻,楷體手抄孤本傳世。原爲銀川市民間所藏,二十世紀八十年代,銀川市在文物普查中發現該文獻,由銀川市文物管理部門收藏。《事宜》高二十二厘米,寬十四點五厘米,四眼綫裝,共三十三頁。書衣有"事宜壹本"四漢字,另用滿文注明其寫作時間爲"光緒十五年十月"。抄本第二頁載,大建、小建領催前鋒、大甲、小甲享受銀數。

《事宜》無綱目,據內容共可分爲五類。一是寧夏滿營興廢。如,明確記載寧夏滿營八旗官兵是從雍正三年(1725)由京城移駐而來的,乾隆三年(1738)因地震"盡行摇倒",乾隆五年(1740)閏六月初七日竣工,二十日起入駐;二是新滿城建築形制、規模,如城墻周長、高度、厚度,四門、四角樓、四牌樓、城墻炮眼、垜口數目等情况;三是駐防官員衙署、甲兵用房數目,如載將軍衙門一座、副都統衙門二座,"協領等官衙署八十所,兵房五千間"等,甚至詳細記載了衙署的裁汰、招商出租情况;四是將軍等各級官員、兵甲、匠役的俸餉組成及支領時間。詳細記載了從將軍到步甲以及匠役應支餉銀、米石、心紅紙張、馬匹、料、草銀兩數目、折銀,支領時間,以及告退甲兵、閑散挑補、孤寡養贍銀,筆帖式衣履銀,孀婦守節銀,舉人赴京會試盤費銀,兵丁紅白事恩賞銀數目及支領時間;五是户口數、男婦子女數等,共計一千五百二十五户,一萬三千四百一十一名口。

《事宜》爲手抄本文獻,全書正楷書寫,分大字和小字,小字是對大字部分內容的注釋。書中所載本色米的單位從"石、斗、升、合"具體到"勺";本色草的單位從"捆、束"具體到"分";米折銀、料草折銀的單位從"兩、錢、分、厘"具體到"毫"。書中個別注釋計量與正文計量有出入。

作爲寧夏傳世的一部滿營事宜,《事宜》有重要的利用價值。第一,該書關於寧夏滿城興竣時間的記載比以往可見文獻記載的更加準確,如《大清一統志》《乾隆寧夏府志》《朔方道志》中關於舊滿城震毀的時間僅有"乾隆三年"的記載,《事宜》則將地震的時間具體至"乾隆三年十一月二十四日戌時"。又如,關於新滿城興竣時間,史料記載不盡相同,《事宜》則詳細記載爲"乾隆五年閏六月初七日"等。第二,對寧夏滿營、寧夏八旗、寧夏八旗職官的研究提供了詳實的史料。如,左翼蒙古協領衙署門面房、佐領衙署在乾隆年間奉旨裁汰後,"招商出租"的記載,對於研究乾隆年間"不事農商",而又"生齒日繁"的旗人的生計研究、城內旗人生活狀況研究都有重要意義。

最早提及并利用《事宜》者是銀川史志工作者賀吉德先生《一份研究寧夏滿族史的珍貴史料——手抄本〈事宜〉初探》(《銀川市志通訊》1986年第2期)一文,主要目的就是要將隱匿民間多年的寧夏滿營《事宜》公諸於世,且對其作者和成書年代做了一定考證。

寧夏滿營事宜

寧夏滿營自雍正三年由京移駐，在漢城東北約二里有餘。至乾隆三年十一月二十四日戌時，忽遭地震，城壁房屋盡行搖倒。經將軍阿魯題奏，於乾隆五年閏六月初七日，據總理工程事務寧夏道阿炳安稟報，將新滿城官員衙署、兵丁房間蓋造完竣。經將軍都賚奏聞，於本月二十日吉時作爲八日陸續挪住。計開：

寧夏滿城一座，週圍計長一千三百六十丈，共七里五分五厘。身高二丈四尺，底寬二丈五尺，頂寬一丈五尺。垛口垛牆高五尺三寸，均厚一尺二寸，俱係磚包。女牆高三尺，底寬一尺八寸，頂寬一尺四寸。

東門至東南角樓，炮眼一百三十八，垛口一百二十六。

東南角樓至南門，炮眼二百一十三，垛口一百九十四。

南門至西南角樓，炮眼一百三十七，垛口一百二十五。

西南角樓至西門，炮眼二百，垛口一百八十六。

西門至西北角樓，炮眼一百四十，垛口一百二十八。

西北角樓至北門，炮眼一百九十六，垛口一百七十七。

北門至東北角樓，炮眼一百三十八，垛口一百二十六。

東北角樓至東門，炮眼一百九十八，垛口一百七十九。共炮眼一千三百六十，共垛口一千二百四十。①

四甕城大樓，垛口一百六十。

二共垛口一千四百。

---

① 根據前述垛口數量，總數應爲1241個。

炮臺二十四座，內有藥樓八座。

城門樓台四座：東門"奉訓"，西門"嚴武"，南門"永靖"，北門"鎮朔"。

大街牌樓四座：東牌樓"承恩"，西牌樓"威遠"，南牌樓"定功"，北牌樓"拱極"。

官兵衙署房間數目

將軍衙門一座，計房一百二十四間。

副都統衙門二座，每座計房六十四間。內有右翼副都統衙署一座，於乾隆三十四年奉旨裁汰。現在作為官櫃鋪、木器、炮房公所。

協領衙署六所，每所計房四十間。內有左翼蒙古協領衙署一所，於乾隆三十四年奉旨裁汰。現在門面房九間，招商出租。其後層房三十一間，於道光十年咨部覆准，撥給廂黃旗二牛录騎都尉自行修理，永遠居住。

佐領衙署二十四所，每所計房三十一間。內有正白旗二牛录佐領衙署一所、廂白旗二牛录佐領衙署一所、正紅旗頭牛录佐領衙署一所、廂藍旗頭牛录佐領衙署一所、正紅旗蒙古佐領衙署一所。共衙署五所，於乾隆三十四年奉旨裁汰。現在正紅旗蒙古佐領衙署，作為火器營公所。其餘四處佐領衙署，現在招商出租。

防禦衙署二十四所，步營防禦衙署二所，每所計房二十三間。

驍騎校衙署二十四所，每所計房十二間。

筆帖式衙署三所，每所計房十間。

恩騎尉衙署二所，每所計房十二間。

領催委署前鋒校、領催、前鋒、馬甲，共兵二千二百名，每名房二間，共房四千四百間。

炮手、步甲六百名，每名房一間，共房六百間。

以上協領等官衙署八十所，兵房五千間。

官兵衙署房間，遇有倒壞之處，隨時自行修理。每逢八年一次，八旗官兵借支修理衙署房間銀兩。於道光十七年八月間，官兵共借過修理衙署房間銀七萬六千七百六十八兩，分作八年扣還。兵丁於十七年九月扣起，官員於十八年春季扣起。

八旗官兵應支俸餉、米石、馬匹、料草銀兩數目

將軍一位，歲支養廉一千五百兩；按四季支領，每季領銀三百七十五兩。俸銀一百八十兩；每春秋二、八月支領，每季支銀九十兩。衙役工食銀六百八十八兩；按春秋二季正、七月支領，每季支銀三百四十四兩。門炮火藥銀一百二十兩；按年行支。心紅紙張銀八十兩；按年行支，均於歲首支領。俸米二十口；每口米二斗五升，每月共支米五石。家口米二十口；每口米二斗五升。半本米折，每石折銀一兩，每月支米二石五升，半折銀二兩五銀。每月共支米七石五斗，米折銀二兩五錢。一歲共支銀二千五百九十八兩，共支俸粟米九十石。

副都統一位，歲支養廉七百兩；按四季支領，每季領銀一百七十五兩。俸銀一百五十五兩；按二、八月行支，每季領銀七十七兩五錢。衙役工食銀一百九十二兩；按春、秋二季行支，每季支銀九十六兩。俸米十五口；每口米二斗五升，每月共支米三石七斗五升。家口米二十口；全折，每石折銀一兩，每月共折銀五兩。馬二十四匹，春冬六個月，每馬月支料一石二斗，草六十束，每月共支米草料折銀三十七兩五錢五分、本色料一十四石四斗；夏秋六個月，每馬月支料九斗，草三十束，每月共支米草料折銀二十六兩七錢五分、本色料一十石八斗。一歲共支銀一千四百三十二兩八錢，共支俸米四十五石，共支馬料一百五十一石二斗。

協領五員，每員歲支俸銀一百三十兩；俸米十二口；每月支米斗。家口米十八口；全折銀四兩五錢。馬十二匹，春冬六個月，每月共支銀一十八兩九錢，本色料七石二斗；夏秋六個月，每月共支銀一十三兩五錢，本色料五石四斗。一歲共支銀三百二十四兩四錢，共支俸米三十六石，共支馬料七十五石六斗。

佐領十九員，每員歲支俸銀一百零五兩；俸米十口；每月支米二斗五升。家口米十口；全折銀二兩五錢。馬八匹，春冬六個月，每月共支銀一十二兩一錢，本色料四石八斗；夏秋六個月，每月共支銀八兩五錢，本色料三石六斗。一歲共支銀二百二十八兩六錢，共支俸米三十石，共支

馬料五十石四斗。

世職騎都尉三員，每員歲支俸銀一百一十兩，其餘得與佐領同。

防禦二十四員，步營防禦二員，歲支俸銀八十兩；俸米四口；每月支米一石。家口米十口。全折銀二兩五錢。馬五匹，春冬六個月，每月共支銀八兩五錢，本色料三石；夏秋六個月，每月共支銀六兩二錢五分，本色料二石二斗五升。一歲共支銀一百六十八兩五錢，共支俸米一十二石，共支馬料三十一石五斗。

驍騎校二十四員，每員歲支俸銀六十兩；按月隨同兵餉支領，每月支銀五兩。俸米二十口；每月支米五斗。家口米十口。全折銀二兩五錢。馬四匹，春冬六個月，每月共支銀一十二兩五錢，本色料二石四斗；夏秋六個月，每月共支銀一十兩零五錢，本色料一石八斗。一歲共支銀一百三十六兩八錢，共支俸米六石，共支馬料二十五石二斗。

世職恩騎尉二員，每員歲支俸銀四十五兩，其餘得項與驍騎校同。

八品筆帖式一員，歲支俸銀二十八兩，其餘得項與驍騎校同。

八品筆帖式二員，每員歲支俸銀二十一兩一錢一分四厘，俸米、家口米與驍騎校同。馬三匹，春冬六個月，每月共支銀六兩一錢、本色料一石八斗；夏秋六個月，每月共支銀四兩七錢五分，本色料一石三斗五升。一歲共支銀八十六兩二千一分四厘，共支俸米六石，共支馬料一十八石九斗。

領催委署前鋒校一十六名、領催一百二十八名，前鋒一百八十四名，共兵三百二十八名。每名月支餉銀三兩，家口粟米十口，內支本色米九斗三升七合五勺，米折銀一兩八錢七分五厘。馬一匹八分有零，臘、正二個月，每馬月支料一石二斗，草六十束，每月共支料草折銀二兩二錢四分二厘九毫，本色料一石一斗二升一合四勺零；四、五、六、七、八、九六個月，每馬月支料九斗，草三十束，每月共支料草折銀一兩四錢一厘零，本色料八斗四升一合零；十、十一、二、三四個月，每馬支料一石零八升，草四十八束，每月共支料草折銀一兩八錢九分七厘零,本色料一石零九合三勺。以上,一歲共支銀七十九兩二分零,本色米一十一石二斗五升,本色料一十一石三斗二升六合二勺,本色草一百束零九分。合大草三十捆零。每三束合一捆。

馬甲一千八百七十二名,每名月支餉銀二兩,其餘得項與領催前鋒同。以上,一歲共支銀六十七兩二分零。

炮手一十六名,每名月支餉銀二兩,家口粟米十口,內支本色米九斗三升七合五勺,米折銀一兩八錢七分五厘。以上,一歲共支銀四十六兩五錢,本色米一十一石二斗五升。

弓箭、鐵匠頭目六名,每名月支餉銀一兩,家口米五口,內支本色米四斗六升八合七勺,米折銀九錢三分七厘五毫。以上,一歲共支銀二十三兩二錢五分,本色米五石六斗二升四合四勺。

匠役六十名、步甲五百八十四名、養育兵六佰名,共兵一千二百五十名,每名月支餉銀一兩,家口米二口,內支本色米一斗八升七合五勺,米折銀三錢七分五厘。以上,一歲共支銀一十六兩五錢,本色米二石二斗五升。

八旗官兵一歲共支俸餉米草料折銀一十九萬一千五百九十兩有零;官員俸米一千四百七十四石五斗,官兵家口粟米二萬七千七百七十六石二斗五升,二共米二萬九千二百五十石七斗五升;官兵馬料二萬四千九百二十六石四升,兵丁馬草二十二萬二千四十五束,每三束合草一捆,共合大草七萬四千一十五捆。

八旗兵丁曾經出兵打仗,年過五十以上,告退甲兵,每名每月給養贍銀一兩。由寧夏府庫支領。

八旗閒散內挑選人口眾多弓馬嫻熟者三百三十三名,每名月給贍銀五錢。由本營生息利銀二百兩內支領。

八旗孤寡每月每口給銀一兩五錢。由本營平餘地租利銀項下支給。

筆帖式三名,每名月給衣履銀三兩。由本營平餘地租利銀項下支給。

八旗食週年半俸半餉孀婦錢糧照依現在所食錢糧減半支給,一年期滿即行裁除。

八旗孀婦三十歲以內，寒苦守節者，至五十歲，給銀三十兩，聽本家自行建坊。由寧夏、寧朔二縣地丁銀內支給。

八旗文武舉人，赴京會試者，每名支給盤費銀五兩五錢二分四厘。由寧夏、寧朔二縣地丁銀內支給。

八旗兵丁紅白事件恩賞銀兩，每年額定銀二千九百四十兩，按四季支領。遇有兵丁紅白事件，照例定銀數，十中留二，先爲支放，統俟年終核計。如有餘剩，各按出事之兵均勻找領；倘有不敷，亦按出事之兵名下攤補，總不得逾額定銀數，以符限制。年終報部核銷。

八旗現有一千五百二十五户，男四千九百九十四名，婦三千八百五十五名，子二千二百四十七名，女二千三百一十五名。以上，共男婦子女一萬三千四百一十一名口。

寧夏滿營駐防事宜

〔清〕佚名 撰　　張冠魯、周　媛　校注

整理説明

《寧夏滿營駐防事宜》一册,長24.8厘米,寬14.5厘米,厚1.3厘米,抄本,編寫者不詳。孤本藏於寧夏博物館,該書首頁印有"甘肅省文史研究館銀川分館"的字樣,經查檔案,於1973年寧夏博物館徵集而來,具體來歷不得而知。該本書衣題"寧夏滿營駐防事宜"八字,正文大字,隨文注,注文雙行小字,内容直接楷体抄寫在白紙上,無邊欄、界行,每半頁八行,每行字數不等,多者近四十字。正文共八十六頁。末頁題"嘉慶甲戌年丁卯月甲午日立",據此,本書抄成於嘉慶十九年二月初二,即公元1814年2月21日。又因正文抄有"嘉慶二十二年四月"的内容,即公元1817年4月,顯然晚於末頁題"嘉慶甲戌年丁卯月甲午日立"的抄成時間,具體抄成時間有待考究。

清朝曾派八旗駐防寧夏,主要任務是攘外安内。攘外指使寧夏成爲西北邊疆的兵站,策應保衛邊疆;安内指鞏固政權,維護統治秩序。古代文獻有關滿營駐防寧夏的記載較少,清代寧夏舊志記載多限於對滿營地理位置、官兵設置以及簡要的變更節點進行記述,更爲詳細的駐防内容未見記載。而後世專門性的研究也相對缺乏。寧夏博物館藏《寧夏滿營駐防事宜》如同記帳簿,將某類官職的俸銀數量,領米數量,馬匹數量折算銀兩及其他公事費用等,一一條列。詳細記錄了清代駐防寧夏八旗官兵的官職、人數、俸餉、官兵陣亡後的善後及家眷支錢支糧等事宜,是非常難得的清代寧夏滿營駐防史料,具有較高的研究價值。其主要内容包括:

(一)對於駐防寧夏的八旗官兵,從官職、人數、俸餉、官兵陣亡後的善後及家眷支錢支糧事宜做了詳細的記載。另將馬匹的放養、用料等做了簡要的記載。

(二)對於官署衙門内的設置,官印、牌樓、衙署等作簡要記載。

(三)較爲詳細地記載了官兵紅白事件、賞恤、公差費用、房屋維修等款項的分給和借用。駐防當局的經營收入主要用於公共性事務,旗地租金與息銀等收入均由八旗駐防當局統一支配，主要用於贍養孤寡、官兵公差、旗營公事、養育兵、修造房屋、買補馬匹等領域。

（四）對於八旗所屬的牛錄，詳細記載了將領及文武官員的分配，兵、馬數量，馬料支取數目；軍器數目，軍營房屋，火器營演陣官兵數目，行圍官兵數目，將軍親隨出行人員數，印房、左、右司承辦事宜，操演練兵等事宜，條列記載。

滿營在寧夏駐防的這段歷史，相對比較零散地分佈在相關史料與研究中，欠缺系統性。中國第一歷史檔案館亦藏有很多有關寧夏駐防八旗的檔案資料。遺憾的是，目前這些珍貴的資料還沒能進行系統的整理與利用。通過對《寧夏滿營駐防事宜》的梳理，有助於理清其發展脉絡，對了解清朝駐防八旗的發展具有重要的參考意義，且能從軍事制度、俸餉制度、經營制度的演變中一窺滿營駐防之興衰。同時，也可为寧夏在保衛祖國邊疆和民族融合方面發揮著不可磨滅的作用提供强有力支撐。

關於寧夏滿營的研究成果，較早的有白研撰文，主要從寧夏旗人的由來、駐防編制、守衛開發邊疆的貢獻、八旗制度等角度出發，闡明寧夏八旗駐防軍隨國家興衰而變化的過程；馬協弟撰文，以分布在全國的駐防八旗爲基礎，探究滿族的形成和發展，其中涉及寧夏駐防的設立、滿城和職能等諸多內容；滕紹箴撰《論清代寧夏八旗駐防及歷史貢獻》(《北方文物》1997 年第 4 期)、《論寧夏八旗駐防解體與民族文化融合》(《寧夏社會科學》1997 年第 1 期)等。前文主要從寧夏八旗駐防軍的設立及變遷過程、駐防編制等方面闡述了其歷史貢獻，後文對寧夏八旗駐防軍由盛到衰的生計過程進行了詳細考述，并對之後的民族融合的原因做了較爲全面的分析。此外，李自然撰《試談寧夏八旗駐防的特點》(《滿族研究》2005 年第 4 期)，從八旗駐防寧夏的建立過程、駐防功能、駐防人員的多元性、待遇、兵額的變化五方面進行闡述，突顯寧夏的重要軍事戰略地位；陳永耘撰《〈滿人四門官花園地之圖〉與寧夏新滿營》(《寧夏師範學院學報》2010 年第 2 期)，對新滿營的初創和發展作了細緻的解讀；刁俊撰《雍正朝寧夏滿文朱批奏折疏略》(《蘭台世界》2015 年 9 月)，闡述了雍正時期在寧夏的駐防八旗及社會發展方面的情況；張玉梅撰《清宮藏寧夏滿營檔案整理及其價值》(《西夏研究》2019 年 2 月)，利用清宮藏寧夏滿營檔案，完整地闡述了涉及寧夏滿營的各個方面。

本書整理，以寧夏博物館藏孤本爲底本。

寧夏滿營駐防事宜

　　駐防寧夏滿營原設官八十六員,內:將軍一位,左翼副都統一位,右翼副都統一位,協領六員,佐領二十四員,防禦二十四員,步營防禦二員,驍騎校二十四員,筆帖式三員,外世襲騎都尉一員,雲騎尉一員,恩騎尉一員,共官八十九員。

　　滿城一座,駐紮在府城東北五里。……恩騎尉一員,[1]以上通共官八十九員。

　　領催一百二十八名,前鋒校十六名,前鋒一百八十四名,馬甲一千八百七十二名,炮手十六名,匠役頭目六名,匠役六十六名,步甲五百八十四名,養育兵六百,八旗共兵三千四百七十二名。

　　雍正三年(1725)七月十一日,駐防原設。

　　一,寧夏滿城,於乾隆三年(1738)十一月二十四日戌時,①忽遭地震之声,因由西北所來,城池地官兵房屋一齊搖倒,壓死官兵、婦女、幼丁共一千二百一十八名口,內佐領三員,驍騎校一員,領催十名,前鋒九名,馬甲九十二名,步甲五十四名,[2]以上壓死官兵一百六十九名。經將軍阿魯題奏,奉上諭,照依巡洋被風之例,減半給與埋葬銀兩。佐領三員,每員給銀二百二十五兩。驍騎校一員,給銀一百二十五兩。領催、前鋒校十九名,各給銀一百兩。馬甲九十二名,每名給銀七十五兩。步甲五十四名,每名給銀二十五兩。以上官兵通共賞銀一萬零九百五十兩。其餘婦女、幼丁以及家下僕人、婦女共一

---

① 戌时,十二时辰之一,指晚上七点至晚上九点。

千四十九口,大口七百一十七口,每大口給銀二兩;小口五百一口,每口給銀七錢五分。以上大小口通共給銀一千八百九兩七錢五分。

一,乾隆四年(1739)四月間,甘肅巡撫都察院元咨准工部咨開恭請聖鑒事案內,蒙皇恩賞給被灾滿漢兵民,每户賞給製辦器具銀一兩。[3]等情前來。據此查得:滿洲蒙古兵丁共計二千一百六十三户,每户各賞銀製辦器具銀一兩,由寧夏府庫支領在案。以上通共賞銀二千一百六十三兩。

一,寧夏滿城一座,周圍計長一千三百六十丈記七里五分五厘,身高二丈四尺,底寬二丈五尺,頂寬一丈五尺。垛口垛牆高五尺三寸,均厚一尺二寸,俱係磚包。女牆高三尺,底寬一尺八寸,頂寬一尺四寸。內城門樓四座,東門係"奉訓",西門係"嚴武",南門係"永靖",北門係"鎮朔"。

東門至東南角樓炮眼一百三十八隻,垛口一百二十六。

東南角樓至南門炮眼二百一十三隻,垛口一百九十四。

南門至西南角樓炮眼一百三十七隻,垛口一百二十五。

西南角樓至西門炮眼二百隻,垛口一百八十六。

西門至西北角樓炮眼一百四十隻,垛口一百二十八。

西北角樓至北門炮眼一百九十六隻,[4]垛口一百七十七。

北門至東北角樓炮眼一百三十八隻,垛口一百二十六。

東北角樓至東門炮眼一百九十八隻,垛口一百七十九。

以上共炮眼一千三百六十隻,①共垛一千二百四十一數,鎗眼一千三百六十隻。

四門甕城大樓垛口一百六十數,二共垛口一千四百數,共炮臺二十四座,內有藥樓八座,原建城內四牌樓四座,東牌樓"承恩",南牌樓"定功",西牌樓"威遠",北牌樓"拱極"。

---

① 據前文所列數據相加,共有炮眼一千四百六十。

駐防寧夏

一，雍正三年(1725)七月十一日駐防。原設將軍一位，左、右翼副都統二位。於乾隆三十四年(1769)正月十八日，奉旨裁汰右翼副都統一位。

八旗滿洲蒙古協領六員。係三品，於乾隆三十五年(1770)八月二十五日，經前任將軍偉善奏明，裁汰左翼蒙古協領一員，將右翼蒙古協領作爲八旗蒙古協領。又於佐領二十四員内，裁汰五員。原係本協領兼管，嗣於乾隆四十三年(1778)十月内，奉部咨福州將軍條奏，協領等不準兼管本旗佐領，俱改爲越翼調旗兼管。

佐領十九員。

防禦二十四員。

左、右翼步營防禦二員。此二缺係該翼驍騎校内揀選送京，引見補放，專管步甲。

以上協領、佐領、防禦等官缺出，原係揀選一員送京，該旗帶領引見補放，嗣於乾隆四十四年(1779)正月内，奉部咨，嗣後協領、佐領、防禦缺出，擬定正、陪二員送京引見。擬陪之員，[5]奉旨記名者，遇有缺出坐補，[6]隨時咨報兵部，該旗年終并行咨報。

佐領、防禦年終繕本彙題，若遇協領缺出坐補時，務將該員記名，後并無□改，前行年力未衰之處，當即具摺奏明，方可坐坐。又於乾隆三十九年(1774)内，經前任將軍傳良條奏，將八旗滿洲協領缺出，不分左右翼，在於八旗滿洲佐領内選放。蒙古協領缺出，在八旗蒙古佐領内選放。又於乾隆五十九年(1794)二月間，將軍公永條奏，①八旗蒙古佐領防禦缺出，不分左右翼，在八旗蒙古防禦驍騎校内選放。

驍騎校二十四員。遇有缺出，原係本營將預行保舉，送部引見，記名人員内按名坐補。嗣於乾隆十七年(1752)五月内，遵奉部咨，各省停止預行保舉，若遇缺出，在於領催、前鋒内揀選二名，擬定正陪，送京引見，記名之人，有缺即補坐補錄，由咨報兵部。該旗又於乾隆五十一年(1786)五月内，奉兵部咨，四川將軍保寧題奏齊丁一事。經軍機處議准，嗣後遇有驍騎校缺出，在於本旗領催、前鋒内揀選外，所有分撥人等，除前鋒領催缺出即在分撥旗分内挑取，若揀選驍騎校時，仍令其撤回入於本旗本佐領下一体揀選。

隨印筆帖式三員。左、右翼滿洲各一員，係九品，向係由京補放。嗣於乾隆十一年(1746)三月内，奏吏部咨西□條奏，各省將軍、副都統衙門筆帖式缺出，由本翼另户兵丁閑散内考取，將試卷咨送吏部揀選注册記名，遇有缺出，咨送吏部帶領引見補放，六年期滿情願

---

① 將軍公永：指將軍永琨。

轉武者送部引見，自記名日起，候本翼驍騎校俟缺出，即行坐補。又於乾隆三十八年(1773)三月間，奉吏部咨，嗣後各省將軍、副都統衙門筆帖式，行走勤慎好者，三年滿時，出具考語報部注册，如遇驍騎校缺出，同領催、前鋒一律挑選，如行走平等者，照旧例六年期滿送部引見。又於乾隆四十三年(1778)十二月内，奉部咨，嗣後各省筆帖式内，如有行走勤慎、騎射好者照三年滿例辦理，[7]平等者照六年滿例辦理。如辦事平常、騎射不好者，年滿時不準轉武，咨部除缺，另放候補人員。若候補筆帖式内未得正缺，以前之領催、前鋒遇有驍騎校缺出，視其弓馬可觀、行走尚優者亦准挑取。

一，以上將軍大人官員，官共七十九員。

一，八旗滿洲蒙古二十四個佐領下，馬兵二千二百名。原駐防時，俱係由京駐寧夏。於乾隆三十八年(1773)七月間，經陝甘總督會同前任將軍偉善等奏明，移駐巴里坤協領二員，佐領六員，防禦八員，領催、前鋒、馬甲、步甲等兵一千名，此缺俱由京照数撥補原額。又於乾隆五十一年(1786)間，將軍旺親班巴爾等奏明，移駐涼州馬兵五百名，遺缺在本營挑補。

一，二千二百兵内，鳥鎗委署前鋒校一十六名，前鋒一百八十四名。鳥鎗領催四十八名，弓箭七十二名，炮手八名。鳥鎗馬兵一千一百二十名，弓箭兵六百五十八名，炮手九十四名。以上前鋒、領催、馬甲共二千二百名。

一，炮手十六名。係乾隆三十八年(1773)七月間，回本處移駐巴里坤，將步甲作爲炮手移駐，往後由京照數撥補炮手十六名，每滿洲佐領下各一名。

匠役七十二名，铁、箭、弓匠頭目各二名，共六名。弓匠二十二名，箭匠二十二名，铁匠二十二名。

一，養育兵六百名。係乾隆四年(1739)三月間，經前任將軍阿魯因兵丁生齒日繁奏明，於步甲一千二百名内，改作養育兵六百名，仍食步甲錢糧，每滿洲佐領下二十八名，蒙古佐領下步甲十九名。

一，步甲六百名内。

一，原有步甲頭目二十四名。嗣於乾隆三十四年(1769)七月間，經前任將軍偉善奏明裁汰，改作步甲八名，炮手十六名。至今實有步甲五百八十四名，炮手十六名，二共六百名。每滿洲佐領下步甲二十七名，炮手一名，蒙古佐領下十九名。

一，以上每旗前鋒二十五名，每佐領下領催六名。

甲兵，每滿洲佐領下八十七八名不等，每蒙古佐領下六十三四名不等。

炮手，每滿洲佐領下各一名。

匠役，頭目在匠役內挑取匠役各三名，不均旗分。

步甲，每滿洲佐領下二十七名，每蒙古十九名。

養育兵，每滿洲佐領下二十八名，每蒙古十九名。

一，每佐領所轄兵丁數目，滿洲佐領下一百六十二三名不等，蒙古佐領下一百一十名。

一，八旗合計前鋒、領催、馬甲、炮手、匠役、步甲、養育兵共三千四百七十二名。

一，乾隆六年（1741）間，經前任將軍賫將新建滿城內，①如無廊簷，不能設立各項買賣。又於旧城較遠，於官兵甚屬無益，[8]飭交總理工程事務。寧夏道阿炳阿，②在四大街建蓋廊簷三百三十七間，陸續租出民人營運，[9]每月所收租錢，以備左右司庫公費心紅紙扎、修補公項、獎賞等項使用之處。[10]

一，乾隆三年（1738）八月，本處於限內彙題，據部覆議奏令其另記檔案，逐年咨行。丁册內開寫檔養子者，仍以開檔養子入冊。

一，乾隆三十年（1765）間，奉陝督部堂咨開，兵丁拴喂馬疋，於每年四月起，九月止，六個月俱令四分下廠。每馬每月支料八斗內，半本四斗半，折銀四錢，[11]草三十束，折銀三錢。十、冬、二、三四個月，令六分收槽。每馬每月支料一石二斗，半料六斗，半折銀六錢，草六十束，折銀六銀。本營現在遵行照支，領催委署前鋒校一十六名。

一，八旗官兵地租一千八百三十三畝五分，每畝價值不等，共收取租銀八百六十九兩六錢六分，按夏、秋二季，各該佐領下收取，交貯通益庫，以備養贍寡孤、[12]幫差項下使用。

一，八旗官兵每月支放錢糧，每兩出平餘銀一分。[13]

---

① 將軍賫：指將軍杜賫。
② 阿炳阿：即阿炳安。

一，年約計共扣平餘銀一千七百五十餘兩，每係月底由右司查有確數，共稿呈的將軍大人批飭，轉移通益庫照數查收，隨同項官員地租內，以供養膳孤寡、[14]幫差項下需。

一，三年選秀女一次，遇應選之年，將將軍大人有無應選之處咨報該旗由。

一，三年比丁一次，凡遇比丁之年，[15]造具三代册報戶部該旗由。

一，現有食終身半俸、已故雲騎尉官寡一口，每月支俸米二口，米五斗。家口米五口，全折銀一兩二錢五分，一年俸銀米四十二石五斗。以上一歲共支銀四十二兩五錢。

一，現有食終身半餉、陣亡前鋒之寡妻一口，每月支銀一兩五錢，家口米五口，全折銀一兩二錢五分。以上共銀三十三兩。

一，現有食終身半餉、陣亡馬甲之妻六口，每口月支餉銀一兩，家口米五口。全折錢一兩二錢五分。以上共銀二十七兩。

一，現有食周年半餉、已故驍騎校官寡妻一口，每月支半俸銀二兩五錢，俸米一口二斗五升，家口一十口，全折銀二兩五錢。以上一歲共支銀六十兩。

一，八旗食周年半餉、已故領催、前鋒寡妻六口，每口每月支餉銀一兩五錢，家口米五口，折銀一兩二錢五分。以上一歲共銀三十三兩。

一，八旗食周年半餉、已故馬甲寡妻一十七口，每口每月支銀一兩，家口米五口，折銀一兩二錢五分。以上一歲各共支銀二十七兩。

一，八旗步甲、匠役、養育兵寡妻三口，每口每月支銀五錢，家口一口，折銀二錢五分。以上一歲各共銀九兩。

一，八旗現有孤寡人五口，每口每月應得養贍銀一兩五錢。以上一歲共銀一十八兩。

一，一年通共需用銀一千五百八十五兩，係前任將軍旺奏的，① 在官員地租每月支放錢兩平餘，製出廊簪錢五百吊，以及交商生息，

---

① 將軍旺：即將軍旺沁班巴爾。

每年應交利銀六百兩各項下一并動用。

一，領催委署前鋒校馬甲，共二千二百名，[16]每名原設馬二匹，共馬四千四百匹，嗣後於乾隆二十一年(1756)內間，西路出兵奉文調解軍營馬二百八十八匹，撤兵後奉文停立，實剩馬四千一百一十二匹。

按兵二千二百名攤筭，每名拴馬一匹八分六厘零。① 再查兵丁拴養馬匹，大折每匹每月支料一石二斗，內支料六斗，折料銀六錢，草六十束，折銀六錢。小折每匹每月支料八斗，內支本色料四斗，折銀四錢，草三十束，折銀三錢。

將軍大人及八旗官兵應關俸餉、馬乾折銀并俸米家口、米石數目

將軍，一年應支俸銀一百八十兩，按二八月支領，每季支銀九十兩。② 養廉銀一千五百兩。原係一千兩，嗣於乾隆四十三年(1778)添設成都將軍案內經軍機處議，③以各省將軍養廉定以一千五百兩，其馬匹、草豆、折銀俱行裁除，惟盛京、伊犁將軍養廉各二千兩。此項銀兩按四季由府庫行取。[17]俸米二十口，米九十石。每月支俸米七石五斗，米折銀共三十兩，每月支銀二兩五錢。[18]於乾隆二十七年(1762)二月間，據甘肅布政司來文奉旨，寧夏滿營官兵應需粳米改為粟米，家口粟米二十口。馬四十四匹。一年應支豆草折銀五百零一兩六錢，於乾隆四十一年(1776)內添支養廉銀五百兩，即將馬匹料草折銀盡行裁除。現今將軍一年應支俸銀、養廉、粟米折銀共一千七百一十兩，家口米二十口，本色米九十石，折銀半本米。

將軍衙門拜發本摺出入信炮葯銀兩。一歲共支銀一百二十兩。係夏、朔二縣於年底解交，每門每日炮銀三錢三分三厘。

將軍衙役工食銀一歲共六百八十八兩。係夏、朔二縣按二季供用轅門頭役四名，炮手二名，鼓手八名，火夫買辦三名，茶房軍牢五名，馬夫一名，以上現食工銀衙役共二十三名。不食工食當差衙役七十八名，每日工食銀一兩九錢一分一厘。

---

① "零"字左旁書"毫"字，右旁書"九毫"二字。
② 季：原作"秀"，據前後文及文意改。
③ 《清朝文獻通考》記載，成都將軍設立於乾隆四十二年(1777)。

將軍印房需用辛紅紙張銀一歲八十兩。[19]係夏、朔二縣於年底解交貯庫，陸續使用。原係一百二十兩，於乾隆三十年(1765)間經前任將軍偉奏准裁除四十兩。①

以上將軍應支門炮菂藥、[20]衙役工食、心紅紙張，[21]一歲共銀八百八十八兩。三項共每日銀六兩四錢一分，三項共得每月銀一百九十二兩三錢。

副都統一年支領俸銀一百五十五兩，養廉銀七百兩。每日着銀一兩九錢四分四厘，每月支銀五十八兩三錢三分。俸米二十五口四十五石。每月支米三石七斗五升，米折銀一百零五兩，每月支銀八兩七錢五分。家口粟米二十口。馬二十四匹。春冬二季，大折每月應支馬乾并米折銀三十七兩五錢五分，本色豆一十四石四斗。本色豆一十四石五斗。[22]夏秋二季，小折每月應支馬乾并米折銀二十五兩五錢五分，本色豆九石六斗。

現今副都統一年應支俸銀、養廉、馬乾、粟米折銀共一千二百三十三兩六錢。

副都統衙門衙役工食銀一歲共一百九十二兩。係夏、朔二縣按二季供用。轅門頭役四名、火夫、買辦、茶房、馬夫共六名，以上食工食衙役十名。不食工食當差衙役四十名。家口俸粟米三十五口，本色米四十五石，本色豆一百四十四石。

協領五員，每員俸銀一百三十兩，俸米十二口，米三十六石。每月支米三石。家口十八口，米一十八石。每月支米四石五斗，全折銀四兩五錢。馬十二匹。春冬二季，大折每月應支馬乾并米折銀一十八兩九錢。本色豆七石二斗。夏秋二季，小折每月應支馬乾并米折銀一十二兩九錢，本色豆四石八斗。以上一年各共支銀三百二十四兩八錢，本色米三十六石，本色豆七十二石。

佐領十九員，每員俸銀一百零五兩。騎都尉陞任者，俸銀一百一十兩。俸米十口，米三十石。每月支米二石五斗。家口十口，粟米三十石。每月支米二石□斗，全折銀□□□。馬八匹。春冬二季，大折每月應支馬乾并米折銀一十二兩一錢。本色豆四石八斗。夏秋二季，小折每月應支馬乾并米折銀八兩零五分，本色

---

① 將軍偉：指將軍偉善。

豆三石一斗五升。以上一年各共支銀二百二十五兩九錢，本色米三十石，本色豆四十七石七斗。

防禦二十四員，步防禦內有防禦二員，照例每員俸銀八十兩，俸米四口米一十二石。每月支米一石。家口米十口。每月支米二石五斗，全折銀二兩五錢。馬五匹。春冬二季，大折每月應支馬乾并米折銀八兩五錢。[23]本色豆三石。夏秋二季，小折每月應支馬乾并米折銀五兩九錢五分，本色豆一石九斗五升。以上一年各共支銀一百六十六兩七錢，本色米十二石，本色豆二十七石七斗。

驍騎校二十四員，每員俸銀六十兩，每月支銀五兩。俸米二口米六石。每月支米五斗。家口米十口，每月支米二石五斗。全折銀二兩五錢。馬四匹。春冬二季，大折每月應支馬乾俸餉并米折銀□兩三錢。本色豆二石四斗，夏秋二季，小折每月支俸餉銀并馬乾折銀□兩三錢五分，本色豆一石六斗五升。以上一年各共支銀一百三十五兩九錢，本色米六石，本色豆二十四石三斗。

筆帖式三員，每員俸銀二十一兩一錢一分四厘。二十三年十一月十二日，兵部來文，秀才加俸銀三十三兩，家口十口，馬一匹。家口米十口，每月支米二石五斗。折銀二兩五錢。馬三匹。春冬二季，大折每月支馬乾并米折銀六兩一錢。本色豆一石八斗。夏秋二季，小折每月支馬乾并米折銀四兩六錢，本色豆一石二斗。以上一年各共支銀八十五兩三錢一分四厘，本色豆二十一石六斗十八石。

領催一百二十八名，前鋒二百名。於乾隆三十年（1765）奉陝督部當差咨，兵丁拴馬匹分四六，冬廠照例每名餉銀三兩，十口糧二石五斗，半折半支，逢雙月折銀二兩五錢，逢單月折銀一兩二錢五分，支米一石二斗。馬一匹八分六厘。春冬二季，大折每月支馬乾并餉米折銀七兩三錢六分零，小折支折銀六兩一錢一分零。夏秋二季，大折著每月支馬乾并餉米折銀六兩八錢零，小折銀五兩五錢五分零。以上一歲共支餉米、馬乾折銀七十七兩四錢六分零，按十二個月均攤算，每月該銀六兩四錢五分五厘。本色米七石五斗，本色豆一十石五斗六升零。

馬甲一千八百七十二名，每名餉銀二兩。十口糧二石五斗，半折半支，逢雙月折銀二兩五錢，逢單月折銀一兩二錢五分，支米一石二斗五升。馬一匹八分六厘,得項與前鋒、領催同。以上一年共支餉米、馬乾折銀六十五兩四錢六分零,本色米豆俱與前鋒、領催同。

炮手十六名,七口糧。一石二斗五升,逢单月八斗七升五合,折銀一兩八錢七分五厘,折銀三兩七錢五分。每名餉銀二兩。以上一年共支銀三十兩七錢五分,本色米五石三斗五升。

匠役頭目六名,一七八七五口,二二一二五口,每名餉銀一兩。五口糧一石二斗五升,逢单月支米四斗四升七合,餉米折銀一兩八錢三厘,逢雙月支餉米折銀二兩二錢五分。以上一年共支銀二十四兩三錢一分八厘,本色米二石六斗八升二合。原匠役頭目内,止有弓匠頭目二名,各拴馬一匹,於乾隆三十四年(1769)七月間,經前任將軍偉善奏明裁汰,并將步甲頭目二十四名馬匹全行裁汰。

匠役六十六名,每名餉銀,[24]二口糧五斗,逢单月支本色米一斗二升五合,餉米折銀一兩三錢七分五厘,逢雙月折銀一兩五錢。

步甲五百八十四名,養育兵六百名,每名銀一兩。二口糧五斗,逢单月支本色米二斗五升,餉折銀一兩二錢五分,逢雙月全折銀一兩五錢。以上一年共支銀一十六兩五錢,本色米一石五斗。

世襲騎都尉一員。一年支俸銀一百一十兩,現補佐領,每月支米二石五斗。

世襲雲騎都尉一員。一年支俸銀八十五兩,每月支米一石,現補左翼步防禦。[25]

世襲恩騎都尉三員。一年各支俸銀四十兩,每月支俸米五斗,内有一員現補驍騎校。

將軍大人并八旗官員,一年共支俸銀五千五百五十八兩三錢四分二厘,俸米一千三百五十七石五斗。

將軍大人八旗官兵并小甲,一年支共米一萬七千四百五十五石六斗零七合,米折銀五萬八千一百六十二兩五錢三分八厘。

官兵馬共四千五百九十二匹,共支馬價銀四萬六千八百三十八兩三錢五分。[26]

驍騎校并兵丁餉銀共七萬三千六百三十二兩。

大草料,春冬二季六個月,每馬一匹一日支豆二升,草二束,折銀二分,一個月支銀一兩二錢。

小草料，夏秋二季六個月，每馬一匹，一日支豆一升三合三勺，草一束折銀一分，一個月支銀六錢九分九厘九毫九絲。[27]

將軍大人養廉俸餉、馬乾、米豆、草折一年共支銀二千九百四十三兩六錢。

以上官兵一歲通共應支各項銀一十八萬七千五百七十九兩三錢五分，豆二萬六千一百三十石，米一萬九千七百九十一石四斗二升，本色草二十二萬二千零四十五束。

小月建。於乾隆四十年(1775)十一月内，准戶部咨四川督文綬條奏，將各省官兵口糧、馬乾折銀遇小建分俱行扣除一日。

折色銀二百六十六兩六錢四分。

本色米一百五十一石七斗三升二合七勺。

本色豆一百五十五石三斗三升三合。

於乾隆十四年(1749)十一月初六日，禮部造將軍印一顆，乾字號三百六號。印重銀一百一十七兩七錢六分，折斤七斤十兩。

於嘉慶十七年(1812)六月立造。爲奏本章印信抹糊，將軍富色鏗額說奏事件印一顆，重一百八錢，嘉字七十三號。

一，將軍衙門牌樓：邊疆銷鑰，將軍公嵩換字。① 嚴明慎固，金湯鞏固，建節秉鉞。將軍三，② 西大街牌樓：恩澍，惠澤。

一，將軍衙門：執事，欽命，寧夏將軍，肅靜，迴避。

牌五對，有爾填寫一對。兵權一對，傘二柄，扇二柄，銅槊一對，蟒刀一對，方天戟一對，刀斧手一對，虎皮棍一對，牌一對，黑紅帽二對，清道旗一對，令旗二對，飛虎旗二對，鑼旗二對，檜子手。以上，副都統衙門并無刀斧、檜子手二樣，傘、扇各少一柄，餘者與將軍衙門同。

一，將軍大人衙署。大堂以外房舍、文武職事衣帽如有損壞，俱由右司請領私廊簽錢修補。

---

① 將軍公嵩：指將軍嵩椿。
② 將軍三：指將軍三全。

一，印房左右司、通益庫、步營官學房工費。俱係每月具稿請領官廊簽錢使用。

一，印房左右司原有書辦共六名。工食銀二百一十六兩，於乾隆四十三年（1778）間，遵奉部咨裁汰。

一，駱駝八百雙。於乾隆二十二年（1757）間，准總督黃廷桂咨，[28]將軍需調取馬二百八十八匹，暫行停立文。又乾隆三十九年（1774）十二月經前任將軍傅奏准，①將每兵應拴馬二匹內，實拴一匹，扣存一匹。馬價每匹價銀一十四兩，共銀二萬九千五百六十八兩，後補立二百匹，動用銀二千八百兩，凈使銀一千八百六十九兩，剩銀九百三十一兩，入於幫差項下使用外，實馬價銀二萬六千七百六十八兩，交本營通益庫收貯，遇有需用馬匹之時動用購買。再原扣馬價兵丁內遇有缺出，在於新挑披甲之人名下，作三十個月扣還原人。又於乾隆十八年（1753）九月內，經前任將軍八海奏明，②將駱駝盡數交與鄂爾多斯牧放。於二十一年（1756）出西路兵調取該處具勒報稱，此項駝雙因不服水土俱已倒斃在案。

一，八旗馬兵二千二百名，原設馬四千四百二十六匹。此項調取馬匹非黃廷桂調取，需□使用馬匹係本營買補馬匹，內因在途中倒斃過多，是以前任將軍參奏買馬員弁，部議將買馬員弁治罪外，取有斃馬二百八十八匹價銀八兩共銀二千餘兩，着落該將軍大人等賠補原數入官，以節西路軍需糜費，俱奏明在案。

一，雍正七年（1729）間，解到奉旨，當給兵丁生息銀二萬兩，開設當鋪以二分起息，將得利息作為兵丁紅白事件、賞恤使用。於乾隆三十四年（1769）正月間，遵奉諭旨，將生息銀兩本利全貯寧夏府庫，停止生息以後，將兵丁紅白、賞恤一案經前任將軍穆爾泰等奏准，在於每月支放官兵錢糧內，所出平餘及官員地租銀兩內賞給。嗣奉旨："兵丁紅白、賞恤，自乾隆四十七年（1782）為始，動用正項支給，欽此。"隨將平餘、官員地租及歷年使剩積存銀兩作為養贍孤寡、幫差使用。本營所出紅白事件，每季將使過銀數造冊，飭發寧夏府支領，年終造報查核。

應賞條款開列於後。

現任五品以上官員及父兄子弟，概不准賞給。

一，驍騎校、筆帖式，紅事銀八兩，[29]白事銀十八兩。

一，前鋒校、領催、前鋒，紅事銀八兩，白事銀十四兩。

一，馬甲、炮手，紅事銀六兩，白事銀十兩。

---

① 將軍傅：指將軍傅良。

② 八海：即巴海。

一，步甲、匠役、養育兵，紅事銀四兩，白事銀八兩。

一，鰥、寡、孤、獨，紅事銀三兩，[30]白事銀六兩。

一，已故官員孀婦，白事照領催之例賞給。

一，已故馬甲孀婦，白事照伊夫所食錢糧賞給。

一，閑散紅事，照伊夫兄所食錢糧之例賞給，白事照養育兵之例上給。①

一，八旗無養贍孤寡人等，每月給銀一兩五錢。此項銀兩，係平餘、官員地租、房租。前任將軍旺親班巴爾會同陝甘總督勒保奏准，將寧夏滿營積存銀五千兩分交五州縣，給與妥商，每月生息銀兩動用。

乾隆三十五年（1770），准戶部咨，撥賞借銀一萬兩以備公項。官員、兵丁遇有差務、紅白事件借給，統照二年之例，依限扣還原項。其有借過三次未經扣完者，不準再借。如遇白事，仍准借給。每歲年終，將借出扣回，尚欠存剩各數目造冊，咨報戶部、陝總督查核。

應借款項開列於後。

一，跟隨將軍大人進京、陛見，官員各借銀四十兩，兵各借銀二十兩。

一，赴京進摺差務，官各借銀二十兩，兵各借銀一十五兩。

一，出廠牧放馬匹，官各借銀十八兩。兵丁不準借給。

一，赴京引見，協領各借銀七十兩，佐領、防禦各借銀五十五兩，驍騎校、筆帖式各借銀四十兩，領催、前鋒各借銀三十兩。

一，官兵遇祖父母、父母、子孫、妻室白事、娶妻、娶媳、嫁女、紅事，協領借銀四十兩，佐領借銀三十兩，防禦借銀二十五兩，驍騎校、筆帖式借銀十兩，委署前鋒校、領催、前鋒各借銀六兩，馬甲、炮手、步甲、匠役、養育兵各借銀四兩。

一，兵丁修整房屋借銀三兩。

一，官員出圍借銀五兩，兵借銀二兩。

一，演炮官借銀三兩，炮手兵借銀一兩。

---

① 上給：即賞給。

一，蘭州、涼州、西安等處遠差官借銀二十兩，兵借銀十兩。

以上十款，①統照二十四個月扣還。

四門鎮城

九道箍大炮四位，重八十餘斤。五道箍大炮四位，重七十餘斤。五道箍小炮四位，重六十餘斤。擁住炮十五位，斤重大小不等。共炮二十七位。係雍正三年（1725）間領取，鎮城歷來并無演過。

頭等威遠炮三位。每位計重七十斤，食藥一斤，鐵子一斤。

二等威遠炮二位。每位計重六十斤，食藥十二兩，鐵子十二兩。

三等威遠炮三位。每位計重四十斤，食藥十一兩，鐵子十兩。

原有大小威遠炮十二位。於乾隆四年（1739）間，因寧夏地震壓傷一位，奉部咨將收貯，又擁住炮製出一位添補原數，現今壓傷炮位仍存取貯。又於乾隆三十八年（1773）間，移住巴里坤之時官兵帶去。

威遠炮四位，現有威遠炮八位。每年演放子母炮時，將此炮帶往平羌堡，每位一日輪流演放三出。

原有子母炮四十位。[31] 係雍正三年（1725）五月間，川陝總督咨送子母炮四十位內，於雍正七年（1729）七月間，出征北路帶去十六位，撤兵時大將軍公傅爾丹留於軍營。其餘炮位內，於乾隆元年（1736）奉部文，合計寧夏三千四百兵內應留炮三十四位。寧夏現有子母炮二十四位，威遠炮十二位，只留威遠炮十二位，子母炮二十二位，合計兵數留存外，取餘子母炮二位，乾隆元年（1736）業已送部，又於乾隆三十八年（1773）移駐巴里坤官兵帶去子母炮八位。以上巴里坤共帶大小炮十二位，俱奏明裁汰。

現有子母炮十四位。每位計重四十五斤，食藥二兩，食鉛子二兩四錢。每年十月初一日赴平羌堡演放十五日，每位一日演放五出。

以上本營現存大小炮二十二位，足敷操演。

本營現有鳥鎗一千六百。原係雍正三年（1725）間，奉部咨領二千杆，於乾隆三十八年（1773）移駐巴里坤官兵帶去八百八十杆，當奏明造補四百八十杆，裁汰四百杆外，凈有鳥鎗共一千六百杆。

演放鳥鎗年例。每年春秋二季操演，每季演準頭八日，共用火藥五百七十六斤，

---

① 十款：據前文所列款項，共九款。

鉛子二百九十餘斤。每季操演過堂二十四日，共用火藥四百三十二斤。每季演放八日，共用火藥二百八十三斤。

打敵樓兵二百名。 於乾隆六十年(1795)遵奉諭旨，在教場內修築敵樓一座，選派莊丁蹬扒雲梯，演習捉便，以備征伐之用。每遇將軍大人閱看時，用鳥鎗兵二百打演放。

以上二季共用火藥二千五百八十二斤，鉛子四百八十九斤九兩六錢。 一年所需鉛子、火藥，係夏、朔二縣製造應用，俟年底咨部核銷。復回添設敵樓，所支火藥不敷使用，於嘉慶二年(1797)四月內，經前任將軍保奏，准添加火藥三千二百斤，交夏、朔二縣製造應用。此項價銀在於每年利息銀六百兩內銷除，一年演放鎗炮所需火繩俱係自備。

一，每年四月初一日出廠，十月初一日進廠。八旗作為四廠牧放，出廠之時委派協領一員，佐領以下官四員，領催、前鋒、馬甲八十名，閑散八名。原無閑散牧馬之例，後於乾隆四十三年(1778)間，經前任將軍和隆武奏明，每年每旗各派閑散一名學習牧放。**總管協領一員。** 牧馬兵八十名內，委派八名跟隨聽差。**每廠官一員，領催、前鋒六名，馬甲十二名，閑散二名。** 出廠之時，每牛錄各派或領催、或前鋒一名，馬甲二名，每旗輪流委派閑散一名，聽差兵丁係總管協領處委派。

廂黃、正白兩旗馬廠。 屬平羅縣五香、六中二堡，在滿城東北百餘里。廠地東西寬三里，南長七里，共計地一萬一千三百四十餘畝。

廂白、正藍兩旗馬廠。 屬平羅縣通仗、清水二堡，在滿城東北一百二十里餘。廠地東西寬二里，南北長六里，共計地六千四百八十畝。

正黃、正紅兩旗馬廠。 屬平羅縣通義堡，在滿城東北一百餘里。廠地東西寬四里，南北長八里，共計地一萬七千二百八十畝。

廂紅、廂藍兩旗馬廠。 屬平羅縣通成堡，在滿城東北一百三十餘里。廠地東西寬二里，南北長六里，共計地三千一百十畝。

以上廠除官私留家喂養馬匹外，約計每年出廠馬一千七八百匹，每廠著馬四百餘匹。[32] 每年自出廠至六月間在淮廠牧放，六月至進廠，俱各挪移山廠牧放。如有倒斃馬匹，若在六月前者令其拴馬本兵賠立，六月後者係牧馬兵丁賠補。

將軍大人、八旗官兵原有地二千八百九十畝。 於乾隆二十一年(1756)間奉旨，各省駐防兵丁，准其在本營立產業、墳塋，撥出兵丁塋地九百六十畝，東門外關鄉地五十六畝，教場內不承種離地四十一畝五分外，其餘凈剩地一千八百三十二畝五分。

以上每年收地租銀八百六十九兩六錢八分。交庫收貯動用。

一，乾隆五十三年（1788）四月間，准陝督咨准工部頒發定例内開，至火繩一項，均係兵丁製辦操演，以歸節省，倘遇另案軍需動用奏的，均照京城之例工料辦理。等因。遵辦在案。

一，嘉慶十年（1805）七月間，准將軍興奎大人雙喜謹摺具奏明事，查得八旗滿洲蒙古均旗人等閑散、稚子，以上閑散一千零五十二名，稚子二千一百一十九名，二項通共三千一百七十一名。

一，正月，每馬得六分，攤算草料共折銀一兩二錢。二月，每馬四六攤算，八旗共馬四千一百一十二匹。按二千二百名，共攤算六分馬二千四百六十七匹二零，四六馬一千六百四十四匹零。六分馬草料折銀一兩二錢，四分馬折銀七錢，二共折銀一兩九錢，小建外除。三月，同小折二月關支。四月，每馬俱以四分攤算。五月，小折同前四月關支。[33]六月，同前。七月，小折同前。八月，同前。九月，小折同前。十月，同前二月、三月關支。十一月，同前二月、三月關支。十二月，大折，每馬俱以六分得草料銀一兩二錢。

一，廂黄旗頭牛錄馬六分一百一十六匹，四分馬七十五匹。二牛錄六分一百一十五匹，四分馬七十七匹。蒙古六分馬七十九匹，四分五十二匹。

正白旗頭牛錄六分一百一十五匹，四分馬七十七匹。二牛錄六分一百一十六匹，四分七十七匹。蒙古六分七十七匹，四分馬五十二匹。

廂白旗頭牛錄六分馬一百一十五匹，四分馬七十七匹。二牛錄六分一百一十六匹，四分馬七十七匹。蒙古六分馬七十七匹，四分馬五十二匹。

正藍旗頭牛錄六分一百一十五匹，四分馬七十七匹。二牛錄六分馬一百一十六匹，四分七十七匹。蒙古六分馬七十七匹，四分五十二匹。

正黄旗六分馬一百一十六匹，四分七十六匹。二牛錄六分一百一十五匹,四分馬七十七匹。蒙古六分七十七匹,四分五十二匹。

正紅旗頭牛録六分一百一十五匹,四分馬七十七匹。二牛録六分馬一百一十六匹,四分七十七匹。蒙古六分七十七匹,四分馬五十二匹。

廂紅旗頭牛録六分一百一十五匹,四分馬七十七匹。二牛録六分一百一十六匹,四分七十七匹。蒙古六分馬七十七匹,四分五十二匹。

廂藍旗頭牛録六分一百一十五匹,四分馬七十七匹。二牛録六分一百一十六匹,四分馬七十七匹。蒙古牛録六分七十七匹,四分五十二匹。

一,廂黃旗頭,兵馬一百九十一匹,兵一百六十二名。二牛録,兵馬一百九十二匹,兵一百六十二名。蒙古牛録,兵馬一百三十一匹,兵一百一十名。

正黃旗頭,兵馬一百九十二匹,兵一百六十二名。二牛録,兵馬一百九十三匹,兵一百六十二名。蒙古牛録,兵馬一百二十九匹,兵一百一十名。

正白旗頭,兵馬一百九十二匹,兵一百六十二名。二牛録,兵馬一百九十三匹,兵一百六十二名。蒙古牛録,兵馬一百二十九匹,兵一百一十名。

正紅旗頭,兵馬一百九十二匹,兵一百六十二名。二牛録,兵馬一百九十三匹,兵一百六十二名。蒙古牛録,兵馬一百二十九匹,兵一百一十名。

廂白旗頭,兵馬一百九十二匹,兵一百六十二名。二牛録,兵馬一百九十三匹,兵一百六十二名。蒙古牛録,兵馬一百二十九匹,兵一百一十名。

廂紅旗頭,兵馬一百九十二匹,兵一百六十二名。二牛録,兵馬一百九十三匹,兵一百六十二名。蒙古牛録,兵馬一百二十九匹,兵一百一十名。

正藍旗頭,兵馬一百九十二匹,兵一百六十二名。二牛録,兵馬一百九十三匹,兵一百六十二名。蒙古牛録,兵馬一百二十九匹,兵一百一十名。

廂藍旗頭牛録,兵馬一百九十二匹,兵一百六十二名。二牛録,兵馬一百九十三匹,兵一百六十二名。蒙古牛録,兵馬一百二十九匹,兵一百一十名。

一,官兵丁每月關支粟米、馬匹料豆,每員名應關支數以京斗相歸之。每年四、五、六、七、八、九此六個月,佐領、防禦、雲騎尉,應支四分馬每馬關料四斗,內除料一斗。驍騎校、恩騎尉,應支四分每馬關料四斗內，每員加馬料一斗。逢閏月，驍騎校餉銀五兩，沒有房間銀不扣之數要緊。

一，八旗二十四個牛錄，通共馬、步兵三千四百七十二名內，委署前鋒校十六名，前鋒一百八十四名，炮領催八名，鎗領催四十八名，箭領催七十二名，炮甲九十六名，鎗甲一千一百五十二名，箭甲六百二十四名，炮手十六名，鎗步甲二百名，箭步甲三百八十四名，養育兵六百名，弓匠頭二名，箭匠頭二名，鐵匠頭二名，弓匠二十二名，箭匠二十二名，鐵匠二十二名。

一，八旗每一旗，委署前鋒校二名，前鋒二十三名，炮領催一名，鎗領催六名，箭領催九名，炮甲十二名，鎗甲一百四十四名，箭甲七十八名，箭步甲四十八名，炮手二名，鎗步甲二十五名，養育兵七十五名，匠役頭一名，弓匠三名，箭匠三名，鐵匠三名。

一，廂黃旗頭牛錄，馬兵一百零二名內，步兵五十七名，鎗領催二名，箭領催四名，前鋒九名，炮甲五名，鎗甲五十四名，箭甲二十八名，鎗步甲九名，箭步甲十九名，養育兵二十八名，炮手一名，弓匠頭一名，箭匠一名，鐵匠一名。以上馬步通共一百六十二名。

廂黃旗二牛錄，馬兵一百零三名內，步甲兵五十九名，委署前鋒校一名，炮領催一名，鎗領催二名，箭領催二名，前鋒九名，炮甲五名，鎗甲五十四名，箭甲二十九名，炮手一名，鎗步甲十名，箭步甲十七名，養育兵二十八名，箭匠頭一名，弓匠一名，鐵匠一名。共馬步兵一百六十二名。

廂黃旗蒙古牛錄，馬兵七十名，步甲兵四十名，委署前鋒校一名，鎗領催二名，箭領催三名，前鋒五名，炮甲二名，鎗甲三十六名，箭甲二十一名，鎗步甲六名，箭步甲十二名，養育兵一十九名，弓匠一名，箭匠一名，鐵匠一名。

廂黃旗頭，正黃、正白、正紅、廂白、紅、廂藍、正藍，此個牛錄銀、米、馬匹、料草數目，着正黃頭牛錄關支一，正白頭二，廂白二，正藍頭二，<small>正黃二，正紅頭二</small>。廂紅、廂藍頭二，此二十二個牛錄、銀米、馬匹、料草數目,着廂黃二牛錄關支。一,正白三,廂白、紅、藍,正黃、紅、藍旗,蒙古牛錄俱全。

一,紅白事件,恩賞條款開列於後,[34]計開:驍騎校、筆帖式,紅事八兩,白事十八兩;領催、前鋒,紅事八兩,白事十四兩;馬甲、炮手,紅事六兩,白事十兩;步甲、匠役、養育兵,紅事四兩,白事八兩;孀婦、孤女,紅事三兩,白事六兩。

一,恩賞借給官兵差務等事銀一萬兩,奉部議。

一,官兵紅白事件,協領准借銀四十兩,佐領准借領三十兩,防禦准借銀二十五兩,驍騎校、筆帖式借銀十兩,領催、前鋒准借銀六兩,兵丁准借銀四兩。

一,領催、前鋒、兵丁等住房倒塌,[35]每名准借銀三兩。

一,公修器械,左右兩翼各准借銀八十兩。

一,每年十月跟隨將軍大人學習馬圍差務往返二十日內,官每員准借銀五兩,兵每名准借銀二兩,幫給銀一兩。

一,官員進京引見,協領准借銀七十兩,佐領、防禦准借銀五十五兩,驍騎校、筆帖式借銀四十兩,領催、前鋒校、前鋒准借銀三十兩。

一,跟隨將軍大人進京陛見,官每員准借銀四十兩,兵每名准借銀二十兩。

一,官兵每年十月演放炮位十五日,官每員借銀三兩,兵每名准借銀一兩。

一,進京奏摺差務往返七十餘日,官每員准借銀二十兩,兵借銀十五兩。

一,每年於四月初旬起至選派官兵出廠牧放馬,共計六個月,每員准借銀三兩。

以上款俱准出借,統照二年之例,依限扣還。其有借過三次未經扣完者,不得再借。如遇白事,仍准借給。

一,以上四大街,共官廊簷三百三十七間,內除四門堆房占廊簷四十間,四牌樓堆房占廊簷五間,左翼官廳門占廊簷二間,[36]左翼副都統衙門東西兩邊柵欄堆房占廊簷二間，[37]共占廊簷四十九間，實剩廊簷二百八十八間內，現在租出廊簷二百五十七間。又四門外城河以裏，[38]商人自行苫蓋面房八十二間內，現在租出房七十二間。又鋪面後接連苫蓋托房三百二十四間內，現在租出房三百一十間。每月租出房間內共收租錢七十六千有餘。

一，文官：道一員，知府一員，同知三員，理事、水利、西路。通判一員，住惠安堡。知州一員，靈州。州同一員，住花馬池。知縣四員，寧夏、寧朔、平羅、中衛。

一，武官：總兵一員，副將二員，參將二員，游擊八員。標營四員，外路四員。都司四員，城守營一員，橫城一員，花馬池一員，中衛協中軍一名。守備十四員，標營四員，外路四員。千總十三員，標營八員，外路五員。把總四十九員，標營十六員，城守營二員，外路三十一員。外委七十三員，標營二十四員，城守營三員，外路四十六員。馬步守兵共玖千伍百七十三名。標營、四營并城守營馬步守兵三千三百六十二名，九路馬步守兵六千二百一十一名。馬三千九百八十匹。標四營馬一千八百三十三匹，九路馬二千一百四十七匹。駝一百四十隻，標四營駝七十一隻，捌路駝六十九隻。

一，查得八旗原有官兵戶口共一千八百九十八戶，共大小人口一萬零七百四十三口，內除於乾隆三十八年（1773）駐防巴里坤戶口五百七十四戶，人口三千八百五十一口外，剩存戶口一千三百二十四戶，人口六千八百九十二口。由京撥補戶七百八十三戶，人口三千三百五十七口。共有戶二千一百零七戶，人口一萬二百四十九口，內除於乾隆四十七年（1782）撥補涼莊戶八十二戶，人口二百七十九口。於乾隆五十一年（1786）撥補涼莊戶三百九十五戶，人口二千一百四十口外，現存戶一千六百三十戶，口一萬二千六百六十八口。

東門"奉訓"，係正白、廂白官兵看守。

西門"嚴武"，係正紅、廂紅官兵看守。

南門"永靖"，係正藍、廂藍官兵看守。

北門"鎮朔"，係廂黃、正黃官兵看守。

頭層城門樓四座，此四樓各有值班官一員，領催一名，甲兵五名。二層城門樓四座，此四樓內貯防城火葯，每年出陳入新，散給兵丁操演。角樓四座，係四城門樓值班官兵看守，城上有小樓八座，俱貯鎮城火葯，每年出陳入新。以上所有城垣坍塌損壞者，係夏、朔二縣承修。

四門外有吊橋四座，以及城內橋樑、出水溝，每年俱係右司步營請領私廊籤錢修補。東門外有教場一處，周圍四百二十丈，內有演武廳一座，有甲兵四名看守。八旗每佐領下各有操演兵丁弓房一所，教習二名。官學房一所，每學房各選教習二名。專教蒙古書官學一所，在八旗佐領以下官員內委派稽查指教。總管學房協領，係協領內指派。

一，八旗兵丁軍器，俱在本佐領衙門內庫房收貯，各有甲兵看守。

將軍大人八旗官兵衙署房間數目：將軍衙門一所，共一百二十四間。副都統衙門二所，共六十四間，內有裁汰。右翼副都統衙門一所，現作為炮營棺櫃鋪，共一百二十八間。協領衙門六所，四十間裁汰一員開鋪，共房二百四十間。佐領衙門二十四所，共三十間，裁汰五所，正紅旗蒙古一所，火器營現取租，共房七百二十間。防禦衙門二十六所，共二十三間，步營防禦二所，共房五百九十八間。雲騎校衙門二所，共二十三間，共房四十六間。驍騎校衙門二十四所，共十二間，共房二百八十八間。筆帖式衙門三所，共十間，共房三十間。左、右司衙門二所，共十間，共房二十間。萬壽宮一所，共房十間。關帝廟一所，共房二十四間。大甲營房，每兵二間，共房四千四百間。步甲營房，兵一間，共房六百間。八旗堆房八十間。城內箭道演武廳五間。城外教場演武廳五間。四城門官廳房四十間。以上官兵房間共房七千六百七十二間，自行修理并無借項，嗣經浙江巡撫大學士三寶條奏，官兵衙署遇有坍塌圬壞應行修建者，俱照文職之例，視其品級酌借銀兩修理，其所借銀兩作為一年扣還。又於乾隆五十二年（1787）二月間，經前任將軍積福奏明，寧夏駐防兵丁官房俱係土房，年久損壞。又因上年陰雨過多，兵丁各借一年錢糧，官員仍照前例，視其品級借給二年俸銀，自行修理，所借銀兩俱作為八年照數坐扣完結。其官員衙署、兵丁官房將來圬壞修理時，必須奏請借銀修理。

官兵修房借銀數目開列於後：協領借銀二百四十兩，五員，共借銀一千二百兩。佐領借銀二百兩，官一十九員，共借銀三千八百兩。防禦借銀一百六十兩，官二十四員，共借銀三千八百四十兩。步防禦借銀一百六十兩，官二員，共借銀三百二十兩。驍騎校借銀一百二十兩，官二十四員，共借銀二千八百八十兩。筆帖式借銀八十兩，官三員，共借銀二百四十兩。恩騎尉借銀八十兩，官三員，借銀二百四十兩。領催、前鋒借銀三十六兩，兵三百二十八名，共借銀一萬一千八百零八兩。馬甲借銀二十四兩，兵一千八百七十二名內，炮手一十六名，共借銀四萬五千六百九十六兩。步甲借銀一十二兩，兵五百八十五名，共借銀七千零零八兩。共官八十一員，①共官借銀一萬二千七百二十兩。② 共兵二千四百七十二名，共借銀六萬四千一百二十八兩。八旗官兵通共借銀七萬六千八百四十八兩，八年扣完。

一，官兵軍器數目。

將軍箭四百枝，副都統箭三百五十枝，協領箭二百五十枝，佐領箭二百枝，防禦箭一百五十枝，驍騎校一百枝，筆帖式箭一百枝。世職官員各按品級。以上盔甲各一副，弓各二張，撒袋各一副，腰刀各一把。

前鋒箭各七十五枝。手鎗各一桿，斧子各一把，鐮刀各一把，繩子各二根，鈴鐺各三個。領催箭七十枝，旗各一桿。以上領催盔甲各一副，弓各二張，撒袋各一副，腰刀各一把。

馬甲箭五十枝，盔甲一副，弓一張，撒袋各一副，腰刀各一把。

步甲箭五十枝，盔甲一副，弓各一張，撒袋一副，腰刀一把。

炮手每腰刀各一把。

八旗驍騎營長鎗共三百四十九桿。步營長鎗共一百九十二桿。八旗共有帳房一千架，每滿洲佐領下四十七架，每蒙古佐領下三十一架。銅鍋一

---

① 八十一員：據上文，共官八十員。
② 一萬二千七百二十兩：據上文，銀數爲一萬二千五百二十兩。

千口，每滿洲佐領下四十七口，每蒙古佐領下三十一口。綿甲一千件，每滿洲佐領下四十七件，每蒙古佐領下三十一件。駝鞍二千付，每滿洲佐領下九十四付，每蒙古佐領下六十二付。

一，火器營演陣需用官兵數目。

演武廳需要官三員，大纛二桿，差遣前鋒八名，令旗兵五名，號炮三名。

鳥鎗大隊需用前鋒營官四員，鳥鎗前鋒四十名，過馬前鋒八十名，用旗八桿。

炮營行走官四員，領催八名，護炮兵四十名，旗八桿。

鳥鎗營官十八員，領催四十八名，兵一千一百二十名。

鳥鎗大纛九桿，旗一百一十二桿，紅旗九桿，兵九名，鼓八面，鑼八面，海螺四十八個。

二隊弓箭手，官八員，領催八名，兵一百二十八名，纛八桿，旗六十四桿。

以上共用官三十八員，兵一千四百三十名，領催六十四名，前鋒一百二十八名，炮兵四十三名，炮八位，纛十九桿，旗一百九十六桿，鑼鼓各八面，海螺四十八個。

行圍官兵數目。每翼協領一員，佐領以下官十八員，兵五百名。以上各嚮導八行，技勇并一切外差官兵俱在此數。

將軍親隨章京□員，①親隨□名。

副都統親隨，章京□員，親隨□名。

印房行走，協領□員。章京□員。筆帖式三員。候補筆帖式□員，帖寫□名，替禮兵九名。

左司行走，掌關防協領一員。協辦佐領一員，章京□員，帖寫□名。

右司行走，掌關防協領一員，協辦佐領一員，章京□員，帖寫

---

① 本段有些官員的名額原均爲空格，整理者以"□"表示。

□名。

通益庫行走，總管協領一員。章京□員，帖寫□名。

炮營行走，總管協領二員，章京四員，領催八名。

鳥鎗營協領二員，夸蘭達八員，章京八員，領催四十名。

前鋒營總管協領一員，翼長二員，章京六員。

步營總管協領一員，左、右翼防禦二員。

每翼驍騎各一員，係本翼委派兼步營行走。

左、右翼委署章京八名，每旗各一名，係前鋒領催內委派。

棺櫃匠役等鋪，總管協領一員，章京二員。

匠役鋪行走，領催二名，教習甲兵二名，匠役頭目六名，匠役六十六名。

櫃箱鋪行走，領催二名，甲兵六名。[39]

棺扛房行走，領催二名，甲兵六名。

八旗驍騎步營共堆房四十處，每處值班官兵數目不等。

左、右翼監察紅白事章京各一員，係佐領以下官員內委派，共兵八名。

巡捕營協領一員，每翼佐領一員，驍騎校一員，共甲兵六十名。

印房承辦事宜

一，將軍大人到任日期繕本具題，仍另繕摺具奏。

一，將軍到任後差員請領坐名敕書。

一，將軍大人到任後於四十日限內，委員查看官兵軍器，繕本保題。

一，每年端午、萬壽、元旦具黃摺恭請聖安。一，每年十一月廿旬具奏，元旦黃摺，時恭繳硃批。

一，每年八月皇上巡幸木蘭，回鑾之時，差人出口，具摺請安。

一，每年萬壽、元旦、長至慶賀皇上表文，正副各一通，先期差員送省，由總督衙門彙進。

一，年表文三通，袱匣銀八兩四錢八分，此項銀兩係印房呈稿，在官廊簽錢內動用辦理。

一，每年正、四、七、十四個月內，將每季題奏過本章月日事由造册二分，咨報通政司，并由司轉送內閣一分。

一，每年歲終委員查看官兵軍器，繕本保題。

一，每年將發遣人犯內有無逃亡病故之處，於二月初旬繕本具題。

一，年終將本年坐補協領兼某佐領之處繕摺具奏。

一，記名佐領坐補協領具摺奏聞，時亦將兼管某旗佐領之處一併聲明。

一，坐補佐領、防禦等官年底繕本具題。

一，欽賞將軍大人為奴人犯，一歲有無逃亡病故之處具摺奏聞。

一，遇有已完未完命案於正月內繕摺具奏。

一，遇有應入秋審斬、絞、縊決人犯，於四月內繕寫黃册，隨本具題。

一，副都統處用將軍印花十張，遇有奏摺封用，俟用完時，再為補給。於乾隆二十九年(1764)二月，奉兵部來文照例辦理。

左司承辦事宜

一，八旗另户人等逃走，該旗呈稿交本司咨行刑、兵部在京，該旗、西安、綏遠、涼州、莊浪、太原并本省總督、理事同知一體查拿。

一，各項逃人內，如有拿獲自行投回者，交理事同知審擬申報。至年底，將一歲共逃走人犯若干名，此內拿獲若干名、自行投回者若干名、尚在逃未獲者若干名造具滿漢清册，咨報刑、兵二部。

一，春秋二季，將軍大人并大小官員履歷造具滿漢清册二分，咨報兵部。

一，新補官員於到任十日內，將到任日期咨報兵部。

一，凡遇旗人命案及鬥毆行凶并淹斃、自縊等事，由該旗呈稿，交左司會同理事同知審擬辦理。

一，秋審案件歸於駐防將軍辦理。係乾隆四十二年（1777）十二月內，接准部咨，奉上諭，嗣後遇有秋審人犯，令各該將軍、副都統悉心確核，分別情實、緩決、可矜三種造冊，題達。欽此。欽遵在案。

一，每年歲底，將一年坐補官員之處咨報兵部各該旗。

一，佐領圖記。佐領原無圖記，於乾隆三十五年（1770）正月內，奉兵部咨議覆西安將軍富僧阿條奏，各省駐防佐領各給圖記一顆，係本營鐫刻散給，以照信守，現今俱有。

一，各省將軍解到逃人令牌，隨到隨咨繳兵部。

一，年底有無增減炮位、鳥鎗并應需火葯等項造冊咨報兵部。

一，八旗大小員署理卸事，按四季咨報兵部。

一，年底將駐防額設官兵有無增減之處，按季分晰造冊，咨報兵部。

一，年底將官兵實在數目造冊，咨報兵部。

一，年十月間，往平羌堡演放炮位時，先期照會寧夏道轉飭地方官，預行出示曉諭該處民人。

一，八旗官兵操演馬步箭，春季自七月十六日起，至次年四月十六日止。秋季自八月十六日起，十月初二日止，令其在本佐領下操演封印後停操一月。

一，操演鳥鎗，每年春季自二月十六日起操演四十日，秋季自八月十六日起操演四十日。

一，演威遠子母炮，每年自十月初一日起操演十五日。

一，凡遇齋戒、忌辰等日，停止射箭、演放鎗炮，過期仍行操演。

一，吹海螺。春季自二月十五日起，三月初一日止。秋季自七月十五日起，至八月初一日止。

一，兵丁拴養馬匹，每年四月初一日出廠，十月初一日進廠。出廠時於二千二百匹馬內，量其本差務酌留馬二百匹或四百匹不等。此項留喂馬匹仍在八旗兵丁折色內攤扣，每馬幫給銀一兩、豆四斗，令留馬兵丁喂養，以備差操。

一，將軍大人輪班派協領二員，佐領以下官十八員，兵五百名，帶領學習行圍，應行案件，前已晰錄。

一，新任將軍接任後，派官二員查勘八旗官兵器械保題，仍令各該管官員出具并無殘缺甘結，并查勘官員加結注冊。嘉慶二十二年（1817）四月，奉兵部來文，委署驍騎校領催條選共四十六名照例。

一，八旗甲兵缺出呈明，是月月底挑補。

一，正月內，將發遣人犯一歲內有無逃亡病故緣由，具稿呈送印房辦理具題。

一，遇有命案事件，將已完未完之處，於正月內具稿呈送印房辦理具奏。

一，正月內，將去歲秋冬二季并無興販硝磺甘結咨送本省藩司，七月內咨送春夏二季甘結。

一，正月內，將去歲秋冬二季并無未完难結事件緣由咨報督察院，七月內咨報春夏二季。

一，二月內，將本营牧馬廠地不許民人越界私種之處，照會寧夏道出示曉諭。

一，二月、八月內，將本营西門外寬廠處演放牌鎗日期，照會寧夏道轉行地方官出示曉諭。

一，三月內，如有秋審情寔緩决人犯，將各項滿漢册咨報刑部。

一，三月內，將去年一歲鞭責過逃人姓名造具滿漢册，會同總督咨報刑部。

一，四月內，如有應入秋審情寔緩决人犯，將各項緣由具稿呈送印房辦理具題。

一，每年所有填用過兵部發給勘合火牌，於五月內造册咨報兵部，如未用過亦知照。

一，七月內，將八旗應請旌表節婦數目，造具滿漢册咨報禮部。

一，十一月內，將八旗官兵軍器細數，具稿呈送印房辦理具題。

一，十一月內，將防禦以上官員坐補之處，具稿呈送印房辦理具題。

一，十二月內，將一年操演鎗炮位寔在數目造册咨報兵部。

一，告休官十三員。食全俸官三員，食半俸官十員。

一，歷年收到發人犯。現在八旗當差并爲奴人犯，男婦子女共有，又入緑營當差者□名。

一，遵奉部文，在配十年無過，并奉恩詔情罪較輕放回原籍者□名。

一，發遣爲奴回子鄂魯特等，現有男八名，婦人子女十九口。

一，西路軍營陣亡官一員。係於乾隆二十年(1755)正月初五日，將軍和起領兵征剿。八十一，現襲恩騎尉者，係八十一之曾孫穆魯訥。

一，蘭州軍營陣亡官兵數目，係乾隆四十六年(1781)四月廿四日，將軍莽古賚領兵征剿。

佐領明福，因子嗣無有，其世職無人承襲。[40]兵二十六名。病故官一員。着傷官兵共三十七員名：五等傷官三員，二等傷兵一名，三等傷兵二十七名，四等傷兵六名。

一，石峰堡兵，係乾隆四十九年(1784)五月十八日，副都統旺沁班巴爾領兵征剿。三等傷兵一名。

一，雍正七年(1729)六月十二日，副都統蘇圖領兵征剿北路。

一，嘉慶十二年(1807)四月十四日，西寧將軍興奎、大人格甫舍領兵征剿。二等傷兵一名，病故佐領一員，兵三名。

一，寧夏滿營護城河水源。在城之西門外，有良田渠一道，係塘渠枝渠。此渠由城之西南角入河，環繞流至城東北角，入於城東草湖繞流。東距黃河四十里，西距賀蘭山六十里，南距中衛縣三百七十里，北距平羅縣二百里。東西長一百里，南北長六百里。

一，黃河自南而北統流寧屬，約長七十里。有唐渠、黃渠、漢渠三道，其水皆出自黃河，屬寧、朔二縣地界。又有復興渠一道，屬平羅縣地界。渠之東黃河一帶俱係本營牧馬廠地，自東至西約寬三五百里不等。自南至北約八十里，內有通義、通成、五香、陸中、[41]通仗、清水等六堡，俱屬平羅縣所管。廠內各有營房一所，定界處設立四至，築立墩台。廠圖現貯右司。

右司承辦事宜

一，將軍大人、八旗官兵員，春季俸銀於二月初一日支領，秋季俸銀於八月初一日支領。

一，驍騎校俸銀按月支領，係乾隆六年(1741)，經福州將軍策楞條奏，閏月不支。

一，將軍大人、官兵草料折銀并八旗兵丁餉銀，俱於每月初一日支領。以上八旗官兵一歲通共應支各項領銀一十八萬七千五百七十九兩三錢五分，米一萬九千七百九十一石四斗二升，豆二萬六千一百三十石，本色草二十二萬二千零四十五束。

一，八旗官員租地，每年收租銀八百六十九兩六錢六分。

一，八旗官兵每月支放錢糧內，一歲約出平餘銀一千七百五十餘兩。

一，寧夏、平羅二縣原辦馬廠餘地四百七十六頃十八畝，共收租銀二千二百五十四兩一錢六分。

以上三項銀，經前任將軍三全奏准，作為本營兵丁賞恤之用，又盤出續墾廠地三百五十一頃一十八畝，一歲共收租銀一千二百二十二兩一分，經前任將軍莽古賚奏准，作為幫帖差務之用。嗣奉諭旨，兵紅白、賞恤銀兩，自乾隆四十七年(1782)為始，動用地丁正項支結，隨將官員地租及平餘銀兩作為本營養贍孤寡、[42]幫帖差務使用，其原辦并續墾廠地租銀，令地方官收租，入於武職養廉項下，俱已奉准部咨，遵照辦理。

一，官員地租應有數目。

將軍，地一百一十一畝。

左翼副都統，一百零四畝；右翼副都統，地一百零五畝。二共地二百零九畝。

協領六員，地三十畝，共地一百八十畝。

佐領二十四員，地一十五畝，共地三百六十畝。

防禦二十六員，地一十畝，共地二百六十畝。

驍騎校二十四員，地五畝，共地一百二十畝。

筆帖式三員，地一十畝，共地三十畝。

理事同知一員，地十畝。

演武廳地一百三十五畝。

將軍印房左右司委署驍騎校一十二名，共地十二畝。

香火地九十九畝。

將軍大人窰地二百九十畝。

關鄉地五十六畝，餘地二百一十畝。

兵丁營地九百二十畝，現在蓋立箭棚地一百三十五畝。

通共地二千六百畝。

一，東門外教場，周圍墻壁三百九十丈。嘉慶十二年(1807)三月十三日查，將軍興奎。

一，八旗紅白事恩賞并賞借銀兩及官兵支放錢糧，內所出平餘銀、官員地租銀、養贍孤寡銀、帮帖差務銀、官廊簽租錢、空閑衙署租錢數目，於年底由通益庫造册轉咨戶部、陝甘總督核銷。

一，官兵支過俸餉、馬乾折銀數目，按四季由司造册咨報戶部。

一，三年比丁一次，於戶部文到時，八旗新成丁之滿洲蒙古，由該旗查明，開寫三代，具結，交司造册，咨報戶部各該旗。

一，遇有由京補放官員，內如有告休、革退、病故帶領家口歸旗者，照例填給勘合車輛、家口，咨行戶、兵部。

一，八旗另記檔案人等，原有三百九十二戶。自乾隆二十一年(1756)起，陸續出旗，亡故、革退者二百六十七名。又乾隆二十八年(1763)間，因曾經出師得有功牌，經前任將軍達色奏請，作爲另戶者九十八名，現今尚有二十七名。

一，滿洲兵丁所雇民人，每年春秋二季造册，交理事同知查辦，并城內開設鋪面民人，該旗取具保結，呈報本司，移送理事同知稽查。

一，八旗現有二十歲以上大丁共六百五十九名，二十歲以下幼丁共五百二十四名，共一千一百八十三名。

一，八旗如有告休、革退甲兵，打仗得有功牌，養贍餘年銀兩，該旗呈稿，交司辦理。嘉慶十六年(1811)三月間，具將軍富色鏗額奏准該部。

一，食一兩五錢銀之孤寡人等，八旗現有九十七名口，共着銀每月一百四十四兩五錢。

一，八旗現有一千八百九十二户。

一，八旗現有養贍、告退、革退甲兵，每月銀一兩，爲寡妻半餉銀兩，仍一年照例，該旗呈稿交司。食終身半餉銀一兩，照本身所食錢糧照例。男，四千四百七十五名；婦，三千六百五十五口；子，二千二百四十名；女，二千七百八十口。以上男婦子女共計一萬三千一百五十名口。

一，正月内，春季操演鳥鎗應需鎗藥，照寧夏道轉行批解由。八旗官員應支春季俸銀，照會寧夏道轉行關支由。八旗官兵額設馬匹，每月無有增减之處，造册咨報户部核銷由。去歲，十、冬、臘三個月，官兵支過錢糧數目，造册咨報户部核銷由。去歲冬季三個月，恤賞過兵丁紅白事件銀兩，造册飭發寧夏府查照，并預支春季備賞錢兩由。八旗滿洲蒙古告退甲兵養膳餘年錢糧之處，牌行寧夏府由。八旗滿洲蒙古閑散養膳銀糧、生息利銀牌行寧夏府由。

一，二月内，奉撥賞借錢兩、出借扣回各數目，造册咨户部、陝督由。八旗兵丁所出紅白事件，領過恤賞正項銀兩，造册咨報兵部、督由。所收官廊簽并空衙署錢文，造册咨報户部由。養贍孤寡及幫辦差務、收使平餘地租錢，兩造報户部由。

一，三月内，將軍大人應支夏季分養廉銀兩，照會寧夏道轉行批解由。

一，四月内，正、二、三三個月，八旗官兵支過錢糧數目，造報户部核銷由。春季三個月，恤賞過兵丁紅白事件銀兩，造册飭發寧夏府查照，并預支夏季分備賞銀兩由。

一，六月内，將軍大人養廉銀兩并衙役工食銀兩，照會寧夏道轉行批解由。秋季操演鎗炮應需鉛藥，照會寧夏道轉行批解由。

一，七月内，四、五、六三個月，官兵丁支過錢糧數目，造册咨報户部核銷由。八旗官員秋季俸銀，照會寧夏道轉行關支由。

一，九月内，將軍大人養廉銀兩，照會寧夏道轉行批解由。一歲交商生息利銀,閏月加銀六百五十兩,飭令寧夏府申送,內除扣銀火藥銀一百零六兩三錢二分。

一,十月內,七、八、九三個月,八旗官兵支過錢糧數目,造報戶部核銷由。秋季三個月,恤賞過兵丁紅白事銀兩,造册飭發寧夏府查照,并預支冬季備賞銀兩由。

一,十一月內,本營覺羅禪年底歲姓名造報各該旗由。八旗滿洲蒙古兵丁官房間,一年官房私租私典并無。甘結造册,咨報兵部由。

一,十二月內,將軍大人應支次年春季養廉并衙門衙役工食銀兩,照會寧夏道轉行批解由。將軍大人衙門次年一歲應用門炮、火藥并心紅紙張、銀兩牌行寧夏府轉行批解由。

一,左司大門告示:"刑名重地,關係緊要。禁止喧嘩,小心火燭。一切閑人,不許擅入。倘敢故違,定行拿究。"

一,右司大門告示:"錢糧重地,關係緊要。禁止喧嘩,小心火燭。一切閑人,不許擅入。倘敢故違,定行拿究。"

將軍大人及八旗官兵應關俸餉、馬乾折銀并俸米家口米石數目

將軍一歲應支俸銀一百八十兩,二月、八月關支養廉銀一千五百兩,原係一千兩,嗣於乾隆四十一年(1776),添設成都將軍案內,經軍機處議以各省將軍養廉定以一千五百兩,其馬匹草豆折銀俱行裁除。盛京、伊犁將軍養廉各二千兩。此項銀兩接四季由府庫,二十口俸米九十石,每月支俸米七石五斗,米折銀共三十兩,每月支銀二兩五錢。於乾隆二十七年二月間,據甘肅布政司來文奉旨,寧夏滿營兵官應需粳米改爲粟米,俸銀一歲一百八十兩,二月、八月九十兩行取,每月俸銀一十五兩,每日俸銀五錢。養廉銀一千五百兩,按四季,每一季銀三百七十五兩。養廉銀每月着銀一百二十五兩,每日着銀四兩一錢六分六厘七毫。俸米折銀三十兩,每月着銀二兩五錢,內除小建米折銀每月銀二兩四錢一分七厘,每日着銀八分三厘三毫。俸米九十石,

每月着米七石五斗，小建每月着米七石二斗五升，[43]每日着日米二斗五升。

【天頭：俸米卅十口，將軍每月應支俸米七十五石。家口廿口半本折，月支粟米二十五石，月支米折銀二十五兩。】

馬四十四匹，一歲應支豆草折銀五百零一兩六錢。於乾隆四十一年內添支養廉銀五百兩，即將馬匹料草折銀盡行裁除。

現今將軍一歲應支俸銀、養廉、粟米折銀一千七百一十兩。家口三十口，本色米七石五斗，每月米三石七斗五升，每月小建米三石六斗二升五合，每日着米一斗二升五勺。每月米折銀一兩二錢五分，小建米銀一兩二錢八厘，每日着米銀四分一厘六毫。

將軍衙門拜發本摺、出入信炮藥銀一歲共支銀一百二十兩，係夏、朔二縣於年底解交，每月九兩九錢九分，每日着銀三錢三分三厘。

將軍衙門工食銀一歲共六百八十八兩，係夏、朔二縣接二季供用。

轅門頭役四名，炮手二名，火夫買辦三名，鼓手八名，茶房軍牢五名，馬夫一名。以上現食工銀衙役共二十三名，不食當差衙役七十八名，每日工食銀一兩九錢一分一厘。

工食銀每一歲春秋二季共銀六百八十八兩，每一季銀三百四十四兩，每月工食銀五十七兩三錢三分，每日着銀一兩九錢一分一厘。

將軍印房需用辛紅紙張一歲八十兩，係夏、朔二縣於年底解交貯庫，陸續使用，原係一百二十兩，於乾隆三十年（1765）間，經前任將軍偉善奏准，裁除銀四十兩。

以上將軍應支門炮藥、衙役工食、辛紅紙張，一歲共銀八百八十八兩，此項共得每月銀一百九十二兩三錢，每日着銀六兩四錢一分。

一歲將軍應支共俸銀、養廉銀、粟米折銀、門炮火藥、衙役等項，共一歲銀二千五百九十八兩。

一，將軍俸銀每月着銀一十五兩，每日着銀五錢；養廉銀每月着銀一百二十四兩九錢八分，每日着銀四兩一錢六分六厘；衙役、炮火药每月着银九两九钱九分,每日着银三钱三分三厘;工食银每月着银五十七两三钱三分,每日着银一两九钱一分一厘;俸米七石五斗,小建俸米七石二斗五升,每日着米二斗五升;粟米折银二两五钱,小建米折银二两四钱一分七厘,每日着米银八分三厘三毫。此项每月共银二百两九钱八分,此项每日共银六两九钱九分三厘三毫。

将军一岁共银二千五百九十八两。

一,副都统一岁支领俸银一百五十五两,每一季银七十七两五钱,每月着俸银十二两六钱六分七厘,每日着银四钱二分二厘三毫。养廉银七百两。一岁四季,每一季银一百七十五两。每月银五十八两三钱三分三厘,每日着银一两九钱四分四厘。

一十五口,俸米四十五石,每月支米大折三石七斗五升,每月小建米三石六斗二升五合,每日着米一斗二升五合。

家口米折银一百零五两,每月银八两七钱五分,每月小建米银八两四钱五分八厘四毫,每日着米银二钱九分一厘六毫七丝。

马二十四匹,春冬二季,大折每月应支马乾并米折银三十七两五钱五分,小建小折每月银三十六两二钱九分八厘,每日着银一两二钱五分二厘。本色料每月大折料一十四石四斗,小建料一十三石九斗二升,每日着料四斗八升。

【天头:副都统,月支俸米一十五口,每月支俸米三百七十五石。家口三十五口内,月支粟米八百七十五石,全折银八百七十五两。马二百四十匹,冬六个月,大折每月支料一千四百四十石;夏六个月,小折每月支料□石。】

本色料一十四石四斗,夏秋二季,小折每月应支马乾并米折银二十五两五钱五分,小建每月银二十四两六钱九分八厘,每日着银八钱五分二厘。

料九石六斗,小建料九石二斗八升,每日着料三斗二升。

现令副都统一岁支俸银养廉、马乾、粟米折银一千二百三十三两六钱。

副都统衙役工食银一岁共一百九十二两,系夏、朔二县接二季供用,每一季銀九十六兩,每月着銀一十六兩,每日着銀五錢三分三厘三毫。

轅門頭役四名,火夫、買辦、茶房、馬夫六名,以上工食衙役十名。不食工食當差衙役四十名,三十五口家口,本色米四十五石,全折銀一百零五兩。

副都統一歲共銀一千四百二十五兩六錢,本色料一百四十四石,本色米四十五石。

協領五員,每員俸銀一百三十兩,俸米十二口,俸米三十六石,每月支米三石,小建米二石九斗,每日着米一斗。

家口米十八口,每月米四石五斗,全折銀四兩五錢,小建每月米四兩三錢五分,每日着銀一錢五分。

馬十二匹,春秋二季,大折每月應支馬乾并米折銀一十八兩九錢,小建每月銀一十八兩二錢七分,每日着銀六錢三分。

料七石三斗,小建料六石九斗六升,每日着料二斗四升。[44]

本色料七石二斗,夏秋二季,小折每月應支馬乾并米折銀一十二兩九錢,小建銀一十二兩四錢七分,每日着銀四錢三分。

料四石八斗,小建每月料四石七斗八升四合,每日着料一升六合。

俸銀一百三十兩,二季每一季俸銀六十五兩,每月俸銀十兩九錢,每日着俸銀三錢六分五厘三毫。

以上一歲各共支銀三百二十兩八錢,本色料七十二石,俸米三十六石。

【天頭:協領每員十二口,月支俸米三石,家口十八口,每月支粟米四十五石,全折銀四十五兩。馬十二匹,應支冬六個月,大折月支料七十二石,料折銀七十二兩。草折銀七十二兩,大折月支銀一百八十九兩。夏秋六個月,小折月支料四十八石,月支料折銀四十八兩。草折銀三十六兩,小折月支銀一百二十九兩。】

佐領十九員,每員俸銀一百零五兩,每一季俸銀五十二兩五錢,每月俸銀八兩七錢五分,每日着銀二錢九分二厘。

俸米十口，俸米三十石，每月俸米二石五斗，小建俸米二石四斗一升六合七勺，每日着俸米八升三合三勺。

家口米十口，每月全折銀二兩五錢，內除小建折銀二兩四錢一分七厘，每日着折銀八分三厘三毫。

馬八匹，春冬二季，大折每月應支銀一十二兩一錢，小建每月着銀一十一兩六錢九分七厘，每日着銀四錢三厘三毫。

料四石八斗，小建每月料四石七斗八升四合，每日着料一斗六升。

本色料四石八斗，夏秋二季，小折每月銀八兩零五分，小建每月銀七兩七錢八分二厘，每日着銀二錢六分八厘。

料三石一斗五升，小建每月料三石四升五合，每日着料一斗五合。

以上一歲各共支銀二百二十五兩九錢，本色料四十七石七斗，俸米三十石。

【天頭：佐領每員每月俸米十口，月支俸米二十五石。家口十口，每月粟米二十五石，全折銀二十五兩。馬八匹，應支春冬六個月，大折月支料四十八石，月支料折銀四十八兩。月支草折銀四十八兩，大折月支銀□兩。夏秋六個月，小折月支料三十二石，月支料折銀三十二兩。月支草折銀二十四兩，小折月支銀八一兩。】

防禦二十四員。步防禦二員，[45]每員俸銀八十兩，每一季俸銀四十兩，每月俸銀六兩六錢八分二厘，每日着銀二錢二分二厘七毫。

俸米四口，俸米一十二石，每月俸米一石，小建俸米九斗六升七合，每日着俸米三升三合。

家口米十口，每月支米二石五斗，全折銀二兩五錢，小建月銀二兩四錢一分七厘，每日着銀八分三厘三毫。

馬五匹，春冬二季，大折月每月應支銀八兩五錢，小建銀八兩二錢一分七厘，每日着銀二錢八分三厘三毫。

料三石，小建月料二石九斗，每日着料一斗。

本色料三石。夏秋二季，小折每月銀五兩九錢五分，小建月銀五兩七錢五分一厘七毫，每日着銀一錢九分八厘三毫。

本色料一石九斗五升，小建月料一石八斗八升五合，每日着料六升五合。

以上一歲各共銀一百六十六兩七錢，本色料二十七石七斗，俸米一十二石。

【天頭：防禦每員每月俸米四口，月支俸米一石。家口十口，每月粟米二十五石，全折銀二十五兩。馬五匹，應支春冬六個月，大折月支料三石，月支料折銀三兩。月支草折銀三兩，大折月支銀八十五兩。夏秋六個月，小折月支料二石，月支料折銀二兩，月支草折銀十五兩，小折月支銀六兩。】

驍騎校二十四員，每員俸銀六十兩，每月俸銀五兩，閏月無俸銀，每日着銀一錢六分六厘六毫。

俸米二口，俸米六石，每月俸米五斗，小建俸米四斗八升三合三勺，每日着俸米一升六合七勺。

家口米十口，每月支米二斗五升，全折米銀二兩五錢，小建月米銀二兩四錢一分七厘，每日着銀八分三厘三毫。

馬四匹，春冬二季，大折銀一十二兩三錢，內除小建月銀一十二兩八錢九分，每日着銀四錢一分。

料二石四斗，夏秋二季，小折銀一十兩三錢五分，小建月銀一十兩五厘，每日着銀三錢四分五厘。

大折本色料二石四斗，小建月料二石三斗二升，每日着料八升。

小折料一石六斗五升，小建月料一石五斗九升五合，每日着料五升五合。

以上一歲各共銀一百三十五兩九錢，俸米六石，本色料二十四石三斗。

【天頭：驍騎校每員每月俸米二口，月支俸米五斗。家口十口，每月粟米二十五石，全折銀二十五兩。馬四匹，應支春冬六個月，大折月支料二十四石，月支料折銀二十四兩，月支草折銀二十四兩，大折月支銀七十三兩。俸銀□兩，每月支，夏秋六個月，小折月支料十六石，月支料折銀□兩，月支草折銀十二兩，小折月支銀五十三兩。】

筆帖式三員，每員俸銀二十一兩一錢一分四厘。二十三年

(1758)十一月十二日,兵部來文,文童考者加俸銀三十三兩,家口十口,馬一匹。每一季銀一十兩五錢五分七厘,每月俸銀一兩七錢三分七厘,每日着俸銀五分七厘九毫,無俸米。

家口十口米,每月米二石五斗,全折銀二兩五錢,小建月銀二兩四錢一分七厘,每日着銀八分三厘三毫。

馬三匹,春冬二季,大折每月銀六兩一錢,小建每月着銀五兩八錢九分六厘七毫,每日着銀二錢三厘三毫。

料一石八斗,小建月料一石七斗四升,每月着料六升。

本色料一石八斗,夏秋二季每月銀四兩六錢,小建月銀四兩四錢四分六厘七毫,每日着銀一錢五分三厘三毫。

料一石二斗,小建料一石一斗六升,每日着銀四升。

以上一歲各共支銀八十五兩三錢一分四厘,本色料一十八石。

【天頭:筆帖式每員每月俸米二口,月支俸米五斗。家口十口,全折銀二十五兩。馬三匹,應支春冬六個月,大折月支料十八石,月支料折銀十八兩,月支草折銀十八兩,大折月銀六十一兩。夏秋六個月,小折月支料十二石,月支料折銀十二兩,月支草折銀九兩,小折月支銀四十六兩。二八月俸銀□□□□□兩。】

領催一百二十八名,前鋒二百名,於乾隆三十年(1765)奉陝甘督部咨,兵丁拴馬匹分四、六冬廠,照例每名餉銀三兩,十口,糧二石五斗,內半折半支。逢雙月全折銀二兩五錢,小建月銀二兩四錢一分六厘七毫,每日着銀八分三厘三毫。逢单月折銀一兩二錢五分,小建月銀一兩二錢八厘三毫三絲,每日着銀四分一厘六毫七絲。每月米一石二斗五升,小建月米一石二斗八合三勺,每日米四升一合七勺。每月折半米六斗二升五合,小建月米六斗四合二勺,每日着米二升八勺。馬一匹八分六厘九毫,折銀一兩二錢。

【天頭:領催馬甲每月餉銀三兩,前鋒馬甲每月餉銀二兩,家口十口粟二石五斗,支一半七五本色米九三七五斗,一半部價折銀一二五兩,二五時價折銀六二五分。兵丁每逢拾、臘月支小麥,馬□□□匹,臘、正月支料一一二一四五四石,二、三、十、冬月支料九七一九斗,四、五、六、七、八、九月支料七四七六斗,十、冬、二、三月支料一〇〇九三石。】

滿六分馬,十二、正二個月,大折每月錢七兩七錢四分二厘九毫二絲，小建每月銀七兩五錢八分四厘八毫二絲，每日着銀一錢五分八厘一毫。逢雙月又草七兩一錢八分二厘二毫，小建月銀七兩四分二厘七毫九絲，每日着銀一錢三分九厘四毫一絲。逢单月銀六兩四錢九分二厘九毫二絲，小建月銀六兩三錢七分六厘四毫九絲，每日着銀一錢一分六厘四毫三絲。逢单又草銀五兩九錢三分二厘二毫，小建月銀五兩八錢三分四厘四毫六絲，每日着銀九分七厘七毫四絲。

料一石一斗二升二合五勺，小建月料一石八升四合一勺二抄，每日着料三升七合三勺八抄。

馬草五十六斤零七錢二分七厘，小建草一分八厘六毫九絲，折草三束一捆，折銀三分，共銀五錢六分七毫二絲，小建銀五錢四分八厘五毫一絲，每日草銀一分八厘六毫九絲。

馬草每馬一十八捆六分九厘二毫四絲，小建草一十八捆六厘九毫四絲，每日草六分二厘三毫。

【天頭：兵丁馬□□□□□匹，臘、正月支料、草折銀。正月支料折銀一一二一四五兩，支草折銀一一二一四五兩。馬干銀二二四二九兩，米折銀一八七五兩，餉銀二兩，共支銀□□□□兩，米九三七五斗，豆一一二一四五石。兵丁馬□□□匹，餉銀□□。二月支□，共分牧槽馬一二四匹，月支料□□□□□斗，料折銀□□□□□，月支草□□□□□束，半折銀半折草□□□□□，半折銀□□□□□。】

四六分馬，十、十一、二、三四個月折銀，雙月折銀七兩三錢六分九厘九毫，小建每月銀七兩二錢二分四厘二毫，每日着銀一錢四分五厘七毫。逢雙月又草銀六兩九錢三分六厘二毫三絲，小建月銀六兩八錢五厘二絲，每日着銀草一錢三分一厘二毫一絲。逢单月折銀六兩一錢一分九厘九毫，小建月銀六兩二分五厘九毫，每日着銀一錢零四厘。逢单月又草銀五兩六錢八分六厘二毫三絲，小建草銀五兩五錢九分六厘六毫九絲，每日着銀八分九厘五毫四絲。

料九斗七升一合九勺，小建料九斗三升九合五勺，每日着料三升二合四勺。

馬草四十三斤零三錢六分三厘五毫，小建草銀一分四厘四毫五絲,折草三束一捆,折銀三分,共銀四錢三分三厘六毫三絲。小建草銀四錢一分九厘一毫八絲,每日草銀一分四厘四毫五絲。

馬草每馬一十四捆三分四厘五毫四絲,小建草一十四捆二分九厘二毫三絲,每日草四分七厘八毫二絲。

四分馬,[46]四九至,折銀每月銀六兩八錢八厘三毫六絲。逢雙月,小建銀六兩六錢八分一厘四毫二絲,每日着銀一錢二分六厘九毫四絲。逢单月,銀五兩五錢五分八厘三毫六絲,小建月銀五兩四錢七分三厘八絲,每日着銀八分五厘二毫八絲。

料七斗四升七合六勺,小建月料七斗二升二合六勺八抄,每日着料二升四合九勺二抄。

【天頭:四分在廠馬□□□□□,應支料六七二八七二斗內支一半料,折銀□□□□□,一半本色料□□□□□斗,應支草□□□□□,一半本色草□□□□□,一半草折銀□□□□□。】

馬甲一千八百七十二名,每名餉銀二兩。十口,糧二石五斗。半折半支,逢雙月全折銀二兩五錢,小建月銀二兩四錢一分六厘七毫,每日着銀八分三厘三毫。逢单月折銀一兩二錢五分,小建月銀一兩二錢八厘三毫三絲,每日銀四錢一厘六毫七絲。每月米一石二斗五升,小建月米一石二斗八合三勺,每日着米四升一合七勺。每月折半米支米六斗二升五合,小建月支米六斗四合二勺,每一日着米二升八勺。

馬一匹八分六厘九毫,折銀一兩二錢。

滿六分馬,[47]十二、正二個月,大折每月銀六兩七錢四分二厘九毫二絲,小建每月銀六兩五錢八分四厘八毫二絲,每日着銀一錢五分八厘一毫。逢雙又草銀六兩一錢八分二厘二毫,小建月銀六兩四分二厘七毫九絲,每日着銀一錢三分九厘四毫一絲。逢单月銀五兩四錢九分二厘九毫二絲,小建月銀五兩三錢七分六厘四毫九絲,每日銀一錢一分六厘四毫三絲。逢单月又草銀四兩九錢三分二厘二毫,小建月銀四兩八錢三分四厘四毫六絲,每日着銀九分七厘七毫四絲。

料一石一斗二升一合五勺，小建月料一石八升四合一勺二抄，每日着料三升七合三勺八抄。

馬草五十六斤零七錢二分七厘，小建草一分八厘六毫九絲，折草三束一捆，折銀三分，共銀五錢六分七厘二毫。小建銀五錢四分八厘五毫一絲，每日草銀一分八厘六毫九絲。馬草每馬一十八捆六分九厘二毫四絲，小建草一十八捆六厘九毫四絲，每日草六分二厘三毫。

四六分馬，①十、十一、二、三四個月折銀，雙月折銀六兩三錢六分九厘九毫，小建每月銀六兩二錢二分四厘二毫，每日着銀一錢四分五厘七毫。逢雙又草銀五兩九錢三分六厘二毫三絲，小建月銀五兩八錢五厘二絲，每日着銀一錢三分一厘二毫一絲。逢単月銀五兩一錢一分九厘九絲，小建月銀五兩一分五厘九毫，每日着銀一錢零四厘。逢単月又草銀四兩六錢八分六厘二毫三絲，内除小建月銀四兩五錢九分六厘六毫九絲，每日着銀八分九厘五毫四絲。

料九斗七升一合九勺，小建月料九斗三升九合五勺，每日着料三升二合四勺。

馬草四十三斤零三錢六分三厘五毫，小建草銀一分四厘四毫五絲，折草三束一捆，折銀三分，共銀四錢三分三厘六毫三絲。小建草銀四兩一分九厘一毫八絲，每日草銀一分四厘四毫五絲。

馬草每馬一十四捆三分四厘五毫四絲，小建草一十四捆二分九厘二毫三絲，每一日草銀四分七厘八毫二絲。

四分馬，②四九至，折銀每月銀五兩八錢八分三毫六絲，雙月小建銀五兩六錢八分一厘四毫二絲，每日着銀一錢二分六厘九毫四絲。逢單月，[48]銀四兩五錢五分八厘三毫六絲，小建单月銀四兩四錢七分三厘八絲，每日着銀八分五厘二毫八絲。

料七斗四升七合二勺，小建月料七斗二升二合六勺八抄，[49]每日

---

① "四六分馬"四字右下硃書"一兩"二字。
② "四分馬"三字下硃書"七錢"二字。

着料二升四合九勺二抄。[50]

以上共一年支餉未馬乾折銀，領催、前鋒銀七十七兩四錢六分零。本色米七石五斗。本色料一十石五斗六升零。

以上一年馬甲共支銀六十五兩四錢六分零。本色米料俱□前鋒、領催。

炮手一十六名，一年共銀三十兩七錢五分，本色米五石三斗五升。匠役頭目六名，一年銀二十四兩三錢一分八厘，米二石六斗八升二合。匠役六十六名。步甲五百八十四名。養育兵六百名。以上一年支共銀一十六兩五錢，本色米一石五斗。

炮手一十六名，每名餉銀二兩，七口糧一石七斗五升。逢单月米八斗七升五合，小建米月八斗四升五合八勺，每日米二升九合二勺。半折半支米，月四斗三升七合五勺，小建米四斗二升二合九勺，每日米一升四合六勺。餉米折銀二兩八錢七分五厘，小建月銀二兩八錢四分五厘八毫，每日着銀二分九厘二毫。逢雙月銀三兩七錢五分，小建銀三兩六錢九分一厘七毫，每日銀五分八厘三毫。

匠役頭目六名，每名餉銀一兩，五口糧一石二斗五升。三二一二五口，一七八七五口。逢单月米四斗四升七合，小建月米四斗三升二合一勺，每日米一升四合九勺。半折半米，月支米二斗二升三合五勺，小建折米二斗一升六合五抄，每日着米七合四勺五抄。餉銀米折銀一兩八錢三厘，小建銀一兩七錢八分六厘二毫，每日着銀一分六厘八毫，逢雙月支餉銀二兩二錢五分，小建月銀二一錢七分六厘七毫，每日銀八分三厘三毫。

匠役六十六名，每日餉銀一兩，二口糧五斗。逢单月支米一斗二升五合，小建月米一斗二升九勺三抄，每一日着米四合一勺七抄。半折米六升二合五勺，小建米六升四勺七抄，每一日着米二合八抄。餉銀米銀一兩三錢七分五厘，小建月銀一兩三錢七分三厘七毫五絲，每一日銀一厘二毫五絲。逢雙月銀一兩五錢，小建月銀一兩四錢九分八厘三毫三絲，每一日着銀一厘七毫七絲。

步甲五百八十四名。

養育兵六百名,每名餉銀一兩,二口糧五斗,逢月米二斗五升,小建月米二斗四升一合六勺七抄,每一日着米八合三勺三抄。半折米一斗二升五合,小建月米一斗二升九勺三抄,每一日着米四合一勺七抄。逢单月餉銀一兩二錢五分,小建銀一兩二錢四分一厘六毫七絲,每一日着銀八厘三毫三絲。雙月銀一兩五錢,小建銀一兩四錢八分三厘三毫三絲,每一日着銀一分六厘六毫七絲。

世襲騎都尉一員,現補正藍旗頭牛録滿洲,一歲支俸銀一百一十兩,每月支米二石五斗。

世襲雲騎尉一名,印房行走,一歲俸銀八十五兩,每月支米一石。

世襲恩騎尉三員,閑散,一歲各俸銀四十兩,每月支米五斗。

通益庫承辦事宜

一,賞借銀一萬兩。所有條款,前已晰録。於每歲年終將借出扣回,尚欠存剩各項數目造册咨報户部、陝甘總督查核。

一,官兵紅白事件。

恩賞銀兩一案。原係當布鋪生息銀兩内領給,於乾隆三十四年(1769)遵奉諭旨,將生息銀停止後,於本年間經前任將軍穆爾泰奏准,在於每月官兵錢糧内所出平餘并官員地租銀兩内賞給。嗣奉諭旨:"官兵紅白賞恤,自乾隆四十七年爲始,養贍孤寡,動用正項賞給。欽此。"隨將平餘、[51]官員地租及歷年使剩銀兩俱作爲養贍孤寡幫貼差務使用,將紅白事件應給賞給,按四季由寧夏府庫支領,并將使過銀兩確數按季造册咨行,寧夏府仍於每歲年終造報户部、總督查核。所有應賞銀兩數目前已晰録。

幫貼官員、兵丁差務及養贍孤寡一案。於乾隆四十四年(1779)間,買馬使剩銀九餘,又歷年使剩衙署房租錢一千一百餘千文,并每年取收續墾廠地租銀一千二百餘兩,及製出官廊簷、空閑衙署租錢五百千文,俱作爲幫差務之需。又於乾隆四十七年(1782)間咨明户部,將官兵錢糧内所出平餘銀并官員地租、空閑衙署房租及官廊簷租銀内製出錢文共合銀三千餘兩,作爲養贍孤寡、幫帖差務之用,每歲年終造報户部核銷。復因孤寡增多,差務紛繁,不敷使用。於乾隆五十四年(1789)間,經前任將軍旺沁班巴爾奏准,將本營歷年原辦紅白事件,并養贍孤寡、幫帖差務等項,使剩積存銀五千兩分交寧夏庫屬五州縣,轉給妥商,每月一分起息,每年由寧夏府領利銀六百兩分,交作爲養贍孤寡、幫帖差務項下添用。後於嘉慶二年(1797)間，經前任將軍保成奏准，飭令寧夏、朔二縣製造火藥，每年由利息銀內扣除價銀一百零六兩，其餘銀每年由府庫支領，以備使用，年終造報戶部核銷。

一，每孤寡一口，每月給銀一兩五錢。

一，幫貼差務，按照遠近幫給銀數。

一，赴京及五台進摺，恭繳硃批。官各幫給銀十五兩，兵各幫給銀二十兩。

一，赴熱河張三營進摺。官幫給銀二十兩，兵各幫給銀二十五兩。

一，赴山東山海關進摺。官各幫給銀二十五兩，兵各幫給銀三十兩。

一，赴江南進摺。官各幫給銀三十五兩，兵各幫給銀四十兩。

一，附近小差。凡官兵過五日者，每日各幫給銀一錢。

一，牧馬兵每月幫給銀五錢。

一，演放炮位兵，每名幫給銀一兩五錢。

一，學習馬圍兵，每名幫給銀一兩。

一，牧馬工食銀兩一案。每年四月起，在於出廠馬二千匹內，每月每匹扣還銀七錢，每月共扣銀一百四十兩。原係雇覓民人幫放，嗣於乾隆四十四年(1779)，經前任將軍和武奏准，①不許雇覓民人，將此項坐扣牧馬工食銀兩作為牧馬兵丁盤費，每月每名給銀一兩五錢，每月共給銀一百三十二兩，剩銀八兩，六個月共剩銀四十八兩，此項銀兩以備獎賞兵丁，打造銀牌使用。

一，乾隆五年間，四大街并四門外城河一里，設立官廊簷三百三十七間。除四門四牌樓左右翼堆房占去四十九間外，實剩取租廊簷二百八十八間，每月開關不等，步營收取租錢約七十餘千文，一年約收租錢八百餘千文，交庫收貯，以備公項使用，年終將收使錢數報部核銷。

祭祀關帝、土神、龍神、城隍等廟宇，辦理一年應需表箋，前已晰錄。

給赴省進表員弁盤費，每員給錢五千。

京省各提塘一年報資匣費，京塘每年八十兩，省塘每年十八兩。

印房、左右司、銀庫等四處公費，并四處年底貼落釘裁檔案，每月各領公費錢四千文。

---

① 將軍和武：指將軍和隆武。

每年挑挖陽溝，每年修補鎗炮木牌，并各處公所撥入幫差等項使用。

一，城內有陳當鋪、陳左司并東門外城河以外等處閑房二百七十三間半，每月開關不定，步營收租錢約有三十餘千文，一年約收租錢四百餘千文。於乾隆十七年間，經前任將軍巴海奏請，將此項錢文作爲公費使用，年終報部核銷之處，經軍機大臣□□，今該將軍酌量行辦理，毋庸報部，是以將收取租錢作爲公項使用，年終造冊鈐印，存貯右司本庫備查。將軍大人衙門每年辦理貼落，八旗官學、步營等處公費，公事搭盖涼棚車脚，給送時憲書之人盤費，給看守各廟僧人工食，修補各處公所使用。

一，馬價銀兩一案。

於乾隆三十九年十二月，經前任將軍傅良奏准，將本营兵丁所拴馬四千一百一十二匹內，只留馬二千匹令兵丁喂養，其餘馬二千一百一十二匹，每作價銀一十四兩，共計銀二萬九千五百六十八兩，收存貯庫之處，業經咨報户部。又於乾隆四十二年間，經前任將軍和隆武奏准，買補馬二百匹，動用銀二千八百兩，內使銀一千八百六十九兩零，剩銀九百三十兩零，入於□庫內幫差項下使用外，現令庫內實存馬價銀二萬六千七百六十八兩。[52]於嘉慶十二年四月間，經前任將軍興奎奏准，閑散養贍銀兩寧夏府庫支領，每月領銀二百，散給閑散三百三十三名，銀一百六十六兩五錢，剩銀三十三兩五錢交庫。此項銀兩暫貯庫內，遇有緊要需馬之事，將價領出買馬應用。

一，八旗兵丁倒馬折色豆石皮肉銀兩一案。

凡有倒馬者，由該佐領下將變價皮肉銀兩若干交庫收貯外，其每月所關折色豆石亦交庫收貯，候扣之足十兩，交該佐領出買補。如倒馬過多，本處不敷購買，即差派官兵赴石嘴購買。其所扣銀兩有不敷者，暫在庫貯馬價銀內動用墊買，所墊銀兩，仍在該兵丁名下，分月扣還原項。

一，掐扛房利息，每年交錢八九十千文不等。

一，櫃箱鋪利息，每年交錢十八九千文不等。

一，匠役鋪利息，每年交錢二三千文不等。

以上三項，一年所得利息俱交本庫收貯，以備修補各處公所、獎賞兵丁使用，於年終造册鈐印，存案備查。

一，呈查得官廊簷房租，每月應收錢七十餘千文，約計一年共租錢八百餘千文，其内每月應撥入差幫項下錢二十二三千文不等，約計一年使錢二百八十餘千文。

左右二司每年十月起，至次年二月止，每司每月各領公費錢六千文。三月至九月，每司每月各領公費錢五千文。二司一年共領錢一百三十吊文。通益庫每年十月起，至次年二月止，每月領公費錢五千文。三月至九月，每月領公費錢四千文。一年共領錢五十三千文。

由步營每年春秋二季祭關帝使錢八十餘千文。

由印房一年給駐京提塘工食錢八十千文，給駐西安提塘工食錢一十八千文，表箋應用夾板匣費錢一千八百文。

由印房製買一年應用表箋、黃綾匣費錢八千四百六十八文。

一年給蘭州齎送表箋員弁盤費錢二十千文。

一年給打更時□香燈油錢六吊三百領文。

每年由步營辦理元旦朝賀，萬壽宮及各廟供獻使錢八千餘文。

一年六月二十三日，祭祀關帝、馬王、火神等廟使錢十六七千文。由火器製造、演炮木牌并拉炮車腳錢六千餘文。十月初六日，慶賀萬壽，使錢二十四五千文。冬至，朝賀萬壽宮，使錢三千餘文。

每年歲底由左右二司訂裁檔案，使錢五千餘文。左右二司、通益庫三處，年節貼落每處各領錢六百文，共使錢一千八百文。

由步營每年三月挑挖陽溝，使錢二十二三千文。

由步營辦理救護日月食，每次使錢一千餘文。

由步營辦理二、八月祭祀龍神，每次使錢九千餘文。每年五月十三日祭祀關帝廟，使錢十二三千文。

由火器營辦理二八月祭祀火神，每次使錢六千餘文。

以上約計一年公事應使錢八百餘吊文，約計尚應剩錢二三十千文。若有工程或有別項公事可入報銷者，亦在此項内開銷報部。

通益庫辦理，呈查得閑房租錢，每月應收錢三十六五千文，約計一年共收租錢四百餘千文。其內八旗官學房公費，每年十月起，至次年二月止，每月領公費錢十吊文，一年共領錢一百四十五千文。印房每月領公費錢四千文，共領錢四十八千文。步營每月領公費錢四千文，一年共領錢四十八千文。

由步營辦理將軍大人兩府箭道并各堆房年節貼落，使用錢五千餘文。由步營辦理搭盖水窖，使錢一千二三百文。由印房賞給送特憲書人盤費錢三千文。由步營窖水使錢十二三千文。由右司製造盛貯檔案口袋，使用錢一千餘文。

一，歲給看廟和尚工食錢二十一吊文。[53]

由步營搭水棚使用錢三四千文。

以上約計一年公事使錢二百八九十千文，尚剩錢一百餘千文，有工程俱在此。

一，由火器營交貯鎮城鎗炮。鉛子一萬四百五斤，铁子六百三十七斤八兩。

一，掮扛房事宜。乾隆五年(1740)間，開設掮扛房一座。由通益庫官廊簽錢内原領本錢八十千文，自乾隆五年(1740)起，至六十年(1795)止，所得利錢内又留本錢三百餘千文，共合本錢三百八十餘千文。除留作本錢文外，下剩利錢俱交通益庫收貯動用。

一，櫃箱鋪事宜。乾隆九年(1744)間，開設櫃箱鋪一座。原領本錢係變賣駝隻皮毛錢四百一十五千文，自乾隆九年(1744)起，至十六年(1751)止，[54] 共得利錢二百四十餘千文，俱作爲本錢，共合本錢六百六十餘千文。自十七年(1752)起，至六十年(1795)止，所得利息俱交通益庫動用。

一，匠役鋪事宜。乾隆十三年(1748)間，開設匠役鋪一座。由通益庫官廊簽錢内領本錢三十千文，自十三年(1748)起，至三十二年止，[55] 所得利錢内又留本錢五十餘千文。除將原領本錢交還原項外，只有本錢五十餘千文。自三十二年(1767)起，至六十年(1795)止，所得利息俱交庫收貯動用。

一，火器營事宜。九道箍炮四位，五道箍炮四位，三道箍炮四位，擁住炮十五位，壓傷威遠炮一位。鎮城炮位并無預火約，頭等威遠炮三位,二等威遠炮二位,三等威遠炮三位,子母炮十四位。

每年十月初一日,演放炮位開列於後。

威遠牌八尺,寬六尺五寸,遠二百四十弓。子母牌高五尺五寸,寬五尺,遠一百二十弓。

頭等威遠炮一位。演四十五出,每日一出用火药一斤,铁子一斤。操演十五日,共四十五出,火药四十五斤,铁子四十五斤。

二等威遠炮一位。演四十五出,火药一十二斤,鐵子一十二斤。演十五日,四十五出,火药三十三斤十二兩,鐵子三十三斤十二兩。

三等威遠炮一位。演四十五出,火药十兩,鐵子十兩,共火药二十八斤二兩,鐵子二十八斤二兩。

子母炮十四位。每位演七十五出,火药一兩二錢,鉛子二兩四錢,共火药五斤十兩,鉛子一十一兩四錢。

所需火药、鉛鐵子前已晰錄。

一,鳥鎗一千六百桿。每年春秋二季,每季操演四十日,內演小進步二十四日,大連環八日,標準八日。所需鉛子、火药前已晰錄。

一,鎮城火药等項。火药九千五百七十七斤八兩,烘药九十五斤,火繩九千八丈,鉛子一萬四百五斤,鐵子六百三十七斤。以上火药繩俱在城樓收貯,每年操演時出陳入新,動用鉛鐵子,俱在通益庫收貯。

嘉慶甲戌年丁卯月甲午日立。

【校勘記】

[1]據下文"以上通共官八十九員"句及本書前文文例推知,"恩騎尉一員"五字前疑有脱文,字數不詳。
[2]四:原作"兩",據前後文及文意改。
[3]辦:原作"辨",據前後文及文意改。
[4]樓:此字原脱,據前後文及文意改。
[5]陪:原作"倍",據前後文及文意改。下同。

寧夏滿營駐防事宜　275

［6］補：原作"捕"，據前後文及文意改。
［7］辦：原作"辨"，據前後文及文意改。下同。
［8］益：原作"盖"，據前後文及文意改。
［9］租：原作"祖"，據前後文及文意改。下同。
［10］獎：原作"漿"，據前後文及文意改。
［11］折：原作"拆"，據前後文及立意改。下同。
［12］贍：原作"膳"，據文意改。
［13］平餘：原作"餘平"，據前後文改。下同。
［14］供：原作"併"，據前後文及文意改。
［15］凡：原作"几"，據文意改。
［16］百：原脱，據文意改。
［17］按：原作"接"，據前後文及文意改。
［18］五錢：此二字下原衍"五錢"二字，據删。
［19］辛紅：前文作"心紅"。
［20］菊：此字下原衍"藥"字，據删。
［21］心：此字上原衍"辛"字，據删。
［22］五斗：二字右旁書"四斗"二字。
［23］馬：原脱，據文意補。
［24］餉銀：此二字下疑有脱文。
［25］防禦：原作"防玉"，據前文改。
［26］價：原作"馬"，據前後文及文意改。
［27］絲：原作"系"，據重量單位名稱改。下同。
［28］黄廷桂：原均作"黄廷貴"，據人名用字改。下同。
［29］銀：原脱，據前後文及文意補。
［30］銀：原脱，據前後文及文意補。
［31］母：原脱，據文意補。
［32］着：疑當作"養"。
［33］問：疑當作"同"。
［34］款：原作"疑"，據前後文及文意改。
［35］房：原作"防"，據文意改。
［36］左：原作"佐"，據文意改。下同。
［37］間：原作"門"，據前後文及文意改。
［38］裏：原作"理"，據文意改。
［39］兵：原作"名"，據前後文及文意改。
［40］其：原作"甚"，據文意改。

［41］陸中：前文作"六中"。
［42］平餘：原作"餘平"，據文意改。
［43］小建：此下疑脱"米"字。
［44］料：原作"銀"，據文意改。
［45］禦：原作"玉"，據前文改。
［46］"四分馬"三字右下硃書"七錢"二字。
［47］六分：原作"六匹"，據文意改。
［48］單：此字原脱，據文意補。
［49］月：此字原脱，據文意補。
［50］日：原作"馬"，據文意改。
［51］平餘：原作"餘平"，據文意改。
［52］令：疑當作"今"。
［53］廟：此字下原衍一"尚"字。
［54］至十六年止：原作"止十六年至"，據文意改。
［55］至三十二年止：原作"止三十二至"，據文意改。